MIL DIAS
SEIS MIL DIAS DEPOIS

10
HISTORIOGRAFIA DA EMPRESA FOLHA DA MANHA
TERMINAL DE VIDEO DA AGENCIA FOLHAS
Autografica 84
Auto-Grafica
84

CARLOS EDUARDO LINS DA SILVA

MIL DIAS
SEIS MIL DIAS DEPOIS

PUBLIFOLHA

1995 — *2005*

10 ANOS

Editor
Arthur Nestrovski

Produção editorial
Paulo Nascimento Verano

Assistência editorial
Julia Duarte

Capa e projeto gráfico
Paula Astiz

Produção gráfica
Soraia Pauli Scarpa
Celso Imperatrice

Editoração eletrônica
Cristiane Gaion / Paula Astiz Design

Revisão
Renato Potenza Rodrigues

Foto
Jorge Araújo / Folha Imagem

Dados Internacionais de Catalogação na Publicação (CIP)
(Câmara Brasileira do Livro, SP, Brasil)

Silva, Carlos Eduardo Lins da, 1952– .
Mil dias : seis mil dias depois / Carlos Eduardo Lins da Silva. – 2. ed. – São Paulo : Publifolha, 2005.

Bibliografia.
ISBN 85-7402-690-5

1. Folha de S.Paulo 2. Jornalismo – Brasil
3. Repórteres e reportagens I. Título.

05-7155 CDD-070.43

Índices para catálogo sistemático:

1. Reportagens : Folha de S.Paulo : Jornalismo 070.43

A 1ª edição de Mil Dias: os bastidores da revolução em um grande jornal *foi publicada em 1988 pela editora Trajetória Cultural.*

PUBLIFOLHA

Divisão de Publicações do Grupo Folha

Al. Barão de Limeira, 401, 6° andar, CEP 01202-001, São Paulo, SP
Tel.: (11) 3224-2186/2187/2197
www.publifolha.com.br

Para meus pais,
que me proporcionaram o hábito de ler jornal,
e para meu filho, com a esperança de que
ele também possa usufruir desse prazer.

"... who cares how
things pass, provided
they pass."

Samuel Beckett,
The Expelled
(Harmondsworth:
Penguin, 1977; p. 13).

AGRADECIMENTOS

A Otavio Frias Filho, pelo objeto de estudo.

A José Marques de Melo, pela exigência amiga e constante para que o trabalho fosse feito.

A Lúcia Araújo, por Beckett e muito mais.

A Caio Túlio Costa, André Singer, Boris Casoy, Matinas Suzuki Jr., Adilson Laranjeira, Dácio Nitrini, Caio Blinder, Luiz Carlos Caversan, Marcos Augusto Gonçalves, Marcelo Coelho, Mário Vitor Santos, Márion Strecker Gomes, Leão Pinto Serva, Amir Labaki, Carlos Alberto da Silva, Antenor Braido, Luiz Antônio Novaes, Marcelo Beraba, Gilberto Dimenstein, Marcelo Leite, Renata Rangel, Gisela Bisordi, Marco Chiaretti, Josué Canda e a todos os outros jornalistas da *Folha*, pelas idéias ao longo dos mil dias.

A Eleni Oliveira Rocha, Rita de Cássia de Oliveira, Vera Lúcia Mendes Gonçalves e Anselmo Vilapiano, pela infra-estrutura durante a confecção do trabalho.

A Flávio Gomes, Emílio Damiani, Geraldo Tavares, Terezinha Aparecida Rolim da Silva e José Carlos Salles, pela cooperação durante a fase de exame de livre-docência.

A Carlos Alberto Longo, Eva Blay, José Augusto Guilhon de Albuquerque, Anamaria Fadul e José Marques de Melo, por terem participado da banca que examinou este trabalho como uma tese de livre-docência.

A Woodrow Wilson International Center for Scholars, pela bolsa de estudos durante a qual foi feita a revisão dos originais deste livro.

PREFÁCIO 2005

Para quem (como eu) sempre, desde a infância, teve com o jornalismo impresso diário uma relação essencialmente vital, a possibilidade de participar de uma grande empreitada nessa área de atividade seria necessariamente empolgante.

Ocorreu-me a rara oportunidade de ter sido personagem de duas grandes experiências do jornalismo brasileiro contemporâneo: a concepção e implantação do "Projeto *Folha*" entre 1984 e 1987 e do Valor Econômico entre 2000 e 2004.

As duas foram muito importantes. O *Valor Econômico* foi o único diário de circulação nacional criado no país em uma geração. É verdade que houve o *Jornal da República*, mas infelizmente ele sobreviveu muito pouco tempo (de agosto de 1979 a janeiro de 1980).[1]

Ter sido um dos integrantes da equipe que, sob a direção de Celso Pinto, criou desde o princípio (quando o jornal nem tinha nome) e colocou no mercado um veículo que tão rapidamente se tornou referência de boa qualidade editorial como o *Valor* foi um privilégio excepcional.

Mas nada pode se comparar ao que vivi nos mil dias a que se refere o título deste livro. A *Folha* foi mais do que um jornal para as pessoas que eram pré-adolescentes quando ocorreu o golpe militar de 1964 e se opuseram ao regime na juventude, quando ele entrou na fase da "abertura lenta e gradual", a partir da posse do presidente Ernesto Geisel, com todas as fases de avanços e recuos que se conhecem.

Naquele período da vida nacional, a *Folha* foi uma espécie de porta-voz das ansiedades da sociedade civil que se organizava para

1 O caso do *Valor Econômico*, relativamente recente, ainda aguarda um bom estudo acadêmico para explicá-lo. O do *Jornal da República* já mereceu o livro *Dependência ou Morte*, de Vera Lúcia Rodrigues (São Paulo: Germinal Editora, 2004).

restabelecer o Estado de direito e a democracia. Havia entre leitores e jornal uma cumplicidade carregada de emoção e cheia de contradições que tornavam a sua leitura uma aventura intelectual diária.

Muitos jornalistas sonhavam com a chance de trabalhar naquela *Folha*. E os que o conseguiam passavam a desfrutar de certa aura entre os colegas e auto-assumida, similar à que houve em relação aos profissionais do *Jornal da Tarde* na segunda metade da década de 1960 e primeiros anos da de 1970, quando aquele veículo do grupo *O Estado de S. Paulo* era modelo de criatividade e ousadia editoriais.

Por isso, quando em 1983, por recomendação de meu amigo André Singer, fui num sábado calorento encontrar-me com Boris Casoy, então diretor de Redação da *Folha*, para eventual aproveitamento na sua equipe, estava muito ansioso, embora me esforçasse para não o demonstrar.

Além de leitor apaixonado da *Folha*, fazia alguns anos que eu já conhecia Singer (na época o coordenador de eventos e da seção "Tendências/Debates") e Otavio Frias Filho, a quem havia entrevistado para revistas semi-acadêmicas (*Cadernos de Comunicação Proal* e *Crítica da Informação*) e convidado para debates na Escola de Comunicações e Artes da Universidade de São Paulo, onde eu lecionava.

Meu desejo era ampliar minha experiência na prática jornalística. Trabalhara muitos anos nos *Diários Associados*, até ir para os EUA para um mestrado na Michigan State University. Ao voltar ao Brasil, fiz da vida acadêmica minha atividade fundamental, mas sempre achei importante não deixar as Redações. Fiz muito jornalismo alternativo e universitário, mas achava importante um tempo na chamada "grande imprensa": minha passagem pelos *Diários* ocorreu já na época de sua decadência econômica e editorial.

Boris Casoy conversou comigo por mais de duas horas e eu fiquei impressionado com a sua disponibilidade. Minha ambição era uma vaga na "Ilustrada", o suplemento cultural que naquela época tinha papel na vida nacional comparável ao do "Caderno B" do *Jornal do Brasil*, 30 ou 20 anos antes: ele dava os motes fundamentais para os debates intelectuais e artísticos do país.

Mas acabei selecionado para trabalhar como repórter de geral da Agência Folhas, então dirigida por Adilson Laranjeira. Minha carreira na *Folha* foi meteórica. Em quatro meses passei de repórter a editor de "Cidades" e secretário de Redação, o segundo cargo mais alto da hierarquia da Redação, ao lado de Caio Túlio Costa, que já o ocupava havia algum tempo, depois de ter sido o editor da "Ilustrada".

Em maio de 1984, logo após a votação da emenda Dante de Oliveira, o frustrante capítulo final da campanha das Diretas-Já, episódio mais marcante da *Folha* como o veiculador dos anseios da sociedade civil, Otavio Frias Filho assumiu a direção de Redação do jornal e deu início ao processo que está descrito neste trabalho.

Mil Dias foi produzido no calor da luta. Forçado por meu mentor acadêmico, José Marques de Melo, que insistia na necessidade de eu prestar os exames para a obtenção do grau de livre-docência na Universidade de São Paulo, e premido pela evidente escassez de tempo provocada pela absorção do trabalho na *Folha*, onde eu passava pelo menos 14 frenéticas horas de cada dia, resolvi seguir o conselho de amigos antropólogos, para quem seria naturalmente recomendável utilizar a própria prática profissional como objeto de estudo acadêmico.

No prefácio da edição original deste livro, que foi publicado em 1988 pela editora Trajetória Cultural, de Gilberto Dupas, eu dizia que esse objeto de estudo ainda estava em curso e que "os sentimentos de reprovação ou aplauso [*em relação ao livro*] sejam muitas vezes justificados por motivos diversos dos da razão". Eu achava, com razão, que não seria possível "para muitos dos que se sentem prejudicados ou beneficiados por ele [*o Projeto Folha*] manter a necessária distância do fato para julgá-lo com discernimento".

Foi assim, de fato. A reação a *Mil Dias* na comunidade jornalística teve muito a ver com a polêmica que o "Projeto *Folha*" criara na categoria e que ainda estava ebuliente. Ele quebrou paradigmas, contrariou interesses, desafiou preconceitos, cometeu injustiças, foi juvenilmente arrogante. Como um crítico radical retardatário mas ainda respeitável diria 14 anos depois, "sua implantação introduziu no Brasil, em ritmo acelerado, uma lógica empresarial que a moderna imprensa capitalista construiu ao longo de várias décadas nos EUA e na Europa".[2]

2 José Arbex Jr., *Showrnalismo – A Notícia Como Espetáculo* (São Paulo: Casa Amarela, 2001), p. 141.

Mesmo os mais ardorosos adversários agora concederão, contudo, que os pressupostos básicos do "Projeto *Folha*" foram incorporados pela imprensa brasileira, para o bem ou para o mal. Ninguém pode contestar que ele foi um precursor de tendência. Praticamente tudo que a *Folha* dos anos 80 fez sob apupos quase generalizados da concorrência acabou, positiva ou negativamente, adotado por ela – textos curtos, uso intensivo de gráficos e tabelas, cadernização do jornal, organização mais racional e metódica que a tradicional da atividade produtiva na redação jornalística e muito mais.

Havia, inclusive, entre os que conceberam e implantaram o "Projeto *Folha*" a certeza íntima de que essa imitação ocorreria. Na apresentação de *Mil Dias*, Otavio Frias Filho se arriscou até a prever um prazo para que as premissas do Projeto se tornassem padrão nas Redações brasileiras: dez ou 15 anos.[3] Ele estava certo.

Quando Arthur Nestrovski, da Publifolha, me sugeriu que *Mil Dias* fosse reeditado, mais de seis mil dias depois, achei que poderia ser uma boa idéia. O tempo transcorrido e o fim do debate sobre os pressupostos do "Projeto *Folha*" podem dar aos leitores deste trabalho a isenção necessária para examinar com frieza um acontecimento que já se tornou história.

Nestrovski sugeriu que eu produzisse um capítulo adicional ao livro, que mais ou menos atualizasse seu conteúdo. Inicialmente, achei que ele deveria seguir rigor similar ao adotado para a produção do original, ou seja, adequado ao caráter científico da tese de livre-docência apresentada à Universidade de São Paulo. Isso exigiria uma série de entrevistas em profundidade com as pessoas que foram responsáveis pela *Folha* nos 18 anos posteriores ao final do período aqui analisado, já que eu mesmo deixei o núcleo de direção do jornal em 4 de setembro de 1989.

Mil Dias refere-se ao processo vivido pelo jornal entre maio de 1984 e maio de 1987. Em julho de 1987, eu fui para Washington para passar um ano acadêmico no Woodrow Wilson International Center for Scholars, durante o qual revisei e adaptei minha tese de livre-docência sobre o "Projeto *Folha*" para publicação em

3 Otavio Frias Filho, "Apresentação", em: *Mil Dias* (São Paulo: Trajetória Cultural, 1988), p. 25.

forma de livro e produzi uma monografia sobre a influência do jornalismo americano sobre o brasileiro, depois editada no Brasil com o título de *O Adiantado da Hora*.[4]

No meu regresso, assumi em 23 de setembro de 1988 o recém-criado posto de diretor-adjunto de Redação da *Folha*. Durante o período em que passei no Wilson Center, eu e Caio Túlio Costa havíamos sido substituídos na secretaria de Redação respectivamente por Matinas Suzuki Junior (área de edição) e André Singer (área de produção). Caio Túlio tornara-se correspondente em Paris e eu, concomitantemente a meu trabalho acadêmico, fora correspondente em Washington.

Ao meu retorno, Otavio Frias Filho deslocou André Singer para a edição da coluna "Painel" e Matinas Suzuki Junior para a concepção e execução de projetos especiais. Abaixo de mim, como secretários de Redação ficaram Mário Vitor Santos e Leão Serva. Esse time se desfez menos de um ano depois, quando eu fui nomeado diretor de Planejamento e Recursos Humanos da Empresa Folha da Manhã S.A. e deixei a Redação do jornal.

A intenção dos acionistas da empresa com minha nomeação era "contaminar" positivamente a sua administração com o que era visto como a experiência bem-sucedida dos que haviam liderado as mudanças na Redação, às quais se creditava – corretamente, creio – o extraordinário avanço de venda avulsa, assinaturas e prestígio social e político obtidos pela *Folha* no período. Além de mim, outros jornalistas envolvidos no desenho e na aplicação do "Projeto *Folha*" (Leão Serva e Caio Túlio Costa, entre outros) também foram "remetidos" para o setor administrativo da empresa, com resultados mistos de sucesso e fracasso.

No meu caso, a tentativa não deu certo. Afastado da Redação às vésperas da primeira eleição presidencial pelo voto direto em 39 anos (a de 1989), eu me senti frustrado e infeliz, embora honrado com a grande confiança que os acionistas da empresa depositavam em mim. Posteriormente, a prática demonstrou que minhas aptidões com orçamentos e números não correspondiam às expectativas e necessidades da empresa e os desafios com esse tipo de trabalho não atendiam aos meus desejos e interesses pro-

4 Carlos Eduardo Lins da Silva, *O Adiantado da Hora* (São Paulo: Summus, 1991).

fissionais. Não demorou muito para ficar claro para os dois lados que o novo casamento não estava funcionando.

Em meados de 1990, fui transferido para a direção da Agência Folha, com a tarefa específica de conceber e implantar cinco edições regionais do jornal no estado de São Paulo, na linha do que vinham fazendo diversos jornais americanos como uma das fórmulas para tentar reverter o declínio de circulação paga que se acentuava já naquele tempo nos EUA.

Essa experiência foi um êxito do ponto de vista editorial e tecnológico, graças à equipe aguerrida que foi formada, sob o comando de Luiz Carlos Caversan, Ana Estela de Souza Pinto e Melchiades Filho. As edições regionais da *Folha* chacoalharam o então modorrento jornalismo do interior do estado de São Paulo, elevaram a qualidade da mídia regional paulista, provocaram elevação de salários significativa para os jornalistas locais e aumentaram a identidade entre a *Folha* e os leitores das áreas abrangidas. As dificuldades da economia nacional, após os poucos anos radiosos de progresso obtido pelo Plano Real, no entanto, forçaram o fim de quase todas as edições regionais da *Folha*, de onde saíram muitos dos jornalistas que atualmente comandam o jornal.

Realizada essa tarefa, em junho de 1991 fui deslocado para o posto de correspondente sênior do jornal nos EUA, baseado em Washington, posto em que permaneci até o final de 1998. De volta ao Brasil, passei à condição de repórter especial na sucursal de Brasília, de onde saí em novembro de 1999 para integrar a equipe embrionária do *Valor Econômico* (formada por Celso Pinto, Vera Brandimarte e mim). De maio de 2000 a janeiro de 2004, fui (junto com Brandimarte) o diretor-adjunto de Redação desse jornal, que pertence aos grupos *Folha* e *Globo*. Em fevereiro de 2004, deixei o jornalismo diário para me integrar à equipe da Patri Relações Governamentais & Políticas Públicas, fundada e liderada por Eduardo Carlos Ricardo.

Portanto, de 1989 em diante, embora até 2004 ainda fosse integrante do grupo *Folha* e por vezes tivesse estado próximo de processos importantes da vida do jornal – participei de todas as equipes que prepararam as diversas versões do *Manual da Redação*, dei contribuições para as diversas versões do Projeto Editorial do jornal, fui membro do júri do Prêmio *Folha*, compareci como convidado a muitos almoços dos editores no nono andar, ajudei a preparar cursos sobre a *Folha* ou ministrados por seus jornalistas em universidades –, não mais participei da tomada de decisões. Desconheço, portanto, a lógica interna que as guiou.

Assim, achei que para redigir esta atualização de *Mil Dias* dentro do espírito que havia orientado o original (o de explicar metódica e minuciosamente a racionalidade que motivara as mudanças no "modo de produção jornalística" na *Folha*), seria necessário, mas talvez insuficiente, entrevistar longamente os que tomaram as decisões na Redação nestes 16 anos.

Logo me dei conta, em acréscimo, que mesmo se fizesse isso os pressupostos metodológicos do trabalho não seriam respeitados, já que eles tinham como vetor essencial o que se poderia chamar de "observação participante" do autor. Por mais que eu fosse bem-sucedido em reconstituir os acontecimentos no núcleo diretor do jornal nesses anos todos, faltaria a minha presença ali e tal presença era indispensável do ponto de vista metodológico para replicar a experiência.

Uma das críticas mais agudas a *Mil Dias* foi a que publicou a revista *Veja* em dezembro de 1988. Basicamente, ela dizia que eu tinha em mãos um material extremamente rico e havia produzido um relato pobre do processo que resultara no "Projeto *Folha*" por me abster de contar de forma engajada, emotiva e detalhada os conflitos humanos, a luta pelo poder, as incoerências, dúvidas e incertezas que certamente haviam feito parte dos acontecimentos da Redação do jornal naquele período entre 1984 e 1987.

A crítica, embora me tivesse aborrecido muito à época, era obviamente procedente. *Mil Dias* não é, por exemplo, *O Reino e o Poder*,[5] a história do *New York Times* excepcionalmente bem escrita por Gay Talese. Primeiro, é claro, porque me falta o talento extraordinário de Talese. Mas também porque não era o objetivo de *Mil Dias* relatar de maneira romanesca os fatos que marcaram a vida da Redação da *Folha* naquele período. Tratava-se de uma análise o mais científica possível dos métodos utilizados para reformar a maneira de fazer o jornal e os resultados obtidos. Cri-

5 Gay Talese, *The Kingdom and the Power* (New York: Dell Publishing Co., 1981; ed. bras.: *O Reino e o Poder* [São Paulo: Companhia das Letras, 2000]).

ticá-la por não ser diferente disso seria como atacar um *chef* que se propusesse a fazer um risoto porque o resultado de seu trabalho não foi um suflê.

De qualquer maneira, a intenção – mesmo à custa de novos ataques similares aos de *Veja* há 17 anos – de atualizar o livro por meio da reconstrução exata dos seis mil dias posteriores, como eu havia feito em relação aos primeiros mil dias, não se realizou como pretendido originalmente.

Além da impossibilidade material de repetir o método antropológico, as restrições corriqueiras de tempo típicas de quem no Brasil se dispõe à tarefa de produzir livros ao mesmo tempo que trata de sobreviver no mercado de trabalho se impuseram.

É verdade que, mesmo sem o testemunho pessoal do autor, a reconstituição dos anos posteriores aos "mil dias" iniciais do "Projeto *Folha*" poderia ser enriquecida por meio de entrevistas com os remanescentes que levaram o jornal adiante dali para a frente. Mas isso foi impossível, não só por causa da incompatibilidade de agendas, mas também porque elas não permitiriam um elemento importantíssimo para chancelar as conclusões deste exercício: a comparação efetiva por quem viveu as duas fases.

Das 26 pessoas que, a meu ver, foram os principais motores do início do "Projeto *Folha*", apenas cinco ainda estavam no jornal em julho de 2005 (Otavio Frias Filho, Marcos Augusto Gonçalves, Marcelo Beraba, Marcelo Coelho e Gilberto Dimenstein) e, destas, só duas – Otavio e Marcos Augusto – em posições que implicam tomada de decisões na área editorial (ainda assim, Marcos Augusto passou vários anos fora da *Folha* na virada de século).

A alta rotatividade dos quadros jornalísticos da *Folha* sempre foi uma das minhas grandes preocupações como integrante da equipe dirigente do jornal (como se pode notar no capítulo "O Profissional"). Meus temores em relação aos efeitos das altas taxas de *turn-over* entre os jornalistas da equipe não eram consensuais na direção, como também está registrado no capítulo acima referido. Havia quem considerasse a rotatividade um dos fatores de impulsão às mudanças positivas na Redação.

Eu a considerava nociva. Parecia-me então (como hoje) irracional treinar equipes, capacitá-las, fazê-las trabalhar num padrão de qualidade satisfatório apenas para vê-las em pouco tempo desmanteladas, o que exigiria ou outro esforço para "educar" novas pessoas ou abrir mão das conquistas obtidas antes.

Nunca me ocorreu que a rotatividade pudesse incluir também a equipe dirigente do jornal, como ocorreu, afinal. Para Otavio Frias Filho, "essa 'diáspora' era mais ou menos de esperar, decorridos mais de 20 anos daquele período específico".[6] Sobre as causas dessa dispersão, Frias Filho menciona duas: o próprio crescimento profissional das pessoas que formavam o núcleo de comando do jornal (segundo ele, algumas ficaram "maiores" do que a função que exerciam na *Folha* e outras foram atraídas para governos, conforme partidos como o PSDB e o PT chegavam ao poder) e o dinamismo da imprensa e da mídia brasileiras, que provocou alternância de pessoas em diferentes veículos.

Na opinião de Frias Filho, no entanto, "a *Folha* é ainda uma publicação bastante 'autárquica', onde o jornalismo é dirigido por quadros quase sempre formados dentro do jornal". Ele lembra que os secretários de Redação em agosto de 2005 haviam entrado no jornal em 1987 e 1991 e os editores de "Brasil" e de "Economia" em 1989 e 1990, da mesma forma que os diretores das sucursais de Brasília e Rio.

Por todos esses motivos, resolvi escrever este texto fora dos padrões que o "Projeto *Folha*" original consideraria recomendáveis. Este é um texto "impressionista", adjetivo que nos tempos "revolucionários" da *Folha* usávamos para discriminar os exemplos mais gritantes de inadequação ao tipo de jornalismo que tentávamos implantar. Ele é baseado quase exclusivamente na análise e lembranças do autor, que viveu o processo descrito à distância, e em entrevistas feitas com Otavio Frias Filho, o principal autor e mentor do Projeto e condutor dos destinos editoriais do jornal ao longo destes 21 anos.

De certo modo, a decisão de assim redigir esta nota introdutória à reedição de *Mil Dias* talvez nem seja considerada um desvio fundamental dos rumos do "Projeto *Folha*", já que ele próprio foi, com o passar do tempo, abrandando (ou – diriam alguns – superando) muitos dos traços que dogmaticamente havia adotado ao princípio.

6 Frias Filho, entrevista por correio eletrônico ao autor em 1/8/2005.

A História mostra que é quase sempre assim nos processos de mudanças profundas: a um período inicial de arraigamento ideológico extremado, sucedem-se outros em que os princípios vão sendo substituídos por posições mais realistas e menos conflitivas.

No caso da *Folha*, à medida que os seus concorrentes foram se apropriando de características importantes que antes a distinguiam deles, o jornal parece ter achado dispensável ou até mesmo recomendável não insistir nelas e concentrar esforços em outras áreas, onde os desgastes internos pudessem ser menores e os resultados – especialmente em termos de diferenciá-la aos olhos do público – maiores.

Isso já ficava claro no texto de atualização do Projeto Editorial de 1988, no qual se enfatizaram o acirramento da concorrência e a transformação em "patrimônio coletivo" dos princípios que haviam renovado o jornalismo da *Folha*. Ao longo da década de 1990, os grandes diários brasileiros foram se tornando paulatinamente mais indistintos entre si e as marcas registradas da *Folha* cada vez menos exclusivas dela.

Não que o Projeto tenha sido "abandonado". Algumas de suas idiossincrasias mais polêmicas deixaram de ser exigidas (por exemplo, a menção à idade do personagem da notícia ou a especificação da exata localização de onde se deu o fato registrado, ambas freqüentemente ridicularizadas pelos opositores do Projeto). Os repórteres e redatores foram incentivados ao longo do tempo a ousar mais na elaboração do texto, ao contrário do que se fizera, em geral, durante a fase de implantação do Projeto.

Provavelmente essa flexibilização fosse inevitável. Otavio Frias Filho afirmava claramente na apresentação a este livro em 1988: "... nada indica que a normatização possa funcionar como fórmula permanente. Tomada ao pé da letra, não seria surpresa se ela logo se mostrasse incapaz de revestir o relevo acidentado da notícia e se perdesse num discurso tanto mais inócuo quanto mais total, tanto mais abstrato quando mais preciso. Em outras palavras, ao menos no jornalismo parece que a normatização é capaz de debelar a doença, mas não de sustentar a saúde".[7]

7 *Mil Dias*, p. 25.

Ele talvez estivesse certo então e, igualmente, ao longo dos anos 90 quando foi soltando muitas das amarras normativas que alegadamente tolhiam o estilo dos jornalistas da *Folha*. Esse tolhimento, no entanto, nunca foi absoluto. Os melhores repórteres e articulistas nunca tiveram de se submeter a ele. Eu dizia com freqüência nos inúmeros debates em escolas de jornalismo e outros fóruns em que o Projeto era discutido, que a Redação era como uma orquestra, em que os solistas têm liberdade para improvisar, mas os músicos de base são obrigados a se ater rigidamente à pauta, sob o risco de perder-se toda a qualidade da apresentação. A *Folha* de 2005 não sofre de males nem de longe similares às incongruências de estilo que se justapunham na do início da década de 1980 e contra as quais, basicamente, se contrapôs a normatização do Projeto. Mas, em minha opinião de leitor, ela tampouco obteve a homogeneização de alta qualidade que idealizáramos ao iniciar a "revolução" em 1984. O número de colunas no jornal aumentou e, em geral, são as colunas – cada uma delas estilisticamente comprometidas apenas consigo mesma e seu autor, como é natural – que mais identificam o veículo no público que o consome.

Novamente neste tópico, como em vários anteriores e posteriores, a explicação do fenômeno provavelmente decorra da sua inevitabilidade. O texto e a edição médios do jornal podem até ser superiores em qualidade ao que se tinha há 21 anos, mas certamente não atingiram o grau de excelência que almejávamos então e as razões podem ir da progressiva deterioração do ensino em todos os níveis no país às agruras econômicas por que a indústria da comunicação teve de passar nestes anos.

Para mim, a questão fundamental ao escrever *Mil Dias* era saber se o "Projeto *Folha*" conseguiria melhorar o jornal em si e o jornalismo brasileiro em geral. Não há uma resposta indiscutível para a pergunta. Mas arrisco-me a dizer que sim, embora muito menos do que eu vislumbrara. O ponto que importa agora, a meu ver, é determinar se ainda é possível para os jornais impressos melhorarem a ponto de garantir sua sobrevivência no mercado.

A tendência de suas circulações pagas diminuírem parece irreversível em todo o mundo neste final da primeira metade da década inicial do século 21. Em agosto de 2005, o jornal (ainda) mais influente do hemisfério ocidental e possivelmente do mundo,

The New York Times, anunciou ter decidido fundir as Redações do veículo impresso e a do eletrônico. Essa resolução indica com clareza a possibilidade de, em algum momento do futuro, a versão impressa se tornar caudatária da *on-line* ou mesmo desaparecer.

Talvez por simples conservadorismo, repugna-me a idéia de um mundo sem jornal impresso. Não é o caso de aqui reproduzir os intermináveis argumentos sobre as características das diversas "plataformas" do jornalismo, sobre a noção de que uma privilegia a profundidade e outra a superfície, sobre a importância de editar os infinitos fatos que podem ser notícia para facilitar a vida do consumidor de informações. Essa discussão foge aos objetivos deste texto.

Basta afirmar, além da convicção de que o jornal impresso tem um papel próprio, relevante e intransferível a exercer numa sociedade democrática, a certeza de que ele só continuará a existir se for capaz de atender bem à demanda de seu público, o qual sempre foi e será cada vez mais constituído por uma parcela progressivamente menor da população, formada por sua elite intelectual e politicamente bem informada.

Para satisfazer a essas pessoas, que apesar de poucas são e continuarão a ser decisivas por desempenharem o papel de formadores de opinião, o jornal precisa ter a máxima qualidade editorial possível. Dadas as circunstâncias materiais e políticas dos tempos atuais e bastante provavelmente futuros, alcançar e manter esse nível de qualidade talvez implique diminuir o escopo de assuntos cobertos pelo jornal, que terá de ser muito menor e muito melhor.

Não faz mais sentido, em minha opinião, tentar abarcar toda a multiplicidade de acontecimentos que podem ser do interesse do leitor a um custo insuportável, quando há uma infinidade de meios pelos quais as pessoas podem se informar sobre esses assuntos de maneira mais rápida e até mais aprofundada. O que o jornal impresso pode oferecer distintivamente é a análise inteligente sobre os temas mais relevantes para a sociedade.

A história dos meios de comunicação de massa mostra que, apesar de muitos vaticínios contrários, a chegada de um veículo novo nunca provoca a extinção dos anteriores. Jornal, cinema, rádio, televisão, TV a cabo, internet acabam encontrando nichos de mercado que são capazes de sustentá-los, embora de maneira diversa da experimentada antes.

Alguns veículos, como acontece atualmente com o rádio, depois de terem perdido a hegemonia de que desfrutaram por muito tempo e experimentado períodos que se assemelhavam a derrocadas, passam por ressurgimentos que podem não os levar de volta aos momentos áureos, mas os refortalecem de modo às vezes surpreendente.

Nada garante, entretanto, que a sobrevivência de todos os meios seja certa indefinidamente. Para tudo pode haver uma primeira vez. Se hoje há um veículo candidato ao extermínio, ele é o jornal diário impresso. Para afastá-lo da beira do abismo, é necessária uma extraordinária dose de ousadia e coragem para mudar, possivelmente superior à que possibilitou o "Projeto *Folha*".

Nos últimos 21 anos, também ocorreram mudanças no panorama político-ideológico no Brasil e no mundo que aos poucos liquidaram a relação especial que se estabelecera entre a *Folha* e seu leitorado de 1975 a 1988 (e que é examinada com algum detalhe no texto de *Mil Dias*).

O Muro de Berlim tombou, a globalização sob o "consenso de Washington" se impôs, as esquerdas ficaram sem rumo, o Brasil passou a eleger seus presidentes pelo voto direto universal e ingressou na democracia política plena a partir da promulgação da Carta de 1988. Enfim, como alguns analistas mais apressados equivocadamente vaticinaram, a História chegou ao fim. Nem tanto, como se vê todos os dias, mas o ambiente político, econômico, social e ideológico mudou muito.

De um lado, essas alterações arrefeceram muito o ímpeto contrário ao "Projeto *Folha*" que se verificara na década de 1980. O sentimento anticapitalista que em grande parte o movia deixou de ser tão importante no Brasil e um de seus braços mais importantes, o sindicalismo, praticamente desapareceu na atividade jornalística do país.

Os sindicatos dos jornalistas, que haviam estado entre os principais artífices da campanha contra o "Projeto *Folha*", caíram na quase completa inanição. Um dos últimos espasmos corporativistas da atividade, a tentativa de impor um Conselho Nacional de Jornalismo à profissão, fracassou incontestavelmente, apesar do apoio do governo Lula, por absoluta falta de apoio na sociedade e entre a categoria.

De outro lado, a "desideologização" progressiva da sociedade rompeu a identificação arraigada entre o leitor e a *Folha*. O vínculo privilegiado entre ela e seu público teve ainda um último alento quando o presidente Fernando Collor de Mello a escolheu como um de seus alvos prioritários no fracassado intuito de estabelecer um regime autoritário de ligação direta com as massas de "descamisados" e esta, corajosamente, dedicou-se a combater essa intenção com vigor incomparável.

Em março de 1990, agentes da Polícia Federal invadiram o jornal sob o pretexto de buscar irregularidades administrativas, mas com o inequívoco desejo de intimidar a *Folha*, que desde cedo se colocara editorialmente distante da bajulação pelo candidato e depois presidente Collor, que caracterizara o comportamento de boa parte da mídia nacional, assustada com a possibilidade da eleição de Luiz Inácio Lula da Silva para a Presidência em novembro de 1989.

A *Folha* não cedeu e manteve vigilância jornalística permanente em relação ao governo Collor, fiel ao princípio de independência do "Projeto *Folha*". Foi o primeiro veículo de comunicação de massa a pedir, em 1991, o *impeachment* de Collor, que renunciou no ano seguinte para evitar a votação do Congresso Nacional que certamente o destituiria do cargo.

De 1990 a 1992, revigorou-se aquela identidade entre o jornal e seu leitor que havia sido tão marcante no período da distensão política no regime militar e, especialmente, durante a campanha das Diretas-Já. Depois disso, no entanto, como decorrência até natural da normalidade democrática de que o país passou a desfrutar, a "mágica" deixou de existir.

De alguma forma, a inexistência dessa "cumplicidade" entre a *Folha* e seu público foi conseqüência da cristalização de pelo menos alguns dos princípios básicos do "Projeto *Folha*", como apartidarismo, independência e espírito crítico. Na década de 1980, quando se cogitava a possibilidade de Fernando Henrique Cardoso vir a se tornar presidente da República, alguns dirigentes da *Folha* a encaravam com preocupação.

FHC era presença constante no jornal durante os anos da abertura democrática, tanto na condição de colaborador permanente (foi por muitos anos um dos titulares da "coluna vertical" na página A2) quanto na de interlocutor privilegiado dos donos e principais editores do jornal.

Pode-se dizer, sem medo, que a visão de país que o então sociólogo e depois suplente de senador, senador e candidato a prefeito tinha era muito próxima da dos diretores da *Folha* e da própria linha editorial do jornal. O *publisher* Octavio Frias de Oliveira não escondia de ninguém a opinião de que FHC era a pessoa mais preparada que ele conhecia para liderar o Brasil na direção que considerava correta.

Quando em 1985 Fernando Henrique Cardoso concorreu à Prefeitura de São Paulo, a *Folha* foi particularmente crítica de sua campanha. O objetivo era mostrar sem deixar margem a dúvidas seu compromisso com a independência editorial. Mas aqueles eram ainda os tempos de "revolução" do "Projeto *Folha*". Temia-se, no núcleo dirigente do jornal, o "efeito Mitterrand", que jogou o diário francês *Le Monde* numa crise de identidade, após a chegada do antigo aliado socialista ao poder na França.

A relação entre FHC e a *Folha* desde que ele assumiu o Ministério da Fazenda ainda no governo Itamar Franco até o fim de seu segundo mandato em 2002 mostrou que o jornal brasileiro escapou do risco. Fernando Henrique Cardoso certamente enxergava na *Folha* um inimigo. Tanto que, após ter deixado o Planalto, tornou-se colunista do principal competidor da *Folha*, *O Estado de S. Paulo*.

Do ponto de vista da excelência jornalística propugnada pelo "Projeto *Folha*", o confronto entre o jornal e o presidente Fernando Henrique Cardoso era inevitável e merecedor de aplausos. Mas ele acentuou a qualidade diferente da convivência entre o jornal e o leitorado, grande parte do qual se manteve leal ao ex-presidente (embora outra parcela considerável fosse petista e outra nem uma coisa nem outra). A unanimidade dos tempos das Diretas-Já e do *impeachment* de Collor nunca mais voltaria, como, aliás, previa o "Projeto *Folha*", o que tornava ainda mais imprescindível a manutenção da independência e do apartidarismo para segurar – e se possível ampliar – o público.

O alargamento do número de leitores se tornou concreto durante a década de 1990, mas não necessariamente devido à obediência (que – em geral – pode-se dizer que houve) aos princípios do "Projeto *Folha*". O sucesso do Plano Real de 1993 a 1997 proporcionou o acesso a bens de consumo simbólicos – como o jornal – a um número sem precedentes de pessoas.

A *Folha* resolveu apostar pesadamente numa estratégia de atrair esse contingente de potenciais consumidores por meio da distribuição de brindes (atlas, livros, discos, vídeos etc.). Esse artifício era largamente usado por jornais europeus, mas pouco nos EUA (onde, no entanto, sempre foi comum um estratagema de algum modo similar: os cupons de desconto para uso em lojas de varejo).

Diga-se, em benefício da decisão de adotá-los, que a *Folha*, ao contrário de outros jornais no Brasil e em outros países, limitou os brindes a produtos culturais (em vez de carros, imóveis ou objetos de uso doméstico). Deu certo: em 12 de março de 1995, a *Folha* atingiu a circulação paga de 1,6 milhão de exemplares, a maior da história da imprensa brasileira e superior à dos principais jornais de prestígio americanos.

Naquela época, eu era o correspondente do jornal nos EUA e via com preocupação a opção adotada pela empresa em que trabalhava. Em 1994, num seminário realizado pelo Laboratório Avançado de Estudos em Jornalismo (Labjor) da Universidade de Campinas, eu disse: "Minha dúvida, quanto ao crescimento dos jornais brasileiros, é até que ponto ele é provocado pela conquista de novos leitores ou pela adesão (necessariamente) temporária de usuários. Se for pela última, este é um crescimento que pode não se sustentar com o tempo. O único crescimento real, que se sustenta com o tempo, é o que se obtém pela conquista de novos leitores".[8]

Minha suspeita – infelizmente comprovada – era que a grande quantidade de pessoas que compravam a *Folha* por causa dos brindes a deixaria de lado assim que ou os brindes deixassem de ser atraentes ou o dinheiro voltasse a ficar curto. Assustavam-me os relatos que ouvia sobre pessoas que diziam ao jornaleiro que só queriam o brinde e deixavam o jornal na banca. Mais ainda, sentia-me consternado com guinadas editoriais em direção à tentativa (que se viu frustrada) de manter uma parcela daquele

8 Carlos Eduardo Lins da Silva, "O Jornalismo Brasileiro Visto Pelos Correspondentes Estrangeiros", em: Alberto Dines, Carlos Vogt e José Marques de Melo (orgs.), *A Imprensa em Questão* (Campinas: Editora da Unicamp, 1997), p. 29.

público desabituado com a leitura de jornais de qualidade e de baixo nível cultural.

Essas indagações eram certamente compartilhadas por diversos dirigentes do jornal. No mesmo seminário na Unicamp acima mencionado, Luis Frias, diretor-presidente da Empresa Folha da Manhã, afirmou: "O problema é que a transformação do jornal em empresa e sua feroz concorrência pelo mercado estão fazendo com que o jornalismo atual padeça de uma sede sem limites por escândalos, uma vontade incontrolável de promover denúncias a qualquer preço... Faz atrocidades em nome de uma suposta liderança na cobertura de uma notícia. Quanto mais truculento, melhor".[9]

E eu me recordo vividamente de uma conversa com Otavio Frias Filho, quando mostrei a ele o texto que iria apresentar no encontro da Unicamp (em relação ao qual ele não demonstrou ter divergências de porte), e durante a qual ele afirmou que, no limite, os jornais teriam de oferecer ouro em pó como brinde para atrair e manter leitores.

Talvez tivesse sido, mais uma vez, inevitável cair na tentação populista nos anos dourados do Plano Real. Otavio Frias Filho declarou em entrevista para esta reedição, dez anos após aqueles momentos de delírio de vendas: "Ninguém seria louco de recusar centenas de milhares de leitores, nem de mudar o jornal após a chegada desses leitores, vindos de camadas mais populares".[10]

O sucesso trazia em si próprio problemas, especialmente de ordem operacional. A infra-estrutura não era suficientemente equipada para atender à demanda aquecida com nível de qualidade aceitável. Faltavam jornais nas bancas, a entrega aos assinantes atrasava, os brindes não eram produzidos em tempo na quantidade necessária. Esses contratempos aborreciam tanto os leitores temporários quanto os fiéis de muitos anos.

O fenômeno de nivelamento por baixo para agradar à demanda crescente se alastrou por outras formas de comunicação, como a TV, por exemplo. O célebre "padrão Globo de qualidade" desceu a patamares inimagináveis dez anos antes diante do assé-

9 Luis Frias, "O Jornalismo Brasileiro Visto Pelos Empresários", em: Dines *et al.*, op. cit, p.58.

10 Otavio Frias Filho, entrevista pessoal ao autor em 1/5/2004.

dio do SBT e de outras redes que apelavam para os setores da população que, graças ao fim da inflação e à estabilidade da moeda, viviam um grande sonho de consumo, que – desgraçadamente para o país – durou pouco.

A disseminação do hábito de leitura da imprensa diária nos EUA e na Europa Ocidental ocorreu no século 19 em decorrência de diversas transformações sociais e econômicas (entre elas, alfabetização universal, diminuição da jornada média de trabalho, elevação significativa da renda média do trabalhador, urbanização acelerada) que criaram uma sociedade de mercado democrática, da qual o Brasil ainda está muito distante, mesmo 150 anos depois. Com o tempo, naquelas sociedades, criaram-se públicos estabelecidos tanto para a imprensa popular quanto para os jornais de prestígio.

A tentativa no período de euforia do Plano Real parecia ser a de queimar etapas no processo que nos EUA e na Europa levou quase um século para se consolidar e que incluiu, após as mudanças listadas acima, a ampliação do acesso de grandes massas ao ensino médio e superior de boa qualidade, o que evidentemente também não aconteceu ainda no Brasil.

O que me impressionava mais nas alterações editoriais que via nos jornais brasileiros não eram tanto os abusos do jornalismo investigativo (a que Luis Frias se referia), embora eles também tenham constantemente e até agora passado dos limites do bom senso, mas sim a vulgaridade e o sensacionalismo generalizados que, a meu ver, podiam ser percebidos em quase todas as editorias e seções.

Eu temia que essa busca pelo mínimo denominador comum do gosto e interesse dos leitores pudesse alienar os mais sofisticados, sem garantir a lealdade dos menos sofisticados. Muitos amigos exigentes em termos culturais me diziam estar abandonando a *Folha* em virtude dessas mudanças. Não disponho de dados para afirmar que foi isso o que ocorreu, mas tenho a sensação de que boa parte dos assinantes que deixaram o jornal durante e após a exuberância do Plano Real o fez por se sentir frustrada em relação ao que ele lhe oferecia. Atualmente, a circulação paga média da *Folha* é similar à do final da década de 1980, ainda superior à de seus principais competidores, mas muito inferior aos números sensacionais dos meados da década de 1990.

Outra estratégia importante adotada pelo jornal para ampliar a base de leitores e manter a liderança do setor foi o investimento pesado em tecnologia que teve no parque gráfico de Tamboré (zona oeste de São Paulo), inaugurado em 4 de dezembro de 1995 (com a presença do presidente Fernando Henrique Cardoso), o seu principal elemento. Além de permitir a impressão de 1,7 milhão de cópias por hora, o novo centro tecnológico-gráfico duplicou a capacidade de utilização de cores nas edições do jornal.

O uso ostensivo e abusado de cores era outra coisa que me incomodava na *Folha*, vista à distância desde Washington. Durante a maior parte da minha vida e seguramente àquela época, eu tomei o jornalismo americano como ponto de referência positiva para a atividade (depois do 11 de setembro de 2001, essa convicção interna se abalou profundamente, mas esta é outra história).

Como leitor diário, eu testemunhei a prudência e parcimônia com que os sucedâneos norte-americanos da *Folha* (*The New York Times, The Washington Post* e outros) incorporaram as cores em suas edições na década de 1990 e me sentia um pouco horrorizado com a escandalosa utilização de cores pelos jornais brasileiros (a *Folha*, ao menos, teve a pudicícia de manter sua logomarca em preto, diferentemente de concorrentes que a tornaram lilás).

Nesse aspecto, ao contrário do anterior (o apelo ao sensacionalismo), julgo agora que minha impressão à distância talvez estivesse equivocada. Wim Wenders, o cineasta alemão, fez os anjos de seus filmes *Asas do Desejo* e *Tão Longe, Tão Perto* enxergarem o mundo sem cores porque, a seu ver, os anjos – seres espirituais, capazes de ver a verdade melhor que os humanos – não podiam se prender à superfície das coisas, ressaltada pelas cores; o branco-e-preto revela a essência, ao contrário das cores, que revelam o aparente.

Provavelmente é uma ponderação romântica e conservadora e eu não tenho nenhuma evidência para comprovar a tese de que o uso de cores tenha desqualificado de alguma forma os jornais que optaram por ele. Mas ainda fico com a sensação de que a profusão exagerada de cores naquele período ajudou a criar um clima favorável à vulgaridade que pode ter afastado consumidores mais sofisticados.

Enterrada a ilusão de que o Brasil seria um dos únicos países em que a circulação paga de jornais impressos iria disparar na virada do século 20 para o 21, a indústria jornalística em geral e a *Folha* especificamente tiveram de enfrentar os enormes desafios de seus similares em todo o mundo mais, no caso brasileiro, as adversidades exclusivas do país.

Os donos e gestores dos veículos de comunicação de massa aparentemente acreditaram com sinceridade que os primeiros anos do Plano Real seriam apenas o início de uma trajetória nacional de desenvolvimento sustentado capaz de levar o Brasil à tão sonhada situação de progresso contínuo, similar à experimentada por Espanha e Portugal.

Dessa vez, seus críticos não poderão acusar os "barões da mídia" (como a esquerda costumava chamar os proprietários dos meios de comunicação de massa) de hipocrisia: eles realmente concordavam com que seus editoriais diziam e investiram pesadamente (muitas vezes por meio de vultosos empréstimos em dólar, feitos provavelmente na convicção de que o câmbio permaneceria para sempre ou por longo tempo numa situação de quase paridade entre o real e a moeda americana) para atender a uma demanda que, calculava-se, continuaria a progredir em escala acelerada.

Felizmente para a *Folha*, a empresa que a edita foi conservadora em seus empreendimentos na década de 1990, ao contrário de algumas concorrentes, as quais se viram em enormes apuros nos anos seguintes. Guardei por muito tempo uma observação recorrente de Octavio Frias de Oliveira (que a partir de 1992 passou a deter a totalidade do controle acionário da companhia e havia muito tempo antes era o principal responsável pelas decisões estratégicas da Empresa Folha da Manhã S.A.), segundo a qual o negócio de sua empresa era fazer jornal e que ele não desejava enveredar por outros ramos, mesmo que da comunicação social.

No entanto, nem sempre foi assim. Frias de Oliveira e seu sócio Carlos Caldeira Filho tiveram por algum tempo o controle da TV Excelsior de São Paulo no início da década de 1960, mas por motivos diversos abandonaram o empreendimento. No ardor do último decênio do século 20, sua empresa novamente cogitou se arriscar em outras atividades, como a da telefonia, mas por razões que não vêm ao caso discutir aqui, esses negócios não se concretizaram, o que pode ter sido uma bênção para o jornal.

Na ascendente área da internet, no entanto, a empresa se empenhou, com resultados que podem ser considerados satisfatórios do ponto de vista empresarial, apesar do estouro da bolha da informática no início do século 21. O Universo Online (Uol), lançado experimentalmente em abril de 1996 e fundido com o Brasil Online (do grupo Abril) em setembro do mesmo ano (na primeira associação de dois importantes conglomerados do setor da mídia no Brasil), tornou-se o líder entre os grandes portais de internet, posição que sustenta até agora. Ele garantiu à empresa significativos aportes financeiros dos EUA e da Europa por meio da venda de parte das ações, sem que o controle acionário do Universo Online ou da *Folha* tivesse deixado de ser da Empresa Folha da Manhã S.A.

Mesmo não tendo de arcar com os enormes custos financeiros que colocaram vários de seus competidores em situação extremamente vulnerável (principalmente aqueles que se arriscaram na área de TV por cabo), o grupo *Folha* sofreu os efeitos da crise que afetou o setor da comunicação de massa após a desvalorização do real no início de 1999 e se alastrou até pelo menos 2004.

Numa evidente demonstração do fim dos efeitos positivos do Plano Real sobre a capacidade de consumo de setores emergentes na sociedade brasileira, o jornal *Notícias Populares*, dedicado aos estratos de menor poder aquisitivo, deixou de circular em janeiro de 2001. Outro título do grupo, que tinha como meta as classes médias baixas, a *Folha da Tarde*, passou por total reformulação editorial, que incluiu até a alteração de seu título (que passou a ser *Agora*), em março de 1999, com sucesso empresarial limitado e êxito editorial controverso.

O carro-chefe do grupo, a *Folha*, não tem passado imune pela tormenta. Dos grandes anos da década de 1990, muitas das conquistas editoriais foram abandonadas. Por exemplo, a rede de correspondentes internacionais, que vinha sendo característica marcante do jornal desde a segunda metade dos anos 70 e que chegou ao seu auge no início da década de 1990. Quando eu fui para Washington, a *Folha* tinha sete correspondentes dos EUA, outros tantos na Europa, além de diversos mais em outras partes do mundo.

A cobertura internacional independente foi uma das primeiras áreas drasticamente afetadas pelos cortes de custos que reduziram equipe e gastos durante muitos anos e que tiveram provavelmente seu momento mais traumático em meados de 2004, quando muitos dos melhores jornalistas do grupo que havia dado partida ao "Projeto *Folha*" 20 anos antes foram desligados da equipe pela imperiosa necessidade de conter despesas. Diferentemente do que ocorria nos anos iniciais do Projeto, quando as demissões em massa eram feitas com base em critérios de qualidade técnica, em 2004 elas afetaram especialmente os salários mais altos, pagos aos profissionais mais competentes.

Não ficaram nisso os estragos da ressaca contínua provocada pelo fim da bonança do Plano Real. Embora tenha sido mantida, apesar de tudo, a editoria de Treinamento, criada em 1991 como solução estratégica para o posicionamento do jornal no mercado, certamente foi uma das áreas do jornal que mais sofreram com o limite de gastos que os maus tempos impuseram. Diversas iniciativas de caráter pedagógico e/ou didático tomadas no início do "Projeto *Folha*" com o objetivo de tornar a atualização permanente da equipe (como, por exemplo, a publicação interna *FiloFolha*, a edição de manuais específicos para grandes coberturas – eleições, competições esportivas –, cursos e seminários internos periódicos) deixaram de existir.

Os jornais brasileiros, ao contrário de muitos entre os americanos, não se preocuparam (ou não tiveram condições de fazê-lo) em construir instituições capazes de garantir a melhoria progressiva e permanente da qualidade do jornalismo por meio de pesquisas, cursos, publicações. Desde o mestrado em jornalismo da Universidade Columbia até o Instituto Poynter, em Saint Petersbourg, Flórida, são inúmeros os exemplos de projetos acadêmicos ou semi-acadêmicos bancados por empresas jornalísticas americanas, que ajudaram a garantir a boa qualidade e, em última a instância, a prosperidade do negócio. A *Folha*, desde o início do Projeto, sempre flertou com a possibilidade de fazer algo grande nessa área, mas nunca chegou a tanto.

A editora Publifolha, criada em 1995, e a editoria de Treinamento, com seus cursos de treinamento e incentivos ao aprimoramento intelectual da equipe, de alguma forma vêm preenchendo as lacunas básicas dessas necessidades, mas sempre com inúmeras limitações que as distanciam muito do modelo desejado.

Outras instituições cruciais para o espírito do "Projeto *Folha*", além da editoria de Treinamento, foram também preservadas, apesar das borrascas da virada do século. Entre elas, a do *ombudsman*, iniciada apenas em 1989, apesar de ter estado entre os primeiros objetivos do grupo que criou o Projeto.

O atraso na consecução da idéia (tão forte que desde 1986 havia uma sala com a placa *ombudsman* na Redação do jornal) se deu porque as pessoas originalmente convidadas para exercer a função se recusaram a aceitá-la, quase todos pelo receio das conseqüências desagradáveis que ela poderia lhes proporcionar, em particular junto a colegas de profissão (provavelmente em função do que acontecera com Alberto Dines, que foi uma espécie de precursor do *ombudsman* com sua coluna de crítica da mídia na própria *Folha*, no final dos anos 70).

Quem finalmente encarou o desafio foi Caio Túlio Costa, ao retornar do posto de correspondente em Paris. Ele relatou sua experiência em livro.[11] Nele, estão descritas algumas das dificuldades iniciais, que poderiam ter feito naufragar "em dias" o experimento, não fosse a determinação que norteou a implantação dos frutos dos ideais do "Projeto *Folha*". Seus sucessores talvez possam dar outros exemplos e todos, com certeza, atestarão como a empresa tem se empenhado em garantir a instituição do *ombudsman*.

O *ombudsman* foi uma das poucas inovações do Projeto que os concorrentes da *Folha* não copiaram. E não é pouco significativo esse fato. Ele é uma das demonstrações de como foi autenticamente radical o desejo de renovar que havia marcado o Projeto. O *ombudsman*, desde que a função seja exercida com a independência imprescindível para sua eficiência, é um desafio diário aos que exercem o poder editorial num jornal. O incômodo é evidente e tão grande que poucos entre os grandes diários do mundo se dispuseram a enfrentá-lo. O *New York Times*, por exemplo, apenas se rendeu à necessidade no início do século 21, após ter enfrentado a pior crise de credibilidade de sua centenária história, com os sucessivos fiascos na cobertura da Guerra do Iraque e nas repor-

11 Caio Túlio Costa, *O Relógio de Pascal* (São Paulo: Siciliano, 1991).

tagens fictícias de Jayson Blair. Talvez alguns diários brasileiros só venham a se dar conta da importância fundamental dessa instituição se passarem por trauma semelhante.

O "Projeto *Folha*" chega em 2005 a 21 anos da vida, o que no Brasil marca para o cidadão a maioridade completa. Jornalisticamente também é muito tempo, suficiente para uma avaliação justa. O que ele conseguiu não foi pouco nem ruim. Mas seguramente não foi tanto nem tão bom quanto seus idealizadores almejaram e talvez seja insuficiente para a dimensão dos desafios que estão à frente.

O jornal impresso diário corre risco efetivo de não sobreviver por muito tempo, tanto no Brasil quanto em quase todos os outros países. No Brasil, essa perspectiva é ainda mais frustrante porque ele nem chegou a ser um bem de acesso universal, como em outras nações.

Para evitar esse fim, os responsáveis pelos destinos dos grandes veículos brasileiros precisam ter determinação, arrojo para mudar drasticamente as características de seus produtos. Boa parte dos pressupostos para essas alterações já foi dada pelo sucesso do "Projeto *Folha*", disseminado por quase toda a indústria. Mas ainda falta muito.

Eu, particularmente, gostaria muito que a iniciativa nessa direção partisse novamente da *Folha*, o "meu" jornal, que liderou a revolução no sentido da profissionalização da atividade 21 anos atrás. Será muito triste e empobrecedor para a sociedade brasileira se os jornais impressos diários continuarem a perder leitores e influência, como vem ocorrendo. A necessidade de mudar é evidente e ela não depende apenas dos veículos. Mas sem uma reforma profunda neles, as chances de sucesso ficarão muito reduzidas. Como cidadão e leitor, espero por ela, ao menos na *Folha*.

Estou seguro de que os dirigentes do jornal estão cientes dessa necessidade de mudanças. As alterações necessárias para esse redirecionamento certamente estão sendo concebidas e talvez até mesmo já tenham sido iniciadas e estejam à espera apenas de boas condições para serem plenamente implantadas.

São Paulo, agosto de 2005.

PREFÁCIO 1988

Este livro, com poucas mudanças, é um trabalho apresentado ao Departamento de Jornalismo e Editoração da Escola de Comunicações e Artes da Universidade de São Paulo como uma tese de livre-docência. Ele foi aprovado nessas condições pela banca designada para julgá-lo com a nota máxima (dez). Mesmo assim, acredito que o texto se adapta melhor à condição de um ensaio jornalístico do que à de um trabalho acadêmico nos moldes tradicionais.

Sem dúvida, esse foi um dos pontos em que os componentes da banca se bateram. Embora simpaticamente e reconhecendo os possíveis méritos do texto, alguns de seus integrantes o classificaram como uma reportagem mais do que uma tese. Eu recebi o comentário como um elogio, não como uma crítica.

Uma tese na área das ciências sociais em muitos aspectos lembra uma grande reportagem. Uma grande reportagem, por sua vez, deveria ter mais características de uma tese, em especial com relação ao rigor para a coleta de dados e à definição da metodologia adotada.

Sempre acreditei que o jornalismo teria a ganhar se obedecesse um pouco mais às exigências da precisão científica e que as ciências sociais também, se deixassem um pouco de lado o pedantismo e a afetação que freqüentemente fazem as vezes do rigor científico e colocassem em seus trabalhos um pouco do estilo jornalístico.

Em outra sociedade, talvez fosse possível escrever este tipo de livro fora da universidade e, portanto, sem que o autor tivesse de se submeter a todos os protocolos e formalidades necessárias para a obtenção de um título acadêmico. Nos Estados Unidos, por exemplo, é comum um jornalista tirar seis meses de seu trabalho normal para se dedicar a um ensaio alentado sobre qualquer assunto e depois publicá-lo na forma de livro. As próprias editoras pagam pelo seu trabalho. Ou, então, fundações, entidades científicas, instituições de divulgação do saber, os próprios veículos de comunicação.

No Brasil, as condições econômicas da indústria cultural impedem que isso aconteça, a não ser com raríssimas exceções. O intelectual que deseje estudar a fundo qualquer fenômeno encontra sérias dificuldades para arrumar tempo e dinheiro que lhe permitam desenvolver sua pesquisa e, depois, oferecê-la ao conhecimento do público. A universidade acaba sendo uma das poucas instituições em que isso é possível acontecer, mas os autores têm de arcar com o ônus de seguir os rituais acadêmicos necessários.

Essa função social da universidade de patrocinar a realização de trabalhos de fôlego sobre qualquer fenômeno social, que depois podem ser repartidos com a comunidade, é um dos poucos pontos a favor da instituição que se podem relacionar no caso brasileiro. Mesmo assim, a universidade no Brasil cumpre mal essa função, já que em geral há deficiências de infra-estrutura básicas para o desenvolvimento dos trabalhos de pesquisas e, mais ainda, para sua posterior divulgação.

Se é assim nas ciências como um todo, o problema se agrava na área específica dos estudos sobre jornalismo. Durante a semana em que me submeti às provas do concurso de livre-docência, pude sentir com toda clareza como os integrantes da banca que tinham sua formação acadêmica em outras áreas que não a da comunicação "desconfiavam" da existência de um corpo teórico consistente nos estudos sobre jornalismo.

Em parte, eles tinham razão de sentir certo desconforto. Embora a literatura estrangeira sobre o tema, construída ao longo de mais de 50 anos de prática universitária séria no campo dos estudos sobre comunicação de massa e, especificamente, do jornalismo, seja comparável em alguma medida com a produção acadêmica em outras áreas das ciências sociais, no Brasil esse tipo de trabalho está apenas começando.

É claro que já se têm feito no Brasil estudos de boa qualidade que ajudam o universitário ou interessado nos problemas do jornalismo a entender melhor o processo. Mas é impossível deixar de reconhecer que tais pesquisas apenas arranham a superfície e que ainda há muito que fazer. Para início de conversa, é preciso documentar, registrar os fatos, acumular conhecimento empírico da realidade para poder interpretá-la corretamente.

Este livro se enquadra nesta preocupação de que, antes de mais nada, é preciso superar a fase da falta de dados sobre os quais se possa relacionar. Seu objetivo não é dos mais ambiciosos: descrever como aconteceu um processo de reformulação profunda das relações de produção em um importante jornal brasileiro e tentar inferir da experiência algumas conclusões sobre como uma Redação deve se organizar para enfrentar um mercado cultural com as características de uma metrópole como São Paulo.

Pode parecer pouco e de fato é pouco, objetivamente, quando se pensa em exemplos de outras sociedades. Estudos de caso como este são publicados nos Estados Unidos com freqüência todos os anos. Quase todos os jornais desse país já mereceram mais do que uma monografia que estudou aspectos diferentes de sua história ou estrutura. O observador de jornais, o estudioso de jornalismo, o público que consome informações podem, com esses trabalhos, conhecer melhor os veículos de comunicação e compreender com mais clareza sua lógica, suas metas, suas motivações, suas justificativas, sua importância, sua influência sobre a sociedade, sua racionalidade interna.

No Brasil, um livro como este arca com todos os encargos, méritos e problemas de um pioneirismo retardado. No final da década de 1980, é difícil acreditar que ainda estamos no estágio de tatear no escuro para poder entender melhor o ambiente jornalístico brasileiro.

A falta de luz sobre esse universo é tão grande que profissionais, empresários e consumidores dos meios de comunicação cometem, cada um de uma vez (e, pior, às vezes todos juntos) os mais absurdos erros de conhecimento e de interpretação dos fenômenos. Mais grave ainda: freqüentemente até os que se dedicam a estudar na universidade esse universo incorrem em erros da mesma gravidade.

Cinqüenta anos depois, numa época em que as condições da sociedade e da tecnologia alteram a face do mundo a cada mês, ainda é muito grande o número de estudiosos da comunicação e do jornalismo no Brasil que tentam enxergar o ambiente dos meios de comunicação com a mesmíssima visão com que Adorno o interpretou na Europa sob o impacto do nazismo. Mas isso não é tudo: talvez seja maior o número de professores de jornalismo e de comunicação no Brasil que ainda nem chegaram a Frankfurt e suas teorias.

Por isso, um livro como este pode contribuir de alguma forma para lançar luz sobre os problemas do jornalismo brasileiro, apesar de suas limitadas ambições. Claro que ele deveria ser seguido por muitos outros para que essa luz pudesse ter um grau de intensidade capaz de permitir que se parasse de tatear à busca do conhecimento sobre os meios de comunicação brasileiros. Mas, de qualquer forma, não deixa de ser uma ajuda.

Por isso, também, é que talvez a banca que examinou a tese que lhe deu origem tenha acabado por conferir nota máxima ao trabalho, embora alguns de seus integrantes possam ter objetado um pouco a respeito do seu formato pouco acadêmico. A meu ver, os professores Carlos Alberto Longo, José Augusto Guilhon Albuquerque, Eva Alterman Blay, que são de outras áreas do saber humano, e Anamaria Fadul e José Marques de Melo, que são das áreas de comunicação, demonstraram seu reconhecimento à necessidade de mais estudos como este quando avaliaram com nota dez a minha tese. A todos eles sou profundamente grato pela paciência ao longo da maratona de provas que se exigem de um candidato à livre-docência (e de seus examinadores) e pela oportunidade de suas observações críticas, muitas delas incorporadas ao texto final desta publicação. Espero que, de alguma forma, o convívio que eles tiveram comigo possa ter sido de proveito para eles como o foi para mim. O fato de este trabalho lidar com um fenômeno contemporâneo e polêmico deve transformá-lo em objeto de discussão e dúvidas entre um público maior que vier a travar contato com ele a partir de agora. Se já no exame acadêmico, sujeito a todas as regras do rigor científico, algumas observações sugeriram esse tipo de dificuldade, o leitor comum deverá ter ainda mais razões para levantar problemas do gênero.

O "Projeto *Folha*" é indiscutivelmente um processo que desperta paixões, favoráveis e contrárias, entre os profissionais da categoria dos jornalistas e entre os leitores do jornal *Folha de S.Paulo*. Ele é um processo ainda em curso, o que permite que os sentimentos de reprovação ou aplauso sejam muitas vezes justificados por motivos diversos dos da razão. Não é possível para muitos dos que se sentem prejudicados ou beneficiados por ele manter a necessária distância do fato para julgá-lo com discernimento.

Para este livro, é provavelmente uma vantagem o fato de sua última revisão ter sido realizada por mim com dez meses e dez mil quilômetros de distância da sede do projeto e de seus detalhes. Embora eu creia que o trabalho apresentado à ECA estivesse quase totalmente limpo do enviesamento (e não acredito que a banca examinadora pudesse ter sido condescendente em relação a esse ponto fundamental da ética científica), a distância no tempo e no espaço (e, acima disso, nas responsabilidades) do projeto me dá uma visão mais clara dele. Se houver chance, no futuro, de rever este livro, creio que será possível melhorá-lo muito.

Mas não acho que seja errado publicá-lo agora. A desvantagem de ele ainda estar muito em cima dos fatos que descreve e analisa é largamente compensada, acredito, pela vantagem de, por ser "quente", atrair mais interesse, mais leitura e mais discussões sobre seus pressupostos e suas conclusões. Com isso, ganha o debate, ganha o conhecimento e pode vir a ganhar o próprio jornal que é o objeto do estudo (e, em conseqüência, também seus leitores e a sociedade brasileira como um todo).

Vista daqui, sem o receio de parecer cabotino, já que não tenho a responsabilidade pelo produto final que tive ao longo dos mil dias que este livro estuda, a *Folha* é um bom jornal. Melhor mesmo do que eu a julgava na Secretaria de Redação. Quando se compara a alguns dos melhores jornais do mundo, como os norte-americanos, a *Folha* não fica muito atrás. Como, por sinal, também não ficam os outros grandes jornais brasileiros, como *O Estado de S. Paulo*, *Jornal do Brasil* e *O Globo*.

Fica atrás, e muito, na qualidade do texto e na precisão com que as informações são apuradas e transcritas. Mas não tanto (talvez esteja até à frente) na qualidade da edição, na maneira como os assuntos são organizados para o leitor. Fica atrás, ainda, na qualidade da análise e na abrangência da cobertura. Mas não na disposição de textos e fotos nas páginas.

A *Folha* é hoje um jornal de nível internacional. Muito superior à maioria dos diários da América Latina, comparável a alguns dos melhores jornais dos Estados Unidos e da Europa Ocidental.

Mas ainda há muito o que se fazer em áreas essenciais, como a do texto e a da qualidade da informação.

Em grande parte, essa tarefa de melhorar o jornal nesses setores não depende só dele. Depende muito da sociedade como um todo. Depende da melhoria da qualidade de ensino, desde o básico até o universitário, da maturidade política do país, do progresso da economia, da divisão mais equânime das riquezas, do aumento do público consumidor de informações. Enfim, depende de o Brasil melhorar. Mas trata-se de um processo complexo, em que o Brasil também melhora na medida em que seus jornais melhoram. Um lado influencia o outro. Todos se beneficiam ou se prejudicam mutuamente na medida em que cumprem melhor ou pior suas obrigações.

O "Projeto *Folha*" tem sido, creio, um instrumento por meio do qual os responsáveis pelo jornal de maior circulação no Brasil têm dado sua contribuição para que a sociedade brasileira melhore na medida em que o jornal melhora. Tem sido um instrumento cuja utilização às vezes é penosa tanto para quem faz uso dele como para quem sofre as suas conseqüências.

O custo humano ao longo desse processo de implantação do projeto na *Folha* não é desprezível, embora não seja possível avaliá-lo em sua correta dimensão. Mas, sem dúvida, apesar de tudo, o projeto procura elevar o nível de qualidade do jornalismo praticado pela *Folha* e até onde este estudo pode permitir conclusões definitivas, ele tem alcançado esse objetivo, pelo menos na medida em que o sucesso de público possa ser tomado como um parâmetro de definição da qualidade do produto.

Se o projeto tem, de fato, conseguido elevar o nível de qualidade do jornalismo praticado pela *Folha* e como a *Folha* é hoje o diário mais influente do país, não é exagero afirmar que em última instância o projeto contribui para que o Brasil se constitua numa sociedade politicamente melhor. Um dos grandes obstáculos para a obtenção de soluções sociais menos injustas na maior parte dos países da América Latina tem sido a pobreza dos jornais desses países, a maioria deles dependendo do Estado, sem opiniões próprias, frágeis como empresas, deficientes em estilo e em técnica.

Uma breve explicação sobre a frase de Beckett que abre este livro. O professor Carlos Alberto Longo, em sua argüição de minha tese de livre-docência, me perguntou sobre ela, talvez intrigado com o que lhe pode ter parecido uma expressão de cinismo. O que eu quis dizer, ao aceitar a sugestão dada por minha mulher, Lúcia Araújo, de colocar a frase de Beckett como frontispício deste trabalho, não foi que os fins justificam os meios.

No contexto deste estudo, o que a frase de Beckett representa é que, para o público, não importa como o jornal é feito, nem quanto custa fazê-lo, mas sim que ele precisa estar pronto e ser bom todos os dias. Não adianta (nem é possível) telefonar para cada um dos leitores do jornal para explicar por que a notícia não está bem escrita, a informação está errada ou a foto é de má qualidade. Não importa para o consumidor como as coisas são feitas, importa é como elas ficam.

A utilização da frase teve outro significado: também não importa muito para o processo todo quem se magoou com ele, quem ficou feliz, quem sofreu ou quem lucrou. Os problemas individuais pesam, devem ser levados em consideração, mas no final das contas são o acessório, não o fundamental numa visão macroestrutural. Finalmente, a frase funciona um pouco como um auto-alerta: este trabalho tem uma importância muito localizada, específica e circunscrita porque, numa avaliação mais abrangente, o que realmente conta é como o jornal se construiu, como é o seu desempenho, as influências reais que ele exerce sobre a sociedade brasileira. O relato de sua história e de seus conflitos só importa para quem tem interesse dirigido para os problemas do jornalismo e da comunicação.

Quero agradecer ao Woodrow Wilson International Center for Scholars, onde a revisão final dos originais e este prefácio foram feitos durante o período de uma bolsa de estudos obtida para a realização de uma pesquisa sobre a influência do jornalismo norte-americano sobre o brasileiro. Em alguma medida, o estudo do "Projeto *Folha*" é parte da pesquisa mais ampla que foi desenvolvida por mim nessa instituição, já que boa parte dos pressupostos que embasam o projeto tem seu fundamento nos princípios que norteiam a prática do jornalismo nos Estados Unidos.

Carlos Eduardo Lins da Silva
Washington, maio de 1988.

APRESENTAÇÃO

O sentimento anticapitalista encontra todo tipo de estímulo na atividade jornalística. A base empresarial da imprensa tem de ser dissimulada para que ela possa apresentar-se como campeã de uma totalidade, a opinião pública. A associação inevitável desse ramo dos negócios com a política e a cultura, a sua natureza quase que exclusivamente ideológica, faz surgir uma contabilidade de prestígio, influência e poder que projeta sombra sobre a contabilidade da moeda corrente.

Mais recentemente, a industrialização da imprensa tornou possível, ao mercado, regular o que era antes regulado apenas pela ideologia. Um compromisso impessoal, milimétrico e quantitativo, com a superfície pública que paga pela informação que consome, tende a substituir os compromissos fluidos, baseados no favor e na missão, com o Estado ou a sociedade.

Pressionada, ameaçada de extinção, a estrutura tradicional reagiu. Houve então um deslocamento da retina ideológica e a camada que antes correspondia a um anticapitalismo romântico, deslocado da estrutura de classes, meramente boêmio ou intelectual, deslizou até o tempo presente, onde ela veste como uma luva para fazer as vezes de ideologia da resistência e da revolução. Ficaram asseguradas as condições para o funcionamento de dois mal-entendidos.

O primeiro é confundir o desenvolvimento do capitalismo na imprensa com o desenvolvimento da imprensa no capitalismo e considerar que, porque ocorrem de modo entrelaçado e simultâneo, esses dois termos significam necessariamente uma mesma coisa. O segundo é recusar-se a lógica do mercado contrapondo a ela não uma outra lógica, mas uma moralidade. Como não poderia deixar de ser, as reações da antiga formação jornalística se encastelaram na instituição sindical. Está entre as tarefas dessa instituição defender os beneficiários das formas produtivas em via de obsolescência. O sindicato apareceu historicamente em resposta à aceleração do progresso técnico e nesse sentido ele "resfria" o desenvolvimento da sociedade: o preço cobrado em termos de ineficiência é devolvido em termos de eqüidade. Por isso é habitual que os sindicatos apresentem como ética e finalmente como etiqueta o que até uma geração atrás era interesse. São os retardatários que modulam a ação sindical.

É ilustrativo assinalar o quanto há de comum entre a vanguarda sindical dos grandes centros urbanos e os donos de jornais nas regiões mais atrasadas do país, ao praticarem um jornalismo político-panfletário, ao justificarem que a legitimidade da sua atuação nasce em outro lugar que não o da mercadoria, ao dependerem de prerrogativas concedidas pelo Estado (desde créditos e favores até a reserva de mercado profissional) para escapar à expansão do mercado e das forças produtivas.

O trabalho de Carlos Eduardo Lins da Silva – que um dos examinadores, na banca universitária que o aprovou por unanimidade com a nota máxima, definiu como uma "brilhante reportagem" – relata passo a passo o que aconteceu na *Folha de S.Paulo* durante um período importante do conflito entre mercadoria e prerrogativa na imprensa, simplificado acima. Ao lado do zelo em expor, às vezes minuciosamente, o ponto de vista dos que se opunham à política adotada pelo jornal, o autor teve o arrojo de defender com veemência os seus próprios pontos de vista, de assumir sem disfarces a sua condição de partícipe na doutrina e nos traumas da execução de um projeto editorial desde o início polêmico.

Se ele conseguiu combinar a observação privilegiada de quem interveio ativamente na maioria dos acontecimentos descritos e a isenção que se recomenda ao cientista social – se conseguiu repetir, num estudo de caso jornalístico, aquela atitude ao mesmo tempo de participação e distanciamento tão cara aos antropólogos – isso é uma das coisas que naturalmente compete ao leitor, muito mais do que a mim, dizer. Limito-me a tornar pública uma brincadeira que fazia com ele, dizendo que ele seria, quando escrevesse a tese, "o seu próprio Foucault", ao desmontar perante a opinião pública o complexo mecanismo de organização e controle racional que ele em grande parte concebeu e que colocou em funcionamento no prazo de só três anos. Estou convencido de que o "taylorismo" implantado nesse período, durante o qual o autor ocupou a Secretaria de Redação da *Folha* na área de Produção, será cada vez mais imitado na imprensa brasileira até tornar-se o padrão usual em qualquer Redação, dentro de talvez dez ou 15 anos.

Já que o trabalho concentra suas preocupações na racionalidade da tarefa jornalística, o que me parece adequado é colocar alguns problemas a serem resolvidos pelos partidários, entre os quais me incluo, da racionalização.

Nós não sabemos até que ponto a atividade jornalística pode ser determinada por meio de normas, mas evidentemente a sua complacência está longe de ser irrestrita. São tantas as variáveis que o jornalismo tem de organizar em tempo muito curto, que a normatização certamente resultará, a partir de certo ponto, contraproducente. Não há dúvida de que ela é eficaz quando se trata de corrigir distorções acumuladas. Foi o que aconteceu com a *Folha*. O jornal chegou a correr o risco de comprometer seu futuro, tão volumosa era a carga das incongruências de estilo que se justapunham, como se trechos diferentes da sua história e da história do jornalismo em geral estivessem aprisionados numa mesma forma. Foi necessário disciplinar e reprimir a experiência acumulada ao longo de um desenvolvimento irregular e vertiginoso até que se estabelecesse um padrão homogêneo, capaz de servir como partida para novas diversificações. Mas nada indica que a normatização possa funcionar como fórmula permanente. Tomada ao pé da letra, não seria surpresa se ela logo se mostrasse incapaz de revestir o relevo acidentado da notícia e se perdesse num discurso tanto mais inócuo quanto mais total, tanto mais abstrato quanto mais preciso. Em outras palavras, ao menos no jornalismo parece que a normatização é capaz de debelar a doença, mas não de sustentar a saúde.

Além disso, as circunstâncias do jornalismo, particularmente as do fechamento de cada edição, são de tal modo onerosas em termos dos danos que a velocidade impõe à exatidão, que as normas começam como empecilho e terminam sendo uma mera comodidade.

O problema fica mais claro quando se tem em mente a incomensurabilidade do campo de interesse do jornalismo. As possibilidades não se esgotam jamais e na sua resolução há portanto um núcleo de arbitrariedade, de pessoalidade irredutível. Como o artista, neste particular, o jornalista será tolo se imaginar que seu trabalho preenche um objeto, já que o seu problema cotidiano é pelo contrário conceber esse objeto, esperar que as suas habilidades para *fazer* assegurem a adesão de quem lê e que depois até essa adesão se torne dispensável porque ela será nada além de um hábito. É isso o que os jornais dizem toda manhã: renuncie ao mundo, gigantesco e inatingível demais para qualquer pessoa individualmente, e adote *este* artifício como se ele fosse de fato o mundo. A unidade do jornal é o seu próprio ritmo, mas sem o arbitrário não há o que ritmar. É por isso que se falava antigamente que um grande jornal é sempre obra de um homem só.

Nenhum desses obstáculos é bastante para desacreditar do avanço da racionalização no jornalismo. Se apontá-los tem alguma valia é na esperança de visualizar melhor o futuro dessa racionalização e advertir para novas armadilhas que o componente tradicional, tão poderoso na profissão, erguerá pelo caminho.

O trabalho de Carlos Eduardo deve permanecer como testemunho "a quente" da batalha que convulsionou uma Redação durante mil dias, como se lê no título. Mas o seu valor não se resume ao imperativo de que está com a razão quem está com o inevitável. Ninguém conhece nem pode prever a contribuição que a imprensa dará à qualidade do mercado, sequer à sua sobrevivência, mas é certa, cada vez mais visível, a contribuição do mercado à qualidade técnica da imprensa. Tudo indica que isso não está, felizmente, entre as coisas que se revertem com facilidade.

Otavio Frias Filho

INTRODUÇÃO

A *Folha de S.Paulo* é o fenômeno mais importante do jornalismo brasileiro nos anos 80. Nessa década, foi o jornal diário que obteve maior crescimento na circulação paga e no volume de publicidade impressa, foi o veículo de comunicação que mais provocou polêmicas e repercussões entre os leitores e foi a empresa jornalística que mais celeuma causou entre os profissionais do setor.

A ampliação da área de influência da *Folha* entre o público pode ter como marco inicial o processo de abertura política do regime militar, nos meados dos anos 70. Apenas para se ter um referencial cronológico, o ano de 1974 pode servir como ponto de partida. Foi quando a página 2 (de opinião) do jornal se abriu a intelectuais de oposição ao governo que haviam passado os dez anos anteriores distantes dos meios de comunicação. Também foi o ano em que o jornal desativou definitivamente o sistema de composição a quente e ingressou de vez nas técnicas industriais modernas.

A partir de então, a *Folha* passou a ser identificada como um jornal de resistência ao regime autoritário e uma espécie de "porta-voz" da chamada "sociedade civil". A direção da empresa teve a sensibilidade de perceber que o país mudava e apostou num ramo que, o futuro comprovaria, era o que a maior parte dos brasileiros desejava seguir.

A consagração desse processo de convergências de opiniões entre a sociedade e a *Folha* se deu entre janeiro e abril de 1984, com a campanha das Diretas-já. O jornal mais uma vez captou com rapidez e precisão o estado de espírito das pessoas que consomem informação política e se engajou, solitariamente a princípio, num movimento que se transformaria no mais significativo da história política recente do país. A *Folha* foi classificada como "o jornal das diretas" e, com isso, alcançou o maior nível de popularidade de sua história.

A democratização do país, simbolizada pela eleição de Tancredo Neves em janeiro de 1985 mas efetivada na prática durante a campanha pelas Diretas-já, colocou diante do jornal novos problemas. Ele não poderia mais continuar sendo o veículo da resistência aos militares. A sociedade civil já não seria mais o bloco quase homogêneo de forças coletivas que se uniam numa frente para combater o inimigo comum. Muitos chegaram a prever que as Diretas-já teriam sido o último dos grandes momentos da *Folha*, seu apogeu de prestígio e início de decadência.

O fim das Diretas-já coincidiria, de fato, com o começo não do processo de perda de influência do jornal, mas sim de sua ampliação fundada em outras bases, diferentes das do período 1974-84, como diferentes passavam a ser as condições sociais e políticas do Brasil.

O projeto das Diretas-já caiu na Câmara dos Deputados em 25 de abril de 1984; no dia 24 de maio do mesmo ano o jornalista Otavio Frias Filho assumiu a direção da Redação da *Folha*. A coincidência histórica facilita a tarefa de delimitar o marco simbólico do princípio de um novo período da história do jornal. Os primeiros três anos dessa fase são caracterizados pelo sucesso de mercado e pela polêmica em relação ao jornal, tanto entre os leitores como entre os profissionais do setor.

A *Folha*, que antes desfrutava vantagens da unanimidade, passou a prejudicar interesses quando a sociedade se dividiu, como é natural, a partir da democratização. Ao não aderir à campanha presidencial de Tancredo Neves à presidência da República, em 1984, o jornal foi acusado por muitos setores de ter "malufado", ou seja, de ter feito o jogo do outro candidato, Paulo Maluf. Ao recusar-se a entrar na "corrente da esperança" na doença de Tancredo, em 1985, e informar com frieza os fatos que a envolviam, foi chamada de "agourenta". Nas eleições para a prefeitura de São Paulo, também em 1985, sofreu ataque dos adeptos dos três candidatos mais fortes (Jânio Quadros, Fernando Henrique Cardoso e Eduardo Suplicy), todos achando que o jornal beneficiava a candidatura de seu principal oponente. Em 1986, durante a Copa do Mundo de Futebol, no México, recebeu irados protestos por sua posição, tida como "impatriótica", de afirmar que o juiz do jogo de estréia da seleção brasileira havia errado numa decisão que a beneficiava. Nas eleições para o governo do Estado de São Paulo, em 1986, repetiu-se o fenômeno do pleito do ano anterior com a troca de afirmação entre os apoiadores dos candidatos Antônio Ermírio, Eduardo Suplicy e Orestes Quércia de que o jornal estava ajudando um deles.

Apesar de tantos protestos, as vendas só aumentaram no período. O número de assinantes passou de 116.960 em 30 de abril de 1984 para 206.135 em 19 de fevereiro de 1987, um aumento de 78,85%. Em 1985, a *Folha* tinha uma fatia de 18,7% do total de publicidade publicada em jornais diários em São Paulo; em 1986, sua participação subiu para 21,2% em conseqüência de um crescimento absoluto de 75% do espaço vendido entre um ano e outro.

Se as polêmicas com o público parecem não ter afetado o prestígio do jornal entre os leitores, na corporação dos jornalistas a celeuma provocada pela aplicação do chamado "Projeto *Folha*" causou ressentimentos, dissensões e amarguras que demonstram ter raízes profundas. Se o público identifica na *Folha*, como afirmou a revista *Veja* em 1985, "o jornal mais interessante da cidade..., o mais nervoso..., o que está sempre à procura de um novo sabor..., o que mais se identifica com a São Paulo dos anos 80...", setores da categoria dos jornalistas encontram no jornal uma ameaça a muitos direitos dos seus profissionais, desde a regulamentação da profissão até o da liberdade de criação no cotidiano da atividade.

Os leitores podem se desgostar com o jornal quando ele não assume as posições de sua preferência como nos casos citados antes ou quando ele comete erros grosseiros de gramática (em média 32 por dia em fevereiro de 1987) ou edição (entre outros, a publicação simultânea em duas seções diferentes no dia 25 de agosto de 1985 de um mesmo artigo do escritor argentino Jorge Luis Borges ou a notícia às vésperas da Copa do Mundo de 1986 de que a seleção de juniores do Brasil teria jogado na véspera com a da União Soviética quando o jogo havia ocorrido nove meses antes, apenas para citar dois exemplos particularmente trágicos – ou risíveis, dependendo da ótica). Mas eles se sentem recompensados quando o jornal lhes oferece informações exclusivas que só um veículo independente poderia publicar (como, entre outros, o noticiário sobre a base militar da serra do Cachimbo, que veio a público em agosto de 1986, ou sobre a conta secreta Delta 3 operada pelo programa nuclear paralelo, revelada em dezembro de 1986, ou ainda a descoberta da fraude na concorrência da Ferrovia Norte-Sul em maio de 1987).

Já os jornalistas que criticam o "Projeto *Folha*" não encontram compensações que contrabalancem os dissabores que o jornal lhes causa. Os ataques são justificados pelo estilo de administrar a Redação, considerado "desumano", "burocrático", "insensível", e pelo argumento de que a linha editorial obedece não a convicções político-ideológicas, mas sim a razões de mercado, tidas como indignas por boa parte dos jornalistas que condenam a própria existência de uma sociedade de mercado.

Quanto à questão da estratégia de mercado, ela já foi tratada por Otavio Frias Filho em discutido artigo intitulado "Vampiros de Papel", no qual ele argumenta que "a estratégia de mercado posta em andamento pela imprensa está firmemente ancorada na estrutura ideológica da notícia (qualquer notícia) e na relação de solidariedade objetiva entre imprensa e público. Em outras palavras, [...] não é a imprensa burguesa quem institui um público sujeito à estratégia de mercado e às manipulações que dela decorrem, mas [...] é o caráter mercadológico da notícia quem institui, numa ponta, a imprensa burguesa, na outra o público burguês, e entre ambos uma simbiose de interesses complementares".

A mesma naturalidade com que a direção de Redação trata do problema do caráter mercadológico da notícia numa sociedade capitalista (quantos outros diretores de Redação não prefeririam tentar ocultar essa realidade sob o manto da justificativa ideológica?) é empregada também na questão da necessidade de se adotar uma postura de gerenciamento da Redação como uma empresa industrial moderna, atitude que está no cerne da crítica da corporação dos jornalistas aos métodos de administração implementados a partir de maio de 1984.

Este trabalho se ocupa em particular desse conjunto de problemas: como o "Projeto *Folha*" alterou as relações de produção de informações na Redação do jornal, como os jornalistas reagiram a essas mudanças e que conseqüências elas provocaram sobre o produto final do ponto de vista do interesse do leitor. Não será feita uma análise de conteúdo do jornal, mas uma descrição histórica de como esse processo se desenvolveu entre maio de 1984 e fevereiro de 1987, um período de mil dias, além de uma análise sobre as vantagens e desvantagens que as medidas postas em prática possam ter em relação às antes adotadas em termos de maior ou menor sucesso do jornal e dos jornalistas que nele trabalham e em termos de maior ou menor satisfação dos leitores para os quais o produto se destina.

Gay Talese descreve em *The Kingdom and the Power*[12] como os jornalistas do *New York Times* recebem com irreverência e ressentimento as novas técnicas de administração da Redação quando elas foram ali implementadas na década de 1960. Com 20 anos de atraso, o problema se repete na *Folha*.

Para ser rigoroso, o atraso é ainda maior: em 1903, Edwin Shuman, um jornalista e teórico do jornalismo que trabalhava no *Chicago Record Herald*, já defendia num livro chamado *Practical Journalism* idéias que ainda hoje causam horror a muitos jornalistas brasileiros: "O jornal moderno é uma empresa de negócios e os homens que o dirigem são movidos em grande parte pelos mesmos motivos dos homens que conduzem uma loja de departamentos".[13]

É claro que nem Shuman em 1903 nem os diretores da *Folha* 80 anos depois cometeriam o erro de reduzir o jornalismo às condições de um negócio que lide com bens cujo conteúdo material seja mais importante que seu conteúdo ideológico (numa relação inversa à que existe no produto jornalístico). Mas eles também não cometeriam o erro de ignorar ou desprezar a importância do caráter empresarial da atividade jornalística exercida numa sociedade industrial capitalista e moderna como começava a ser a Chicago do início do século e como é a São Paulo do final do século.

Os jornais e demais meios de comunicação estão entre os últimos setores do campo empresarial a incorporar técnicas e métodos de organização do trabalho em seu cotidiano de produção.

12 G. Talese, op. cit., p. 490-1.

13 Edwin Shuman, *Practical Journalism* (New York: D. Appleton, 1919).

A razão está na característica predominantemente ideológica (ou simbólica) do produto jornalístico. Como ensina Raymond Williams,[14] os intelectuais de esquerda (como a maioria dos jornalistas brasileiros acredita ser) não conseguem dar à sua noção de cultura (o jornalismo é considerado, em geral, um produto cultural) qualidade material; relegam-na sempre ao campo exclusivo da superestrutura. Mas é evidente que qualquer bem de consumo se constitui de características tanto materiais como ideológicas. Quem negaria o papel simbólico ou ideológico desempenhado pelas roupas, pela pasta de dente, pelo sabonete nas sociedades modernas? Em seu excelente *Captains of Consciousness*,[15] Stewart Ewen descreve como a publicidade foi importante nas duas primeiras décadas do século 20 para o processo de conferir aos produtos que precisavam encontrar públicos mais amplos que os consumissem valores culturais capazes não só de assegurar sua venda como cimentar uma nova aliança cultural entre uma burguesia em desenvolvimento e uma classe operária que se introduzia na sociedade de mercado nos EUA da época. Por que, então, negar o caráter de materialidade a produtos como o programa de TV (ainda mais que agora ele pode ser comprado pela assinatura do cabo ou venda do cassete), o quadro ou o jornal?

Sejam quais forem as origens da deformação apontada por Williams, o fato é que os intelectuais de esquerda resistem à evidência de que jornalismo é negócio e, com isso, retardam a adoção de práticas que poderiam melhorar a qualidade do produto final.

No caso brasileiro, a atitude dos jornalistas é muitas vezes endossada pelos donos de jornais. A equação do capitalismo desigual e combinado permite que coexistam no país vários processos diferentes de acumulação de capital, como explica José Nun.[16] Também permite que haja ao mesmo tempo diversos tipos de empresas jornalísticas: desde as que literalmente trocam anúncios por bens de consumo até as que tentam se organizar em graus de sofisticação similares aos de sociedades muito mais desenvolvidas.

14 Raymond Williams, *Marxismo e Literatura* (Rio de Janeiro: Zahar, 1979).
15 Stewart Ewen, *Captains of Consciousness* (New York: McGraw Hill, 1977).
16 José Nun, "Superpoblación Relativa, Ejército Industrial de Reserva y Masa Marginal", em: *Revista Latinoamericana de Sociología* (nº 2, jun. 1969), p. 178-235.

Em muitos Estados brasileiros, a atividade econômica não é suficiente para sustentar um jornal. Como ocorre na África, os jornais só sobrevivem às custas do Estado. Diferentemente da maioria dos países africanos, no entanto, onde a propriedade dos jornais é do Estado, nessas regiões do Brasil a propriedade é detida por particulares e o suporte material é dado pelo Estado através de negócios sub-reptícios.

Mesmo em áreas onde a forma de acumulação monopolista do capital já se tornou hegemônica, subsistem no Brasil empresas jornalísticas que encontram suas principais fontes de renda fora do mercado. Quem não depende exclusivamente do mercado para sobreviver não precisa aparelhar-se como empresa moderna e, ao mesmo tempo, pode usufruir prestígio entre os profissionais que lhe prestam serviço através de concessões às reclamações de "respeito à espontaneidade", "calor humano nas relações" e outras.

Mas quem depende apenas do mercado precisa equipar-se para enfrentá-lo e vencer nele. Na sociedade de mercado do capitalismo monopolista, as relações de produção se alteram porque a velocidade exigida para a reprodução do capital não permite que o meio de produção perca sua luta contra a entropia.

Ao longo do século 20, todos os setores empresariais no capitalismo têm se organizado para enfrentar o que, na Teoria da Informação, é chamado de entropia, como significado de absoluta imprevisibilidade, estado de "desordem" ou "caos". A entropia se combate nas organizações produtivas com informação adequada.

É curioso que a empresa jornalística, responsável pela produção de informações adequadas que vão ajudar o resto da sociedade a combater a entropia (como descreve Marc Paillet),[17] encontre tanta dificuldade em municiar-se a si própria do mesmo produto.

Outra contradição interessante do ponto de vista teórico é que o jornalismo, que tem no estado de entropia (considerado aqui como situação de imprevisibilidade máxima e, portanto, de necessidade máxima de informação) seu campo de atuação ideal (por definição, a notícia é tanto melhor quanto mais imprevisível

17 Marc Paillet, *Jornalismo: o Quarto Poder* (São Paulo: Brasiliense, 1986).

for), precisa ao mesmo tempo combater a entropia internamente para poder desincumbir-se bem de suas tarefas.

A luta contra a entropia, considerada um imperativo social primário em qualquer organização, é o objeto da disputa entre jornalistas e o "Projeto *Folha*". Marc Paillet dá uma pista sobre uma possível razão para a existência desse conflito que, como já se viu, não é exclusivo desse jornal nem do Brasil, já que há registros de situações similares em jornais de outros países. Paillet faz uma análise do comportamento do profissional jornalista no mundo ocidental e chega à conclusão de que "mesmo altamente posicionado, [ele] se coloca em oposição aos poderosos e às instituições que refletem um certo poder econômico [...] o jornalista, enquanto tal, não é nem proprietário, nem empresário, nem dirigente, nem verdadeiramente tecnocrata [...] se encontra, então, ao mesmo tempo dentro e em oposição ao *establishment*. E essa posição paradoxal constitui a explicação das ambigüidades que atingem tanto a atividade quanto o comportamento e a psicologia do jornalista".[18]

Há, também, razões de ordem ideológica para combater a tentativa de reduzir a "taxa de entropia" nas Redações. Francisco Antonio Doria, embora tratando da questão sob o ponto de vista da arte, dá um bom exemplo das causas dessa oposição: "por que a qualidade deve estar ligada à ordem...? Por que a desordem é vulgar, banal?... como poderemos atomizar a obra de arte, dividila em elementos fundamentais... de modo a que possamos medirlhe uma entropia?... Quer dizer: entropia não tem grande coisa a ver com arte".[19]

É, em princípio, a mesma posição dos jornalistas que se opõem à organização metódica das Redações. Muitos deles, inclusive, consideram seu trabalho uma forma de arte, que necessita de "inspiração" para ser realizado. Cremilda Medina, por exemplo, ataca as tentativas de introdução de critérios industriais de eficiência em empresas jornalísticas em trabalho de 1982, época em que a Editora Abril começava a fazê-lo.[20]

18 Id., ibid., p. 33.

19 Francisco Antonio Doria, "Entropia", em: *Dicionário Básico de Comunicação* (Rio de Janeiro: Paz e Terra, 1975), p. 156-7.

20 Cremilda Medina, *Profissão Jornalista: Responsabilidade Social* (Rio de Janeiro: Forense, 1981), p. 24.

Medina oferece uma outra justificativa ideológica para a oposição de jornalistas à organização: a idéia da ordem seria importada dos EUA: "[...] para transformar uma Redação de jornal de meio de boêmia e sarau literário em meio de produção industrial, é preciso estruturar equipes, dividir o trabalho, organizar o fluxo de ação profissional. Os modelos, que os EUA especializam, são exportados junto com as máquinas e, a partir de então, se estabelece mais um vínculo de dependência das matrizes internacionais: além do equipamento e *royalties* da dívida tecnológica, a imitação grosseira de esquemas de organização jornalística [...]".[21]

No seu ataque ao planejamento e ao método nas Redações, Medina manifesta a esperança de que os jornais diários viessem a ser um ambiente no qual a introdução de padrões técnicos encontraria maiores obstáculos. Diz ela: " [...] as Redações (de jornalismo diário) são bem mais complexas para estruturar em relação às Redações de revistas (semanais e mensais) [...] E são mais complexas não só pelo número de profissionais que aglutinam e correspondentes estágios de domínio técnico, mas sobretudo devido à gama de conteúdos com que lidam. Parece impossível, diante da pauta diária previsível e dos acidentes imprevisíveis, aplicar um 'manual de normas técnicas', um padrão de comportamento ou uma forma de organização homogênea".[22]

A autora, a quem se deve dar o crédito de ter sido uma das poucas pessoas a discutir o tema no Brasil, acha que o combate à entropia é menos difícil nas Redações de revistas semanais e mensais também porque a maioria delas lida mais com o imaginário do que com o real (por terem como tema assuntos domésticos ou de lazer). "Já o repertório do jornalismo diário acentua, de forma decisiva, o real sobre o imaginário [...] Para este universo de trabalho, escasseiam os repórteres treinados, escasseiam as fórmulas seguras [...] Se um jornal com preocupação exclusivamente consumista editar um acidente aéreo com uma fórmula visual ou redacional bem-sucedida em outra oportunidade, corre o risco de se tornar ridículo na banca, no dia seguinte, diante de uma forma hiper-realista de outro jornal ou diante de uma forma simples,

21 Id., ibid., p. 26-7.
22 Id., ibid., p. 138-9.

emocionalmente direta de um terceiro concorrente. A mobilidade das 'chaves' de edição é um desafio quase diário e incontrolável através de 'manuais' de regras".[23]

Concluindo seu raciocínio, Medina advoga o conformismo diante dos erros e a necessidade de se praticar um jornalismo "social": "Talvez... a mensagem plurifacetada, imperfeita do ponto de vista formal, cheia de desníveis, da imprensa diária não seja passível das análises sumárias que a enquadram como um produto monolítico da manipulação industrial das audiências. E talvez por isso os profissionais que se desgastam em aprimoramento puramente técnico e formal nessa mesma imprensa passem por tantas frustrações [...] Ou seja, quanto mais abrandada a ditadura dos padrões de eficiência mais margem existe para desenvolver um sentido social de informação.[24]

Todas essas razões psicológicas, ideológicas e jornalísticas ajudam a compreender a resistência de jornalistas ao "Projeto *Folha*" no que se refere à sua implantação na Redação. Mesmo porque é aí que se concentra a quase totalidade dos ataques que o projeto recebe. Em relação à política editorial por ele proposta, quase não se registra oposição e, quando isso ocorre, ela é feita porque os críticos acham que ele não é cumprido de fato, é apenas uma fachada. O ponto de conflito entre jornalistas e o projeto é sua aplicação prática nas relações de produção.

Este trabalho vai analisar tal conflito. Não será um documento de defesa do "Projeto *Folha*", apesar do meu envolvimento pessoal no processo de sua aplicação. Durante todo o período estudado, eu desempenhei minhas funções profissionais como integrante da equipe de direção de Redação da *Folha* e, assim, ajudei a conceber e pôr em prática as diretrizes do projeto, em especial no período de julho de 1984 em diante, quando fui secretário de Redação (área de produção) do jornal. Se essa posição me confere a condição de espectador privilegiado dos acontecimentos e me permite uma descrição que outro analista seguramente não conseguiria realizar com acurácia, ela também me coloca em situação difícil para a realização de um trabalho de caráter cientí-

23 Id., ibid., p. 138.
24 Id., ibid., p. 139-40.

fico como a tese de livre-docência na Universidade de São Paulo, que é a base deste livro.

Trata-se da mesma dificuldade com a qual defronta qualquer pesquisador que resolve se valer de metodologias de trabalho como a observação participante ou a pesquisa-ação. Eu mesmo já passei por esse tipo de problema em minha tese de doutoramento,[25] com resultados considerados satisfatórios pela banca que examinou o trabalho. Também na livre-docência, com este estudo, a Universidade julgou o resultado final aceitável.

Da mesma forma como no doutoramento, também aqui eu não escondo minha posição diante do tema que vou estudar. Sou favorável à idéia de que a adoção das técnicas e métodos de organização é importante para obter um bom produto jornalístico nas sociedades de mercado.

Mas também como no doutoramento, não pretendo cair no proselitismo ou na tentação de interferir na realidade para "comprovar" minhas convicções. O posicionamento de uma pesquisa científica se dá na definição de seus objetivos e na destinação que é dada aos seus resultados, nunca na elaboração do trabalho, no relato dos dados encontrados ou nas conclusões a que eles induzam. Não deturpar os fatos observados nem alterar intencionalmente as conclusões que se podem tirar deles são regras éticas fundamentais não apenas do trabalho científico como também do jornalístico.

As precauções possíveis para controlar preconceitos, "pré-juízos", idiossincrasias e características de personalidade do pesquisador devem ser tomadas. No caso deste trabalho, a documentação dos fatos disponível nos arquivos da direção da *Folha* (e metodicamente coletada e arquivada ao longo dos meses como conseqüência natural da postura técnica do projeto) e as entrevistas realizadas por mim são algumas delas. O testemunho de pessoas envolvidas no processo, tão recente e tão polêmico, é outro mecanismo de controle que pode ser acionado em caso de necessidade. Pode haver divergência quanto à interpretação de fatos objetivos, mas não pode haver discordância quanto aos fatos em

25 Carlos Eduardo Lins da Silva, *Muito Além do Jardim Botânico* (São Paulo: Summus, 1984).

si quando relatados por indivíduos que cumprem os requisitos éticos mínimos da atividade tanto jornalística como científica.

Este trabalho também oferece as vantagens e desvantagens de qualquer estudo de caso. O estudo de caso limita as generalizações mas possibilita o conhecimento mais aprofundado de um episódio ou fenômeno específico que, se for representativo do universo de que faz parte, dá ao observador a chance de realizar algumas inferências mais abrangentes e, acima disso, tentar desenhar modelos aplicáveis a outras situações.

A *Folha* é um estudo de caso representativo do universo dos jornais diários brasileiros. Em fevereiro de 1987, é o jornal que mais vende no país, é um dos quatro diários mais influentes na sociedade, abriga uma das maiores Redações da América Latina em número de jornalistas, é editado na maior cidade do continente, tem um público formador de opinião e tomador de decisões. As conclusões que se tirarem desse estudo de caso não são aplicáveis a qualquer outro jornal, mas podem permitir algumas generalizações e, como foi dito já, servir de ponto de partida para pesquisas similares em outros veículos, em especial porque praticamente não há literatura nacional a respeito dos temas que aqui serão discutidos (a única exceção provavelmente será a do já citado livro de Cremilda Medina).

A HISTÓRIA

A *Folha de S.Paulo* não possui biografia linear como outros jornais importantes no Brasil (*O Estado de S. Paulo*, por exemplo). Em 66 anos de existência, pertenceu a quatro grupos diferentes de empresários e alterou sua política editorial inúmeras vezes. Nicolau Sevcenko diz que "um dos aspectos mais marcantes da história da *Folha de S.Paulo* é o de que se trata de um jornal em constante reformulação".[26]

"Isso que poderia parecer um demérito a alguns, aos olhos de um historiador se apresenta como uma circunstância particularmente feliz. Alguns jornais são fiéis a si mesmos, o que é sem dúvida uma forma de virtude. Outros o são ao tempo no interior do qual se acham enquadrados, como tem sido o caso da *Folha de S.Paulo*. Fato que me encanta de uma forma muito especial, porque coloca esse diário sob o signo da ruptura, que, ao que me parece, preside não só à essência do exercício jornalístico, quanto aos próprios movimentos dessa estranha nebulosa denominada História."[27]

O jornal foi fundado em 1921 e se chamava *Folha da Noite*. Começou a circular no dia 19 de fevereiro daquele ano. Nelson Werneck Sodré, em sua *História da Imprensa no Brasil*, o considera o primeiro jornal a surgir organizado como empresa no país,[28] o que é curioso e relevante para este trabalho que se propõe a examinar exatamente a estrutura de produção de informação jornalística dentro de uma lógica industrial.

26 Nicolau Sevcenko, "O Rosto do Mundo", em: *Primeira Página* (São Paulo: *Folha de S.Paulo*, 1985), p. 13.
27 Id., ibid.
28 Nelson Werneck Sodré, *História da Imprensa no Brasil* (Rio de Janeiro: Graal, 1977), p. 409.

Diz Sodré: "Se, com o após-guerra, profundas alterações se denunciam na vida brasileira, tais alterações, para a imprensa, acentuam rapidamente o acabamento da sua fase industrial, relegando ao esquecimento a fase artesanal; um periódico será, daí por diante, empresa nitidamente estruturada em moldes capitalistas. Continuam a aparecer revistas de vida efêmera, literárias ou humorísticas, e jornais de circunstâncias, particularmente para atender injunções originadas da luta política, cada vez mais acirrada, mas são fatos poucos numerosos e acidentais. Na maioria dos casos, trata-se de empresas mal estruturadas, que se esgotam depressa, que consomem rapidamente o capital, mas sempre empresas, e não empreendimentos individuais".[29]

O processo irreversível iniciado na década de 1920 com o surgimento da *Folha da Noite* viria a ter um similar a partir dos anos 70 quando a forma de acumulação monopolista do capital passa a ser a hegemônica no Brasil, exigindo das empresas de comunicação um tipo de organização em suas relações de produção que rompe com as tradições vigentes e detona uma série de conflitos como os que são percebidos no período estudado neste trabalho.

Assim como depois de 1921 e até hoje ainda existem no país projetos de comunicação anteempresariais sem que essa evidência sirva de contestação à afirmação de que a fase artesanal do jornalismo está superada, também é correto afirmar que, embora a maioria das Redações brasileiras ainda não se organize conforme modelos de exigência imprimidos pela forma de acumulação monopolista do capital, esta é e será a tendência hegemônica exceto se o país abandonar o modo de produção capitalista. Empresas de comunicação como a Editora Abril e a Rede Globo de Televisão já se organizam assim há alguns anos e elas funcionam como precursoras de um tempo inevitável.

Entre os jornais diários, a *Folha* realiza agora nas relações internas de produção aquilo que já fizera no que se refere aos meios tecnológicos de produção na década de 1970 (introduzindo o *off-set* e a fotocomposição, que depois seriam adotados por todos os diários importantes do país) e o que a *Folha da Noite* praticara em 1921 em termos de organização do modo de produção. Daqui

29 Id., ibid.

a dez ou 15 anos, poderá soar tão anacrônico aos ouvidos de um estudioso de jornalismo que uma Redação não se preocupe com os cronogramas industriais quanto hoje soam as histórias de jornais e revistas fundados na década de 1910 para responder a necessidades específicas e passageiras de indivíduos, partidos políticos ou grupos culturais. A produção em moldes monopolistas impõe um tempo menor para a circulação das mercadorias e a hegemonia cultural que dela decorre interfere em todos os setores da vida social. As Redações não constituem exceção.

A *Folha da Noite*, fundada por Olival Costa, Pedro Cunha e outros jornalistas que saíram dos quadros de *O Estado de S. Paulo*, procurava uma faixa no mercado que não se sobrepusesse à já então ocupada pelo concorrente. Daí, segundo Carlos Guilherme Mota e Maria Helena Capelato,[30] a idéia de lançar um jornal vespertino, que esperava atrair leitores nas classes médias urbanas e, quem sabe, até na classe operária.

Em julho de 1925, o empreendimento já comportava uma ampliação e o grupo passou a publicar também um matutino, ao qual seria dado o nome de *Folha da Manhã*. Os dois jornais recebiam de seus proprietários uma orientação editorial voltada para os problemas urbanos locais. Apesar de terem feito oposição aos governos da Primeira República durante oito anos, em 1929, com a saída de Pedro Cunha da sociedade, passaram a apoiar Washington Luís. Em conseqüência, foram empastelados durante as agitações que acompanharam o movimento revolucionário de 1930.

Em 1931, a organização mudou sua razão social para Empresa Folha da Manhã Limitada, mas os jornais mantiveram seus títulos. Os novos proprietários eram Octaviano de Lima, Diógenes de Lemos e Guilherme de Almeida, que imprimiram aos diários uma política de defesa dos interesses dos cafeicultores paulistas. Essa fase durou até 1945, quando ocorreu nova venda e nova troca de razão social. O grupo passa a ser a Empresa Folha da Manhã S/A e a diretoria se compunha de José Nabantino Ramos, Alcides Ribeiro Meirelles e Clóvis Medeiros Queiroga.

30 Carlos Guilherme Mota e Maria Helena Capelato, *História da Folha de S.Paulo* (São Paulo: Impres, 1981), p. V.

Nabantino Ramos tinha evidente liderança sobre o jornal. É um personagem interessante para este trabalho. Embora no final não tenha obtido sucesso, marcou sua administração por uma obcecada tentativa de modernizar a empresa e "diminuir o alto grau de improvisação que caracterizava a atividade jornalística".[31]

Ele teve a preocupação de sistematizar suas experiências, produziu um extraordinário documento chamado "Normas de Trabalho da Divisão de Redação", tentou teorizar sobre jornalismo, estabeleceu critérios de excelência para a atividade dos repórteres e redatores.

"As posições de Nabantino Ramos são sempre explícitas [...] Sua preocupação constituirá, em essência, adaptar as Folhas aos ritmos e à racionalidade da ordem burguesa."[32]

Em seu livro *Jornalismo, Dicionário Enciclopédico*, Nabantino Ramos expressava angústias que alguns de seus sucessores no comando da Redação repetiriam quase sem diferenças, 25 anos depois: "Procedendo eu da advocacia, que se desenvolve sob a disciplina de normas, sentia, como diretor de jornal, a falta de regras, tanto para o trabalho diário, como para reger as relações do periódico com o meio que atuava".[33] Era-lhe repugnante que tudo se fizesse "ao sabor da improvisação". Com sutis diferenças de intensidade, Nabantino Ramos talvez permanecesse indignado diante do que poderia ver na maioria das Redações dos jornais diários brasileiros na década de 1980.

A argumentação de Nabantino Ramos era de ordem pragmática. Para ele, a necessidade de disciplina era "tanto maior quando se considera que o jornal se tornou vultoso empreendimento econômico e exerce larga influência na opinião e na administração pública".[34] Trata-se de uma linha de raciocínio bastante próxima da que viria a ser usada a partir de 1981 na formulação do que viria a ser conhecido como "Projeto *Folha*".

De 1945 a 1962, Nabantino Ramos deu a linha ao jornal. Em 1949, ele fundou a *Folha da Tarde*. Em 1960, fundiu os três diários

31 Id., ibid., p. 99.
32 Id., ibid., p. 100.
33 José Nabantino Ramos, *Jornalismo, Dicionário Enciclopédico* (São Paulo: Ibrasa, 1970).
34 Id., ibid.

num só, ao qual deu o nome de *Folha de S.Paulo*. As preocupações com os cafeicultores da administração anterior foram substituídas por uma clara posição de defesa dos interesses das classes médias urbanas de São Paulo.

Além das "Normas de Trabalho" antes referidas e que foram quase um precursor do *Manual da Redação* adotado em 1984, Nabantino Ramos também se preocupou com um "Programa de Ação das Folhas", de 1948, que de alguma forma distante se assemelha em intenção ao "Programa de Metas Trimestrais", introduzido em 1985. Até os cursos que Nabantino Ramos promovia na sede do jornal nos anos 50 lembram o programa de seminários internos que se passou a promover a partir de 1986.

"A formação de protestante do jornalista (Nabantino Ramos) deixara-lhe entranhada a idéia de 'missão', de lisura e de trabalho que transmitiu à empresa ao longo do tempo. O 'Programa de Ação das Folhas' [...] constitui antes de tudo um roteiro de trabalho para bem cumprir a 'missão'. Embora rompido com o protestantismo do pai, Nabantino não se libertou de um conceito de salvação pelo trabalho que, aliás, se coadunava admiravelmente bem com o desenvolvimento do capitalismo no Brasil do após-guerra".[35]

Infelizmente, não há estudos sobre como os jornalistas do tempo de Nabantino reagiram aos métodos de trabalho que ele procura impor, nem sobre como esses métodos funcionaram na prática. Mas Mota e Capelato consideram a greve dos jornalistas de 1961 como fator determinante para a frustração de Nabantino com o cargo de diretor de Redação e para sua decisão de vender o jornal: "Assim é que a greve de 1961 irá colhê-lo (a Nabantino) desprevenido, frio e incrédulo até o último momento. Apesar de seu proclamado jacobinismo, de sua indiscutível seriedade, surpreendeu-se ao verificar que muitos de seus leais servidores haviam aderido ao movimento paredista [...] A greve de 1961 abalou – embora nunca o tenha confessado publicamente – o 'herói modernizador' Nabantino Ramos".[36]

Mas não foi só a greve que levou Nabantino a vender o jornal em 1962. "Apesar de ser inovador a seu tempo, Nabantino não

35 C. G. Mota e M. H. Capelato, op. cit., p. 104.
36 Id., ibid., p. 107.

racionalizara suficientemente as relações de trabalho no plano da empresa [...] Nabantino continuara sendo, antes de tudo, um advogado intelectual, no sentido tradicional do termo. Suas concepções começavam a se revestir de grande timidez – editorial e empresarialmente falando [...] A esclerose administrativa tornava a *Folha* um jornal precocemente envelhecido, contrastando com iniciativas de uma época em que o neocapitalismo desenvolvimentista emergia."[37]

A empresa que Octavio Frias de Oliveira, empresário com origens no setor financeiro, e Carlos Caldeira Filho, do ramo da construção civil, compraram em 1962 estava em sérias dificuldades econômicas. O primeiro problema que os dois tiveram de enfrentar foi o de reorganizar a empresa do ponto de vista financeiro e administrativo. Foi uma tarefa que levou pelo menos cinco anos.

Nesse período, não houve tempo para preocupações com o jornal em si. Todos os esforços se concentravam no saneamento financeiro da Empresa Folha da Manhã S/A. Os novos proprietários, embora muito diferentes entre si em suas atitudes diante da organização e do método (Caldeira muito mais intuitivo e infenso à organização), logo dariam respaldo a fórmulas sistematizadoras das operações de produção.

Otavio Frias Filho credita a atitude positiva de seu pai com referência aos métodos de organização à sua formação como homem de negócios da escola norte-americana. Sua atitude profissional viria de Dale Carnegie e outros autores pragmáticos do que se poderia chamar de uma "teoria dos negócios". "Embora o temperamento de meu pai seja mais impulsivo, intuitivo, improvisador, informal, discrepante dessa atitude profissional na qual ele acredita, sempre houve de sua parte uma grande disposição para ampliar a organização no jornal", diz Frias Filho.[38]

Antes de poder pensar em organizar melhor o jornal, Frias teve de recuperá-lo economicamente. De 1962 a 1967, considerada a primeira fase de sua gestão, foi só disso que tratou. A linha editorial deixada por Nabantino Ramos pouco se alterou. A *Folha* continuou sendo um jornal para as classes médias urbanas, preo-

37 Id., ibid., p. 187.
38 Otavio Frias Filho, depoimento ao autor em 26/2/1987.

cupado com assuntos heterodoxos (muitos dos quais – ciência, tecnologia e saúde mental, entre outros – acabariam se mantendo ao longo dos anos), modernizador. O cientista e jornalista J. Reis foi mantido na chefia da Redação nesse período, embora o jornalista Cláudio Abramo logo viesse a colaborar com Frias na concepção editorial do jornal.

No período de 1968 a 1974, a preocupação essencial ainda não era a Redação, embora alguns traços da política editorial posterior pudessem começar a ser percebidos, em especial devido à influência de Cláudio Abramo. Essa segunda fase viria a ser classificada como a da "revolução tecnológica",[39] durante a qual se reformulou o sistema de distribuição, se introduziram o *off-set*, a fotocomposição, novas unidades impressoras. "A idéia do 'arrojo dos novos empreendimentos' surge a cada passo para registrar o pioneirismo no plano das inovações técnicas do jornal [...] O discurso dominante é o da modernização. A *Folha* saía lentamente da estagnação do final do período anterior, assumindo a fala do 'progresso', da 'revitalização', da 'modernização'."[40] Prosseguindo na mesma linha, em 1983, foram introduzidos terminais de vídeo na Redação.

A partir de 1974, com a infra-estrutura reparada, Frias passou a dirigir mais suas atenções para a Redação. Como os fundadores do jornal em 1921, ele estava consciente de que não podia tentar concorrer com *O Estado de S. Paulo* em seu próprio terreno. Por isso, e também por suas próprias convicções pessoais, dirigiu a linha editorial para uma postura mais aberta, preocupado com os problemas das desigualdades sociais, sempre com a idéia fixa, que ele chama de "mórbida", de manter o jornal independente. Por se dizer convencido de que só um bom produto poderia sobreviver, Frias pretendia também levar à Redação método e organização. Mas, por várias razões, isso só viria a começar de fato em 1984, quando seu filho assumiu a direção da Redação.

Um desses motivos é o fato de que os dois jornalistas que mais marcaram a vida do jornal entre 1962 e 1984, Cláudio Abramo e Boris Casoy, que ocuparam o comando da Redação depois que J. Reis o deixou em 1967, apesar das enormes diferenças entre si de

39 C. G. Mota e M. H. Capelato, op. cit., p. 188.
40 Id., ibid., p. 190.

personalidade e ideologia, têm em comum um estilo de liderança que os fez exercer o cargo de maneira centrada em suas próprias personalidades. Sua ação não fortaleceu a idéia de institucionalizar uma estrutura de organização e método na Redação.

Outro motivo é a característica cultural da sociedade brasileira de dar valor positivo à intuição e à improvisação, ao mesmo tempo que considera depreciativamente o método como "burocracia". Os jornalistas brasileiros partilham, na sua grande maioria, esse juízo de valor.

Uma terceira razão, já abordada na introdução, é a oposição cerrada que o jornalista brasileiro em geral move contra a organização e o método em sua atividade, por razões de ordem ideológica.

No período histórico de 1967 a 1984, há que se levar em conta também os obstáculos políticos.

As discrepâncias de estilo entre os dois sócios, Frias e Caldeira, podem também ter contribuído para o adiamento da adoção dos métodos de organização moderna na Redação, mas é pouco provável que esse tenha sido um fator relevante porque, além de haver um aparentemente perfeito entendimento entre os dois, a influência pública (ao menos) de Frias sobre o jornal sempre foi mais decisiva que a de Caldeira.

De qualquer forma, não foi na terceira fase da administração Frias que a organização da Redação tomou vulto. De 1974 a 1984, com alguns atropelos no meio do caminho, o que se fez principalmente foi moldar-se uma política editorial própria.

O jornal pressentiu a "abertura" política e investiu nela. Viveu três anos do que Mota e Capelato chamaram de "fermentação crítica".[41] Houve um acidente de rota em 1977, quando em 1º de setembro, uma crônica de Lourenço Diaféria intitulada "Herói. Morto. Nós" foi publicada. As Forças Armadas a consideraram ofensiva. Diaféria foi preso. Sua coluna na edição seguinte saiu em branco. O jornal foi ameaçado de um mês de suspensão. Frias decidiu retirar seu nome do expediente e formalmente deixou a presidência da empresa. Cláudio Abramo foi afastado da chefia da Redação e Boris Casoy assumiu o lugar. Os editoriais deixaram de ser publicados.

41 Id., ibid., p. 233.

Mas o que parecia na época uma crise mortal acabou, a longo prazo, se mostrando apenas um incidente grave. A *Folha* não se distanciou de seu projeto editorial que se esboçava. Boris Casoy manteve o rumo traçado por Frias. Em 1978, foi criado o Conselho Editorial. No mesmo ano, surgiu a seção "Tendências/Debates", na página 3, que viria a se constituir na tribuna a partir da qual inúmeros cientistas sociais, economistas e políticos afastados da cena pública pelo regime militar voltariam a ter voz e influência social. Na mesma época, voltaram a ser publicados os editoriais.

Um documento do Conselho Editorial em 1978 oferece os pontos indicativos da "tendência editorial" da *Folha*: "melhores condições de vida para a maioria da população através da organização de um regime democrático, liberdade de informação, fortalecimento dos organismos da sociedade civil, distribuição mais eqüitativa da renda nacional, apoio à livre iniciativa, submissão de toda a economia ao interesse social e preservação da identidade cultural brasileira".[42]

Esses pontos indicativos mais ou menos norteariam a preocupação editorial nos anos seguintes. Mas a consolidação da "abertura" política e da democracia no país, ao mesmo tempo que se cristalizavam as opiniões do jornal, fez com que ele passasse a se preocupar mais com sua própria organização enquanto jornal e com fórmulas para solucionar as dificuldades técnicas com que a Redação se defrontava.

Aquilo que mais tarde seria conhecido como "Projeto *Folha*" começa a se delinear em papel no mês de junho de 1981, quando circula um documento do Conselho Editorial intitulado "A *Folha* e Alguns Passos Que É Preciso Dar". Indisfarçavelmente influenciado pelos confrontos provocados pela greve dos jornalistas de 1979, o documento considera o período entre 1974 e 1978 como o da "criação de impacto opinativo", preocupa-se com a sistematização explícita de um projeto para o jornal, pede aos ocupantes de cargos de chefia na Redação que façam uma opção permanente por esse projeto ou deixem suas posições e conclama os jornalistas a melhorarem a qualidade técnica e informativa do jornal.[43]

42 Conselho Editorial da *Folha*, "Levantamento de Pontos Indicativos de Posição Editorial e Avaliação Sintética do Momento Político" (mimeo., 1978).

Outro documento interno do Conselho Editorial, em março de 1982, avança ainda mais nesse rumo. Chama-se "A *Folha* em Busca do Apartidarismo, Reflexo do Profissionalismo".[44] A prioridade começa a deixar de ser o conteúdo político para ser a questão profissional. Exige-se "crescente profissionalismo" e o documento termina com algumas normas que caberiam perfeitamente num manual de Redação.

A campanha das Diretas-já, em 1984, leva o jornal a mais um momento de decisão. Em maio, Otavio Frias Filho assume a direção da Redação. Boris Casoy passa a editar a coluna "Painel" e a assessorar a direção da empresa. Em junho, o documento do Conselho Editorial "A *Folha* Depois das Diretas-já"[45] consolida o projeto editorial do jornal e define questões técnicas e organizacionais como prioridade da Redação. Fala dos problemas de estrutura jornalística, faz críticas ao fluxo interno, demonstra preocupação com o cumprimento dos cronogramas industriais, reclama das faltas de mecanismo de controle, lamenta a ausência de critérios homogêneos para as tomadas de decisões jornalísticas, pede "intransigência técnica" aos jornalistas, exige desenvolvimento profissional. Em suma, pode ser considerado como o marco de uma nova fase na vida do jornal. Uma fase de menos proselitismo político e de maior preocupação com a técnica da atividade; de menos dedicação à ideologia política e de formulação de uma ideologia jornalística.

A dificuldade de examinar as coisas depois que elas aconteceram está no fato de que elas sempre parecem ter uma inteligibilidade e de que é difícil estabelecer fronteiras entre quais acontecimentos ocorreram por intenção dos personagens e quais se deram apenas pela pressão das circunstâncias de cada conjuntura.

Visto à distância no tempo, ainda que seja uma distância curta, como é o caso do fenômeno que aqui se analisa, tudo parece se encaixar como se algum autor tivesse antes estabelecido um roteiro. A reconstituição dos acontecimentos é sempre artificial. Mas não importa muito saber se as coisas aconteceram por inten-

43 Id., "A *Folha* e Alguns Passos Que É Preciso Dar" (mimeo., 1981).

44 Id., "A Folha em Busca do Apartidarismo, Reflexo do Profissionalismo" (mimeo., 1982).

45 Id., "A *Folha* Depois das Diretas-já" (mimeo., 1984).

ção dos atores sociais ou por resposta às circunstâncias. Importa entender o seu sentido maior e extrair ensinamentos que possam orientar a ação futura.

No caso da *Folha*, como diz Nicolau Sevcenko, há em seu passado uma combinação de três fatores – "uma história truncada, uma atividade fragmentária e um mundo caótico: eis o que parece ser uma equação sinistra. Mas é desse amálgama incongruente que se nutre a primeira página do jornal e nem por isso ela nos espanta. Ao contrário, nos atrai, seduz, encanta, ou nos revolta, inquieta, transtorna".[46]

Além disso, o jornal tem, ainda nas palavras de Sevcenko, a "capacidade [...] de incorporar os confrontos, as indiferenças, os acasos, as incertezas e tudo o mais que não pode ser reduzido, felizmente, a uma interpretação imediata, linear e óbvia".[47] Essas características tornam o estudo de caso da *Folha* fascinante e útil.

Para efeito de auxílio ao leitor deste trabalho, será oferecido a seguir um roteiro cronológico dos principais acontecimentos do período entre maio de 1984 e fevereiro de 1987 do ponto de vista das relações de produção na Redação da *Folha*. Os fatos a seguir listados serão muitas vezes citados no decorrer do trabalho e este roteiro poderá ajudar o leitor a se localizar no texto.

Maio, 1984	Posse de Otavio Frias Filho no cargo de diretor da Redação.
Junho, 1984	Demissão de 27 jornalistas por insuficiência técnica.
Julho, 1984	Criação da Gerência Administrativa da Redação.
Julho, 1984	Início da utilização das planilhas de produção na Redação.
Agosto, 1984	Entrada em vigor do *Manual Geral da Redação*.
Setembro, 1984	Transformação da "Pesquisa Folha" em Data-Folha.
Novembro, 1984	Entrada em vigor da norma de contratações apenas por concursos públicos.
Dezembro, 1984	Antecipação do horário de fechamento da Redação de 23h para 22h30.
Janeiro, 1985	Entrada em vigor do Programa de Metas Trimestrais da Redação.
Fevereiro, 1985	Entrega à direção da Redação do abaixo-assinado de jornalistas contra o "Projeto *Folha*"; demissão de quatro jornalistas que ocupavam cargos de confiança e subscreveram o documento; ataques do Sindicato dos Jornalistas contra a *Folha* por meio do jornal *Unidade*.
Março/abril, 1985	Cobertura da doença e morte de Tancredo Neves; críticas de leitores e jornalistas contra o tom dado pelo noticiário da *Folha* a esses fatos.

46 N. Sevcenko, op. cit., p. 14.
47 Id., ibid.

Março/julho, 1985	Reuniões da comissão encarregada de rever o Manual Geral da Redação e preparar sua segunda edição.
Maio, 1985	Estabelecimento de horários para eventuais falas do Sindicato dos Jornalistas na Redação da *Folha*.
Agosto, 1985	Obtenção de 150 mil assinantes.
Setembro, 1985	Reportagens sobre o duplo emprego de jornalistas publicadas pela *Folha*; críticas na categoria.
Outubro, 1985	Pedido do Sindicato dos Jornalistas de autuação contra Otavio Frias Filho por exercício ilegal da profissão; proibição da entrada dos diretores do Sindicato na Redação da *Folha* até que o Sindicato se retrate; retratação do Sindicato.
Novembro, 1985	Cobertura das eleições para as prefeituras das capitais; recomendação aos jornalistas da *Folha* para que não usem material de propaganda política durante seus horários de trabalho; críticas na categoria.
Novembro, 1985	Debate entre candidatos à prefeitura paulistana promovido pela *Folha* e Rede Globo de TV.
Fevereiro, 1986	Compra de uma antena parabólica para uso da Redação.
Março, 1986	Reaproximação funcional e hierárquica entre editores e repórteres.
Março, 1986	Entrada em vigor do primeiro organograma da Redação.
Março, 1986	Antecipação da reunião de produção das 11h para as 10h.
Abril, 1986	Publicação de reportagens sobre patrocínio público de reunião nacional de jornalistas; críticas na categoria.
Junho, 1986	Cobertura da Copa do Mundo de Futebol; repórteres e redatores envolvidos recebem um Manual da Copa.
Julho, 1986	Fim do trabalho da comissão de Redação da segunda edição do Manual Geral da Redação.
Outubro, 1986	Antecipação do horário de fechamento das 22h30 para 22h.
Outubro, 1986	Antecipação do horário da reunião de produção das 10h para as 9h30.
Novembro, 1986	Cobertura das eleições para os governos estaduais; jornalistas envolvidos recebem um Manual das Eleições.
Novembro, 1986	Realização do debate entre os candidatos ao governo de São Paulo promovido por *Folha*, *O Estado de S. Paulo* e Rede Globo de TV.
Dezembro, 1986	Entrada em vigor do orçamento descentralizado da Redação.
Janeiro, 1987	Cobertura do Congresso constituinte; jornalistas envolvidos recebem um Manual da Constituinte.
Janeiro, 1987	Início do programa anual de seminários internos da Redação.
Fevereiro, 1987	Pedido de autuação contra 40 funcionários da *Folha* por exercício ilegal da profissão; Justiça do Trabalho autua seis.

OS TERMINAIS

Muitas pessoas confundem o "Projeto *Folha*" com a introdução dos terminais de vídeo na Redação do jornal. A *Folha* foi o primeiro veículo impresso de comunicação a tomar essa iniciativa no Brasil, no ano de 1983. O ineditismo dramatizou ainda mais um episódio que, por si, já vinha carregado de alta carga simbólica, tanto pelo que significa em termos de mudança cultural para o jornalista como pela ameaça concreta a empregos que ele representa.

A imagem pública do jornal mudou de caráter após a introdução dos terminais de vídeo. Nunca havia ficado tão claro o aspecto de modernidade na personalidade do jornal. A audácia empresarial de arriscar grande volume de capital numa tecnologia pouco testada no país pode ser medida com a constatação de que quatro anos depois, em fevereiro de 1987, apenas quatro outros meios impressos seguiram o exemplo pioneiro da *Folha*: a revista *Info*, no Rio de Janeiro, o jornal *O Globo*, também no Rio (que ainda está no processo de instalação dos terminais em toda a Redação), o jornal *Diário Catarinense*, que começou a circular em 1986 já inteiramente informatizado, e o jornal *A Tribuna*, de Santos (SP).

Folha e terminais estão, para o bem e para o mal, associados. A força do impacto é provocada possivelmente pelo fato de que toda mudança tecnológica sempre implica rompimento cultural.

Pode-se entender cultura como modo de organização das relações interpessoais para os efeitos (entre outros) da produção dos bens de consumo. Durante muitas décadas (nove pelo menos), as alterações no modo de organização das relações entre as pessoas que produziam informação no jornalismo brasileiro foram mínimas, quase imperceptíveis. O terminal de vídeo, embora seja um instrumental relativamente simples diante do que já existe no setor de automação da informação, foi o primeiro fator de alteração de uma ordem há muito estabelecida e solidificada.

A lógica que preside sua adoção é diferente da que justificou o estabelecimento da antiga ordem. Ela pressupõe aumento do grau de rentabilidade da produção via automação e conduz ao domínio de novas técnicas que em princípio aumentam o poder do jornalista mas o isolam de sua herança social-profissional e o colocam diante de si mesmo.

Como diz Abraham Moles sobre a revolução tecnológica vista em termos amplos: "De agora em diante, o homem pode (quase) tudo; a técnica habilita-o não somente a ser 'senhor e possuidor da Natureza' como Descartes previa, mas também cada vez mais senhor e possuidor de sua própria natureza, de seu ser biológico, de seu psiquismo".[48]

Ou, mais singelamente, como o jornalista Leão Serva, que se iniciou no jornalismo já diante de um terminal de vídeo: "[...] a capacidade ampliada que o equipamento concede para se mexer em parágrafos, trocar ordens de palavras, bem como a diminuição do tempo da etapa que separa o autor do texto da página impressa aumentam o poder, ou pelo menos a sensação de poder, do jornalista".

O jornalista diante de si e com a insegurança decorrente do prognóstico da ruptura com o seu passado tende a reagir violentamente. Ainda mais porque o jornalista brasileiro é um profissional de feições conservadoras muito fortes, como acabaram por constatar pessoas que estudaram o processo de introdução das novas tecnologias nas Redações: "O jornalista, talvez mais do que qualquer outro profissional, é extremamente conservador em seu estilo e na sua rotina de trabalho. Por mais que a notícia seja dinâmica, ele é extremamente conservador [...] Todo profissional reage quando há uma mudança na máquina ou na ferramenta que ele usa. O jornalista, em geral, ainda vê o computador como um fantasma".[49] Ou: "Quando o projeto (de implantação dos terminais) chegou como um fato consumado e quase inesperado, os

48 Abraham Moles, *La Philosophie* (Paris: Denvel, 1968), p. 496.

49 Ethevaldo Siqueira, cit. por Mario Vitor Santos, "A Revolução Informática", em: *Crítica da Informação* (nº 6, 1984), p. 39.

jornalistas tiveram que enfrentar mudanças radicais: eliminar a máquina de escrever, o papel, aprender a lidar com o teclado, dominar os terminais, entrar nesse mundo absolutamente novo da informática para uma categoria que em si mesma é conservadora e arrogante".[50]

É exatamente isso o que se depreende da leitura da transcrição dos debates sobre sociedade informatizada promovidos pelo Sindicato dos Jornalistas Profissionais no Estado de São Paulo em outubro de 1981 e resumidos por José Hamilton Ribeiro na apresentação do livro que os consolidaria em 1982: "Pois é. O computador, na imprensa, já acabou com uma profissão tão briosa – a do tipógrafo. E agora ameaça celeremente algumas outras, como a do revisor, a do diagramador, a do 'pessoal de pesquisa', a do 'preparador'. Um apaixonado dos novos tempos dirá que o computador vai criar outras funções na imprensa, eventualmente 'mais limpas e mais bem pagas'. Sim, mas que novas funções serão essas? Serão mesmo funções jornalísticas? Serão atividades em que o sangue, a solidariedade e a raiva contarão, como contavam para os tipógrafos? Ou serão – como já acontece na categoria dos bancários – funções diversionistas e amortecedoras do instigante atrito entre o trabalho e o capital?".[51]

Para um jornalista arrogante, que se julga senhor de todo o saber, ter de voltar a aprender noções básicas de qualquer nova forma de codificar seus pensamentos pode ser interpretado, ainda que em nível inconsciente, como um ultraje.

Todo o equipamento e o repertório de valores e símbolos que permeavam as relações sociais como estrutura significativa de seu grupo e de onde os indivíduos retiravam padrões de pensamento e ação de repente parecem desabar.

Os esquemas inconscientes que orientam as atitudes e os comportamentos dos indivíduos, que lhes dão instrumentos para reconhecimento do ambiente e dos outros, deixam de ter utilidade diante do novo e desconhecido.

50 Regina Festa, "Las Computadoras Revolucionam la *Folha de S. Paulo* y el Periodismo Brasilero", em: *Sela* (cap. 12, abr.-jun., 1985), p. 98.
51 José Hamilton Ribeiro, "Devemos Cair Matando?", em: *Que É Isso Computador?* (São Paulo: Sindicato dos Jornalistas Profissionais no Estado de São Paulo, 1982), p. 10-1.

Com certeza, os futuros jornalistas nascidos já na era da informática e que aos três anos de idade já lidam com jogos eletrônicos não sentirão qualquer problema diante dos terminais de vídeo. Mas os jornalistas que tiveram de defrontar com eles sem preparo anterior, sem aprendizado escolar, se viram diante de um choque cultural de proporções nada desprezíveis.

Não se trata de um problema apenas brasileiro. Gay Talese descreve como a introdução dos primeiros computadores no *New York Times* em 1964 desestabilizou emocionalmente muitos dos jornalistas que ali trabalhavam. "[...] os discursos feitos pelos Timesmen que se juntavam num bar da rua 43, ou seus pensamentos na cama à noite revelavam a frustração de trabalhar num lugar tão grande, tão seguro – uma fábrica dc fatos onde os trabalhadores se dão conta de uma verdade muito perceptível: eles são substituíveis. O jornal pode se sair bem sem qualquer um deles [...] Essa verdade evoca tanto tristeza quanto amargura em muitos que amam profundamente o jornal, que romantizaram e personalizaram o *Times*, pensando nele como se fosse alguma grande deusa com quem estivessem tendo um caso e esquecendo-se de que – não importa quem eles fossem ou a excelência de seu desempenho – mais cedo ou mais tarde estariam velhos demais para ela. Ela não tem idade e eles devem dar lugar para novos e mais jovens homens".[52]

A variedade de problemas humanos que a introdução dos terminais de vídeo numa Redação acarreta é grande. Regina Festa, em pesquisa que realizou para a Unesco sobre o processo na *Folha*, identificou, entre outros, o do aumento da distância entre jornalistas mais velhos e os mais novos.[53]

É provavelmente verdadeiro que as pessoas de faixas etárias mais baixas tenham menos dificuldade para se adaptar a situações novas pelo simples fato de que seu repertório cultural é mais limitado e sua dependência em relação aos padrões vigentes é menor. Mas há depoimentos de jornalistas mais idosos que conseguiram pleno êxito na sua relação com os terminais.[54]

52 G. Talese, op. cit., p. 490.
53 R. Festa, op. cit., p. 98.
54 Marcia Manga e Roberto Gabriel, "Os Novos Gladiadores Já Estão na Arena", em: *Revista de Comunicação* (ano 2, nº 6, 1986), p. 6.

Embora sejam todas relevantes, essas dificuldades psicológicas e culturais não são tão dramáticas e explosivas quanto a realidade material e imediata da ameaça de desemprego contida na introdução dos terminais de vídeo nas Redações.

Como qualquer outra inovação técnica no passado, essa também exige que as pessoas que antes desempenhavam as funções que passam a ser feitas pela máquina deixem seus lugares. Vista à distância, pode ser simples para o observador constatar essa realidade inevitável. Para as pessoas envolvidas, ela é sempre dolorosa e as fórmulas para resolver as dificuldades dela decorrentes nunca são encontradas sem esforço e sacrifícios.

Mesmo um líder operário na metade do século passado era capaz de entender no nível da racionalidade que a introdução de máquinas nas relações de produção pode significar uma melhoria para as condições de trabalho do homem: "Tendo o trabalho alcançado seu último limite de simplificação, a máquina toma o lugar do homem e o homem retoma um outro trabalho mais complicado, do qual se ocupa logo a seguir, dividindo-o, simplificando-o, com o objetivo de novamente transformá-lo num trabalho de máquina, e assim por diante. De maneira que a máquina invade, cada vez mais, o campo de ação do operário manual, e que, levando o sistema às suas últimas conseqüências, a função do trabalhador se tornaria cada vez mais intelectual. Este ideal me agrada muito; mas a transição é muito penosa [...]".[55]

Ela é ainda mais penosa em sociedades capitalistas com características como as da brasileira, em que as contradições do capitalismo periférico magnificam a brutalidade inevitável do processo de modernização tecnológica.

Quando a *Folha* demitiu 72 jornalistas da equipe de revisores em 1983, no final do processo de instalação dos terminais que haviam tornado inútil sua função, muitas vezes se lembrou o fato de que no Japão o jornal *Asahi Shimbum* chegou a um acordo com os jornalistas por todos considerado satisfatório. Ao longo de cinco anos (de 1971 a 1976), sindicato e proprietários do jornal se reuniram 294 vezes para acertar que não haveria demissões,

55 Anthine Corbon, *apud* Georges Friedman em: *O Trabalho em Migalhas* (São Paulo: Perspectiva, 1972), página de rosto.

todos os jornalistas cuja função deixaria de existir seriam reaproveitados em outros postos.[56] Também no *New York Times*, em 1977, depois de uma greve de três meses, se chegou a um entendimento que compreendeu reaproveitamento e pagamento de vultosas indenizações para os não aproveitados.[57] Na Europa, os jornalistas da agência de notícias France Presse boicotaram os terminais de vídeo durante cinco meses (de novembro de 1976 a março de 1977) por julgarem insuficientes as garantias dadas pela empresa e forçaram seus patrões a um acordo que incluía aumentos de salários para compensar o tempo gasto para aprender as novas técnicas.[58]

Mas não há como comparar o capitalismo norte-americano, japonês ou francês com o brasileiro. Que empresa jornalística no Brasil resistiria sã a uma greve de três meses, a cinco anos de negociações ou a um boicote de cinco meses? Nos EUA, a greve dos jornalistas e gráficos de Nova Iorque em 1962 contra a introdução dos sistemas de fotocomposição demorou 114 dias, levou a um acordo também considerado amplamente satisfatório para os trabalhadores, mas condenou à falência pelo menos três jornais (provocando o desemprego de um número talvez maior de trabalhadores do que o de ameaçados pelas inovações tecnológicas).[59] No Brasil, um processo parecido com o de Nova Iorque em 1962 talvez deixasse São Paulo sem jornais por anos, com uma baixa de empregos muito significativa.

Ainda como decorrência da conjuntura específica de sociedade inserida na ordem capitalista na condição de periférica, o Brasil não tem sindicatos fortes em qualquer setor de atividade (muito menos no jornalístico) capazes de ou negociar com a habilidade e a paciência dos japoneses ou resistir por meio de greves e protestos com a eficiência dos norte-americanos.

Assim como as escolas que fornecem diplomas de bacharel em jornalismo não têm condições de se equipar para treinar seus alunos

56 M. V. Santos, "A Revolução Informática", op. cit., p. 39.
57 R. Festa, op. cit., p. 90.
58 Jean-Michel Garoit, "The Computerization of a News Agency: The Example of AFP", em: *Communication and Class Struggle* (Armand Mattelart, Seth Siegelaub [Orgs.]. London: IMMRC, 1979), p. 326-7.
59 G. Talese, op. cit., p. 364-78.

para a realidade da informatização dos jornais, também os sindicatos não se preparam para oferecer respostas eficientes e adequadas à especificidade social e econômica do país e se perdem em discursos vazios de conteúdo prático e de propostas viáveis de negociação.

No caso da *Folha*, o Sindicato dos Jornalistas Profissionais no Estado de São Paulo se limitou a acusações como: "[...] a opção pela automação tinha incluído em seu projeto a redução da mão-de-obra, com base na idéia de que, com a automação, não haveria mais intermediários humanos entre os jornalistas e a produção do jornal. Cremos que este foi um equívoco técnico e profissional porque o número de erros que saem no jornal é muito grande e, assim, o jornal está prestando um serviço ruim à população".[60]

Fatos objetivos demonstram que a avaliação do Sindicato é errada. Não houve diminuição no número de jornalistas na *Folha* entre 1983 e 1987 e se o jornal estivesse prestando um mau serviço ao público, suas vendas não teriam crescido como cresceram no período.

Nada disso diminui a gravidade do problema que os 72 demitidos tiveram de enfrentar. Seu drama humano não pode ser minimizado e merece respeito. Ressalte-se que o jornal abriu a eles a possibilidade de se submeter a um teste para saber quais poderiam ser aproveitados na Redação. Só 22 resolveram participar do concurso e nenhum foi aprovado.

Há entre o público não especializado em jornalismo a crença generalizada de que o revisor é um profissional altamente qualificado que conhece todos os meandros da língua e descobre os erros de português que os outros jornalistas cometem.

Na verdade, a revisão é um dos estágios mais baixos da carreira jornalística. O revisor apenas confere provas tipográficas com os originais datilografados para ver se não há discrepâncias entre o texto redigido pelo jornalista e o que foi composto e vai para a impressão. Em geral, o profissional que trabalha na revisão ou está entre os menos qualificados tecnicamente na categoria ou logo é promovido para outra função. O concurso a que se submeteram os 22 revisores apenas comprovou que nenhum demonstrou domínio da língua suficiente para ser admitido em funções de redação.

60 Gabriel Romero, *apud* R. Festa, op.cit., p. 98.

Não é por isso que se deve simplesmente condenar ao esquecimento esses jornalistas. Mas não se pode esperar de uma empresa comportamento assistencialista ou benemerência. Em nome da qualidade do produto e do serviço social que presta, ela deve procurar ter em seus quadros funcionais apenas os profissionais de melhor nível. Quem defenderia a tese de que uma empresa de aviação deve manter em seus quadros comandantes com deficiências profissionais sérias a ponto de colocar em risco a segurança da aeronave por ele pilotada apenas para não provocar dramáticos casos de desemprego?

Assim como a greve de 1962 foi um dos motivos principais para o *New York Times* resolver informatizar-se, também a greve de 1979 contribuiu para decisão similar na *Folha*. Segundo Gay Talese: "O *Times* tinha de fazer mais dinheiro do que de costume [...]: a economia da propriedade jornalística nunca estivera tão precária quanto então; a recente greve dos jornais tinha demonstrado como alguns jornais nova-iorquinos eram vulneráveis aos caprichos trabalhistas, como antigas instituições podiam rapidamente declinar e cair. Embora o *Times* tivesse reservas financeiras para resistir a greves, mais recursos eram necessários não apenas para enfrentar o aumento dos custos de produção e de salários como para o jornal permanecer seguro em futuras ameaças trabalhistas. Uma forma de fazer mais dinheiro é vender mais cópias e aumentar os preços da publicidade...; outra era operar o *Times* mais economicamente [...]através da modernização da fábrica [...] O *Times* teria que aceitar o computador [...] Os Timemen teriam de superar suas aversões e suas concepções românticas a respeito do negócio jornalístico".[61]

Guardadas as devidas proporções, a greve de 1979 também foi um sinal de alerta para a *Folha* a respeito da vulnerabilidade do empreendimento jornalístico diante desse tipo de paralisação. Esse fator pode ter contribuído para acelerar a decisão de informatizar a Redação.

Mas, de acordo com o relato do engenheiro Pedro Pinciroli Jr., diretor industrial da Empresa Folha da Manhã S/A, o que realmente pesou para a definição foi a crise econômica do início da

61 G. Talese, op. cit., p. 403.

década que exigia mais racionalização do gerenciamento das empresas que desejassem sobreviver: "Com um quadro tão acentuado de recessão, em que os custos administrativos, industriais e de Redação aumentaram a um ritmo incerto sem que se pudesse transferi-los ao consumidor e aos anunciantes, e tomando em consideração os avanços técnicos no setor, a empresa decidiu adotar um conjunto de medidas destinadas a atacar tais problemas de diversos ângulos".

Entre essas medidas, os terminais de vídeo. O jornalista Caio Túlio Costa, responsável pela implantação do sistema na Redação da *Folha*, descreve assim o início do processo: "Em pouco tempo, o jornalista teve que aposentar sua máquina de escrever e adaptar-se a um novo estilo. O teclado macio, as letras surgindo à sua frente na tela de um aparelho de vídeo. Era abril de 1983 e a *Folha* dava um salto à frente dos concorrentes. Uma vez trabalhado o texto, com um simples apertar de tecla, ele vai num impulso para a máquina fotocopiadora. Ela emite o papel fotográfico, totalmente fotocomposto. O texto pronto, junto com o título em corpo correto, chega às mãos do *paste-up* que o cola na página que segue minutos depois para a fotolitografia e, em seguida, é acoplada à rotativa *off-set*".[62]

Em cinco meses, toda a Redação estava equipada com os terminais. A primeira editoria a adotá-la foi a "Ilustrada", seguida de "Esportes", "Educação", "Cidades", "Exterior", "Economia", "Política" e "Primeira Página". Até dezembro de 1983, as dificuldades foram de grande porte. Estão relatadas num volumoso dossiê da instalação do sistema de terminais, no qual estão anexadas centenas de memorandos e comunicados da Secretaria de Redação aos jornalistas e ao setor industrial.

A implantação do novo sistema provocou turbulências internas, muitas das quais originadas pela contradição entre as exigências feitas à Redação para que aja como se fosse de "primeiro mundo" e a realidade de uma empresa que vive numa sociedade de "terceiro mundo", como se diz em tom de brincadeira na Redação.

62 Caio Túlio Costa, "Informatização e Edição", em: *Seminário de Jornalismo* (São Paulo, *Folha de S.Paulo*, 1986), p. 23.

Um dos muitos episódios que constam do dossiê e ilustram a contradição acima delineada é o drama das mesas para os jornalistas que passariam a usar terminais. Tentava-se, por razões econômicas, adaptar as mesas utilizadas pelos jornalistas nos tempos das máquinas de escrever. Mesmo diante da evidência da impossibilidade da tarefa, foram necessárias semanas de argumentação e dezenas de comunicados para que se resolvesse pela fabricação de novas mesas, as quais ainda assim têm um *design* que nem de longe oferece funcionalidade e conforto a seus usuários.

Havia problemas de toda ordem: textos eram perdidos pelo computador ou por causa de erros de operação ou por deficiência do sistema; defeitos na programação provocavam trocas de letras e sinais gráficos, tornando a leitura desconfortável para o consumidor; empastelamento de frases e parágrafos inteiros deixava vários textos sem sentido. O número de erros cresceu e o jornal viu-se obrigado a constantes e constrangedores pedidos de desculpas e paciência aos leitores.

Mas, em janeiro de 1984, a situação parecia começar a permanecer sob controle. Regina Festa afirma que, em abril de 1984, o sistema havia finalmente "deslanchado".[63] Mais uma coincidência para tomar o mês de maio de 1984 como demarcatório da nova fase que o jornal passaria a viver.

A adoção dos terminais ocasionou um ganho de tempo no processo industrial de, em média, 40 minutos. Isso significa estar nas bancas e nas casas dos assinantes pelo menos 40 minutos mais cedo. Mas houve outras vantagens: todos os jornalistas passaram a ter uma visão gráfica muito maior em virtude da necessidade que têm de escolher o corpo e a medida em cada texto que será fotocomposto; exige-se do jornalista um texto que possa ser considerado "final", pois o bode expiatório do "erro de revisão" já não existe mais; as possibilidades de alteração mais rápida na estrutura do texto são muito mais amplas agora do que no passado de papel e máquina de escrever.

A adaptação dos jornalistas ao sistema, passada a fase inicial de susto, se deu sem maiores traumas. "No início, a máquina assustava um pouco. Mas, quando o jornalista descobria que

63 R. Festa, op. cit., p. 94.

podia dominar perfeitamente o sistema, o receio sumia. Esse domínio se consegue num máximo de três semanas com aprendizado prático diário. Bate-se no teclado como se bate à máquina. Para enviar o texto até o computador central basta digitar um código na primeira linha visível na tela e apertar a tecla que envia tudo que o vídeo comporta, transformando em impulsos à central".[64] Relatos de jornalistas que entraram em contato com sistemas similares em outras Redações são semelhantes a este.[65]

É verdade que, apesar dessa assimilação relativamente simples, a maioria dos jornalistas que operam em terminais na Redação está longe de lhes explorar todas as potencialidades, tratando-os apenas como máquinas de escrever com vídeo. São poucos os que sabem se valer de todos os recursos que o sistema lhes coloca à mão e menos ainda os que criam novas utilidades através da imaginação e do teste. Pode-se contar com os dedos o número de jornalistas que dominam totalmente os terminais.

Além disso, a maior parte dos repórteres do jornal ainda usa máquina de escrever e papel. Seus textos são depois digitados para entrar no sistema. Isso ocorre não por resistência deles aos computadores ou por falta de empenho da empresa para que eles trabalhem em terminais.

Apesar da disposição de adquirir novas unidades, a lei da reserva de mercado de informática impede o jornal de se equipar. Não há terminais suficientes para todos os jornalistas. São comuns e constrangedoras as cenas de disputa por um terminal nos horários de maior pico. Trata-se de mais uma evidência das limitações que o ambiente impõe ao melhor desempenho da Redação.

O sistema ainda apresenta defeitos. Muitos deles são creditados ao possível início de obsolescência do material após quatro anos de intenso uso. Outros foram explicados pelo excesso de calor da Redação e resta ver se tal justificativa tinha procedência pois, desde 27 de fevereiro de 1987, a Redação passou a contar com um sistema central de ar-condicionado. Há ainda o fato de que o acúmulo de tráfego de impulsos nos horários de fechamento provoca congestionamentos no sistema e retarda seu ritmo. Final-

64 C. Costa, op. cit., p. 24-5.
65 M. Manga e R. Gabriel, op. cit., p. 4-7.

mente, há grande quantidade de erros de comando cometidos por operadores descuidados ou não suficientemente treinados.

A rotatividade da mão-de-obra na Redação ajuda a explicar os motivos dessa incidência alta de erros humanos. Embora o treinamento para o início de operações seja rápido (em média três semanas), a agilidade combinada a um baixo índice de erros só se consegue com o tempo de prática. Se a equipe não se mantém estável na sua maioria por um período de tempo mais longo, é difícil alcançar graus de excelência homogêneos capazes de oferecer sinais visíveis de melhoria conjunta da Redação na operação do sistema. É constante no Programa de Metas Trimestrais que as editorias repitam a cada reunião sua intenção de treinar todos os jornalistas da equipe para que saibam manejar os terminais. Mas isso não se consegue, não por falta de empenho dos jornalistas, mas porque há sempre alguém recém-chegado à editoria que ainda não teve tempo de ser instruído.

De experiência com o sistema de terminais de vídeo, pode-se concluir que ele é compatível com a atividade jornalística. Apesar dos inevitáveis custos humanos e sociais que ele acarreta, no fim mostra-se um instrumento útil tanto para o aperfeiçoamento profissional do jornalista que trabalha com ele quanto para a melhoria do produto final.

Quanto a esse aspecto, o leitor passa a contar com o jornal chegando mais cedo a suas mãos e, em razão da maior sofisticação do jornalista que o faz, com textos mais bem redigidos e mais concisos. Como toda a lógica jornalística se altera diante do vídeo, a tendência é que tanto os textos passem a ser mais curtos (o redator tem acesso à medida exata de seu texto no terminal e, para obedecer às instruções de concisão, pode medi-los com precisão), como também os períodos e as orações (a visão da tela é mais propícia para enxugar os textos, mesmo porque quando eles se excedem não cabem na tela ou na "página", obrigando o redator a um maior número de operações evitáveis se o texto for enxuto). A tela induz o redator ou repórter a um estilo mais "nervoso" pelo próprio nervosismo que o sistema materializa.

Não há registro na *Folha* de profissionais que tenham tido problemas de saúde por operarem com o terminal. Só um jornalista se queixou de cansaço na vista e pediu para fazer um acordo com a empresa para que pudesse deixá-la, mas não ficou comprovado que o terminal tenha tido qualquer responsabilidade pelo problema de que se queixava. Esse mesmo jornalista é também o único caso de completa inadequação com o sistema.

O sistema em funcionamento no jornal é, na verdade, uma conjunção de três sistemas integrados de computadores, terminais e fotocopiadoras. Eles foram pela primeira vez observados pelo jornal em 1982 em Montevidéu, onde funcionava um conjunto similar, através de uma equipe comandada pelo então editor-responsável, Boris Casoy.

O sistema é parte nacional, parte norte-americana. Foi adquirido da Compugraphic, possuidora do programa One System, muito usado nos EUA. São 37 terminais de primeiro nível (chamados "inteligentes" e que podem fazer operações mais sofisticadas) para uso dos editores, editores-assistentes e redatores qualificados e 83 terminais de segundo nível para uso dos demais jornalistas. As sucursais de Brasília e Rio de Janeiro e o correspondente em Nova Iorque estão conectados ao sistema.

O PROJETO

O "Projeto *Folha*" foi se delineando aos poucos, de forma primeiro inconsciente e depois intencional, ao longo do período em que o jornal tem estado sob a administração dos empresários Frias e Caldeira. Mas esse processo ganhou ímpeto a partir de 1974, quando mais energia passou a ser investida nos problemas da Redação e a situação política do país começou a permitir maior audácia editorial. O jornal resolveu apostar na "abertura" institucional do Brasil.

Em maio de 1978, é criado o Conselho Editorial. Esse seria o organismo por meio do qual o projeto deixaria de ser apenas idéias na cabeça de algumas pessoas e ganharia sistematização e forma concreta. Trata-se de um colegiado composto por jornalistas e não-jornalistas que se reúnem mensalmente em caráter consultivo para analisar a conjuntura política e econômica do país, criticar o desempenho jornalístico da *Folha* e recomendar linhas de ação editorial futura. Seus membros são indicados pela direção da Empresa Folha da Manhã S/A. Os integrantes da direção de Redação (o diretor e os dois secretários de Redação) têm direito a lugar e voz nas reuniões.

Entre 1978 e 1984, o Conselho Editorial foi o fórum privilegiado para a discussão do projeto do jornal. Seu secretário, Otavio Frias Filho, foi o principal fator de emulação dos documentos que deram consistência a esse projeto. Depois de maio de 1984, o Conselho Editorial cedeu à direção de Redação esse papel de liderança no que se refere à condução e à teorização do projeto.

A mesma divisão cronológica pode-se aplicar também ao tipo de enfoque predominante que o projeto tem ao longo do tempo. De 1978 a 1984, os documentos denotam uma preocupação muito mais proeminente com os problemas da conjuntura política, econômica e social do país do que com as questões técnicas ou operacionais do jornal. A partir de 1984, o inverso passa a ocorrer.

As datas de 1978 e 1984 também são marcos para dividir em duas fases o tipo de reação que o projeto do jornal vai provocar entre os jornalistas. Na primeira, os elogios e a concordância com os pontos enunciados pelos documentos que constituem o projeto foram o tom dominante da repercussão entre os jornalistas; na segunda fase (pós-84), as críticas e a hostilidade passariam a prevalecer.

Os documentos básicos desse processo de definição do "Projeto *Folha*" são seis: "Levantamento de Pontos Indicativos de Posição Editorial e Avaliação Sintética do Momento Político" (1978), "A *Folha* e Alguns Passos Que É Preciso Dar" (1981), "A *Folha* em Busca do Apartidarismo, Reflexo do Profissionalismo" (1982), "A *Folha* Depois da Campanha das Diretas-já" (1984), "Projeto Editorial da *Folha* – 1985-1986" (1985) e "Projeto Editorial da *Folha* – 1986-1987" (1986).

Todos foram discutidos e aprovados no Conselho Editorial, mas os dois últimos foram elaborados a partir de discussões internas na Redação, que contaram com a participação de todos os jornalistas, e redigidos por uma comissão de jornalistas nomeada pelo diretor de Redação. A intenção é fazer com que todos os anos uma nova versão do projeto seja elaborada e divulgada.

A primeira característica surpreendente no projeto é a sua própria existência. Não que os jornais não tenham, em geral, projetos ideológicos, políticos e técnicos que orientem suas edições. É difícil supor que seja viável fazer jornal sem projetos. Mas é raro encontrar-se um veículo de comunicação, no Brasil pelo menos, que os explicite no papel e os faça circular entre todos os jornalistas. O mais comum é que as idéias constitutivas do que se chama de "linha editorial" de um veículo sejam transmitidas oralmente pelas chefias aos subordinados, de forma assistemática, durante o cumprimento das tarefas do dia-a-dia, à medida que a ocorrência de "acertos" e "erros" acontece em cada texto ou foto produzida. O aprendizado da "linha editorial" se dá, assim, a partir do método do "estímulo-resposta" na prática cotidiana da Redação.

Margarida Londoño, em sua tese de mestrado sobre gêneros jornalísticos, afirma que "o cotidiano de um jornal dificilmente pode-se fazer explícito na fala de seus jornalistas. Eles estão tão imersos no trabalho do dia-a-dia que não têm muito tempo para deter-se a pensar; os acontecimentos os atropelam e escassamente podem descrevê-los [...] Por esta razão, o jornalismo moderno não tem nada de arte nem ciência, atividades que precisam de tempo e de paciência. Ele é simplesmente jornalismo, um campo próprio com regras de jogo próprias e com sua própria temporalidade. Em meio a esse redemoinho, é difícil encontrar um jornal que gaste tempo em se organizar, em racionalizar seus processos produtivos, que não se deixe simplesmente engolir pelo imediatismo mas que planeje seu desenvolvimento e crie quadros de referência precisa para o trabalho de seus jornalistas. Fazer isso é consolidar a empresa jornalística dentro da mentalidade capitalista moderna da racionalidade produtiva. A *Folha de S.Paulo* foi um dos primeiros jornais brasileiros a fazer isto".[66]

A análise dos poucos livros sobre história do jornalismo e dos jornais brasileiros dos últimos 30 anos[67] não vai resultar na descoberta de evidência de qualquer similar ao caso em estudo. Talvez o único precedente tenha sido a própria *Folha* no período em que esteve sob a direção de José Nabantino Ramos, como já foi visto no capítulo "A História".

O primeiro dos seis documentos que materializam o projeto data de junho de 1978. Ele constata a existência de uma "tendência" editorial, mas dá ao Conselho Editorial a missão de defini-la com mais precisão: "Uma das primeiras tarefas que se impõem ao Conselho Editorial consiste na formalização de uma tendência editorial da *Folha*. Formalização, porque essa tendência de certa forma já existe, tendo sido delineada na prática cotidiana e na dis-

66 Margarita Londoño, *As Folhas do Diário*, dissertação de Mestrado apresentada à ECA/USP (São Paulo, ECA/USP, mimeo., 1985).

67 Ver, por exemplo: Alberto Dines, *O Papel do Jornal* (Rio de Janeiro: Artenova, 1974); Clóvis Rossi, *O Que É Jornalismo* (São Paulo: Brasiliense, 1980); José Marques de Melo e Waldimas Galvã (orgs.), *Jornalismo no Brasil Contemporâneo* (São Paulo: CJE/ECA/USP, 1984); Juarez Bahia, *Jornalismo, Informação, Comunicação* (São Paulo: Martins, 1971); Luiz Amaral, *Técnica de Jornal e Periódico* (Rio de Janeiro: Tempo Brasileiro, 1978); Luiz Beltrão, *A Imprensa Informativa* (São Paulo: Folco Masucci, 1969).

cussão acumulada nos últimos quatro anos. Há, porém, certos condicionamentos que incidem sobre essa tarefa de formalização, e que devem ser respeitados. Residem esses condicionamentos na própria trajetória histórica do jornal – que não pode ser negada – e nas implicações do sistema capitalista em que vivemos ao qual a *Folha* está subordinada".

Exposto o objetivo e delimitados os marcos referenciais, o documento parte para o conteúdo. O que mais chama a atenção nesse "Levantamento" é que ele praticamente não se refere ao jornal. Poderia ser um programa de ação para um partido político, uma plataforma de ação para um candidato a cargo público. Nesse aspecto, assemelha-se muito ao "Programa de Ação", de 1948, que chegava ao detalhismo de discriminar como, na opinião do jornal, deveria se organizar e funcionar o Estado brasileiro e como deveriam funcionar os organismos reguladores das relações internacionais. Mas o "Programa de Ação", apesar de tão generalista, dedicava quase 1/3 de seu espaço para definir o que era informação para o jornal, sobre que temas o jornal deveria opinar, como a empresa deveria gerar recursos e dava algumas linhas básicas sobre como deveria ser editado o jornal.

Já o documento de 1981, exceto quando descreve os condicionamentos acima transcritos, não faz qualquer referência ao jornal especificamente. Trata-se de uma análise de uma conjuntura seguida de um enunciado de intenções. Da análise de conjuntura, vale destacar o pressuposto básico que encorajava o jornal a prosseguir na aposta que fazia já havia quatro anos na abertura política: "O regime autoritário, expressão política do capitalismo concentracionista, deixa de atender aos interesses objetivos das camadas cada vez mais significativas da população; torna-se obsoleto".

As intenções, ou os "pontos para formalização da tendência editorial", reafirmam a preocupação do jornal com as desigualdades sociais, reclamam melhores condições de vida para a maioria da população e indicam como meios para se chegar a este fim: a "organização de um regime democrático, que assegure a estrita observação dos direitos do homem e do cidadão e que atenda aos interesses da maioria da população, por meio da participação política de todos os setores da sociedade e de todas as tendências de opinião"; a "liberdade de informação, compreendida como direito de todos terem acesso ao conhecimento dos fatos e das idéias"; o "fortalecimento dos organismos da sociedade civil"; a "distribuição mais eqüitativa da renda nacional, prioritariamente por via tributária"; o "apoio à livre iniciativa econômica, com prioridade do capital nacional (privado ou estatal) sobre o capital estrangeiro"; a "submissão de toda a economia ao interesse social, por meio da fiscalização por parte do Estado democrático" e a "preservação da identidade cultural brasileira".

Tratava-se de uma plataforma de opiniões que, por um lado, claramente diferenciavam a *Folha* dos outros veículos de comunicação de grande porte devido à preocupação com a justiça social que os demais não tinham e, por outro lado, aproximavam o jornal de um amplo setor da sociedade brasileira que no final da década de 1970 somava seus esforços apesar das diferenças que havia internamente entre eles para tentar pôr fim ao regime autoritário que perdurava desde 1964. O tom generalista do documento do Conselho Editorial assegurava a possibilidade de adesão de muitas correntes de opinião antagonistas entre si. Um documento desse teor, é evidente, só poderia receber aplausos e apoios, por exemplo, da maioria absoluta dos jornalistas que trabalhavam na empresa.

O documento seguinte é elaborado já na década de 1980 (junho de 1981) e depois da traumática experiência da greve dos jornalistas de 1979. Os jornalistas que até a greve pareciam aderir integralmente ao projeto por certo se desiludiram ao constatar que a *Folha* não deixara de ser empresa e que o modo de produção na sociedade brasileira não deixara de ser capitalista.

A empresa, por sua vez, pareceu compreender com mais clareza que não é possível somar tanto quanto ela havia desejado no início do processo de abertura política. O Conselho Editorial constata, não sem alguma amargura embutida: "Por motivos que não vêm ao caso desenvolver aqui, este projeto nem sempre é compreendido em toda sua dimensão por todos quantos fazem o jornal. E, às vezes, é agredido ou negado, quando ocorrem falhas no plano profissional, por ação ou por omissão".

Era o início da constatação de que os anos 70 haviam levado a uma hipertrofia do plano político no jornal e de que os anos 80 deveriam levar, em contrabalanço, a uma opção maior pela parte técnico-jornalística.

Ao contrário do anterior, esse documento já começa falando de jornalismo: "O objetivo de um jornal como a *Folha* é, antes de mais nada, oferecer três coisas ao seu público leitor: informação correta, interpretações competentes sobre essa informação e pluralidade de opiniões sobre os fatos".

Depois, o texto define cada uma dessas três coisas e se declara insatisfeito com apenas o seu cumprimento: "[...] se satisfazer-se com isso, o jornal nunca passará de um mero repositório, sem forma nem vontade, das opiniões que a sociedade vai produzindo [...]. é necessário que o jornal, sem discriminar opiniões diversas das que adota [...], tenha as suas próprias convicções sobre os fatos e os problemas".

O documento historia o que acontecera no jornal a partir de 1974 para diagnosticar que já havia passado a fase do "impacto opinativo" iniciada em 1974. "Hoje, a situação não é mais a mesma. A *Folha* já tem, afora as intenções por realizar, intenções já realizadas [...] o jornal representa atualmente muito mais do que já representou através de sua atuação e imagem públicas no passado [...] Para prosseguir em seu projeto, [...] este jornal precisa tornar as coisas mais claras ainda".

Esse apelo à clareza não se dirige, como poderia parecer, à definição mais específica das posições editoriais do jornal deixadas vagas no documento anterior. Ainda viria a ocorrer, no futuro imediato, a necessidade de segmentar a opinião do jornal devido à divisão natural das forças que atuavam em frente durante o regime militar e que se dispersariam inevitavelmente com a consolidação da democracia. O jornal poderia estar se antecipando ao processo. Mas não era disso que se tratava em 1981.

O documento tinha um alvo mais próximo e interno: a clareza que o Conselho Editorial pedia era com relação aos ocupantes de cargos de confiança na Redação: chegara a hora de definir quem estava com o projeto do jornal e quem estava contra.

O documento não deixa margem a dúvidas: "... [o jornal] precisa, sobretudo, que todas as pessoas que ocupam posições de chefia ou de grande responsabilidade individual na sua estrutura interna conheçam bem qual é o projeto [...] o núcleo dirigente do jornal [...] precisa estar consciente e capacitado para impedir qualquer arranhão na linha de independência que vimos trilhando [...] A manutenção do princípio da independência [...] exige uma atitude firme e justa, sem hesitações quanto à sua aplicação. Não se trata, frisamos, de estabelecer no jornal qualquer tipo de discriminação ideológica ou política na seleção de temas a serem abordados ou de pessoas que conosco trabalhem, mas de manter a linha independente do jornal, sem concessões de quaisquer espécies".

O final é quase um ultimato: "Sugerimos que todos os que exercem cargos de chefia ou funções de confiança façam uma opção permanente, disponham-se a abraçar em definitivo o projeto do jornal como uma missão a ser cumprida a cada dia, com afinco, aplicação e responsabilidade ou que desista do cargo, por discordância ou inapetência. Deve ficar claro que, no pressuposto da própria linha do jornal, os que decidirem abandonar o projeto não estarão, nem de longe, convidados a romper com ele. Devem apenas ceder o lugar, exercendo outras funções, isto é, aquelas onde não haja decisões de natureza editorial ou administrativa envolvidas diretamente".

Na greve de 1979, todos os editores e muitos subeditores aderiram ao movimento e esse foi um dos motivos para o sucesso da paralisação na Redação, embora o jornal não tenha deixado de circular.

Havia um entendimento do caráter dos cargos de confiança que se assemelhava à definição dada pelo jornalista Fúlvio Abramo durante a greve de 1961, segundo a qual não é trair a confiança da direção o fato de o jornalista aderir à greve porque a confiança do cargo é apenas técnica; o patrão não informa ao jornalista as razões por que o jornal adota uma ou outra linha política; portanto, o jornalista não tem motivos para seguir o patrão em questões que não sejam técnicas.

A partir de 1981, o entendimento da questão dos cargos de confiança na *Folha* passaria a seguir a linha de raciocínio do jornalista Otavio Frias Filho, segundo a qual quando um jornal possui um projeto político próprio, a direção tem o dever de exigir solidariedade política dos que ocupam cargos de confiança porque a execução do projeto não pode ser dissociada do fazer técnico do jornal. Nesses casos, coloca-se para quem ocupa um cargo executivo (portanto, de confiança) a seguinte opção: ou o projeto político do jornal coincide com o seu projeto político individual, e ele o assume, ou não, e ele deve então afastar-se de sua função executiva para entregar-se ao exercício puro do jornalismo, como repórter ou redator.

Isso seria apenas o princípio de um processo de exigência de fidelidade ao projeto, que mais tarde iria incluir não apenas os ocupantes de cargos de confiança mas todos os jornalistas e colocaria acima da adesão ao projeto político o apoio ao projeto técnico do jornal. Na verdade, ao longo dos anos seguintes a 1981, a questão política iria cada vez mais cedendo lugar à questão jornalística. Mais importante que a concepção do jornal sobre a sociedade passaria a ser a concepção do jornal sobre o jornalismo.

O documento de 1981 já indicava o caminho: "Para os que optarem por permanecer no núcleo dirigente, deve ficar claro que se elevará o nível das exigências e das solicitações. Elevar a qualidade técnica, informativa, do jornal: essa é a meta. Os que chefiam devem tomar parte ativa na sua consecução assumindo todas as responsabilidades ligadas a esse esforço".

No ano seguinte, 1982, o documento "A *Folha* em Busca do Apartidarismo, Reflexo do Profissionalismo" caminha na direção de definir melhor as posições jornalísticas. As preocupações técnicas e profissionais ocupam ainda maior espaço do que em 1981. "Esses esforços no rumo da independência exigem [...] um crescente profissionalismo da nossa parte. Embora a imparcialidade jornalística seja uma fantasia [...], ainda assim é preciso reconhecer que há tratamentos jornalísticos mais parciais que outros [...] Nesse sentido, profissionalismo é sinônimo de desengajamento. É uma luta sem trégua contra o *parti pris*, contra o preconceito, contra o senso comum [...], contra a falta de clareza e concisão, contra as informações incompletas ou ambíguas".

Pela primeira vez um documento desse tipo desce a minúcias de estilo e comportamento jornalísticos, antecipando o caminho para o *Manual Geral da Redação*. Chega-se a discriminar que tipo de matéria deve ser assinada pelo autor com iniciais ou com nome inteiro, quais as matérias que não devem ser assinadas, quando os artigos devem ser assinados, quando as reportagens devem ser assinadas.

O ano eleitoral em que o documento foi redigido coloca em relevo máximo a questão do apartidarismo, que mais tarde se constituiria num dos pilares de sustentação ideológica do projeto em sua forma definitiva. "[...] a independência do jornal e o profissionalismo significam *apartidarismo* [grifo original]. A *Folha* prestará serviços mais relevantes à opinião pública se continuar abordando problemas, tomando posições e abrindo espaço para pontos de vista divergentes sem atrelar-se, no todo ou em parte, a partidos políticos. É da autonomia da instituição jornalística e de sua preservação que se trata. Graus diferentes de profissionalismo são requeridos em tipos diferentes de material jornalístico. O apartidarismo contudo é uma exigência presente em todos eles – não o apartidarismo dos autores das matérias e artigos, mas o apartidarismo de seus textos."

Em 1984, o jornal viveria um de seus mais significativos momentos, com a campanha das Diretas-já. O documento do Conselho Editorial datado de junho daquele ano e intitulado "A *Folha* Depois da Campanha das Diretas-já" seria o mais importante de todo o processo de definição do projeto. Ele é a matriz a partir da qual os documentos seguintes serão apenas versões atualizadas. Ele e o *Manual Geral da Redação* constituem o cerne do projeto em termos teóricos.

O documento começa por constatar que "... [A *Folha*] impôs-se, ao país inteiro, como uma das principais forças formadoras de opinião pública. Conquistou um importante crédito de confiança junto à sociedade civil. Antes da campanha [das Diretas-já], era difícil ignorar a *Folha*; depois dela, tornou-se impraticável".

Esse aumento de prestígio do jornal fez com que crescesse na mesma medida a responsabilidade pelo que ali se produzia. Em fevereiro de 1987, revendo o processo de consolidação do projeto, Otavio Frias Filho argumentava que "houve uma amplificação muito visível do poder de repercussão do jornal" e que esse fato "teve de acabar com o regime de *laissez-faire* na Redação" porque "antes, tanto fazia o que um repórter escrevesse, pois tudo ia acabar caindo numa espécie de vala comum a quem ninguém dava importância".

Contraditoriamente, foi o regime de *laissez-faire* na Redação um dos responsáveis pelo aumento do prestígio do jornal. Mas, ao mesmo tempo que o prestígio crescia, as coisas publicadas pelo jornal passavam a ter mais importância e se tornou necessário exercer mais controle sobre a Redação, já que as conseqüências de possíveis erros se tornaram muito mais graves.

Também ocorria mudança similar na sociedade brasileira. A opção pela forma de acumulação monopolista do capital feita à revelia da opinião pública a partir de 1964-1967 começou a revelar suas conseqüências práticas da segunda metade da década de 1970 em diante, em especial em São Paulo e Rio de Janeiro.

Entre essas conseqüências, estavam, contraditoriamente, o fortalecimento do movimento sindical e de outros movimentos sociais e a aspiração inadiável por democracia representativa, como ficou claro entre 1974 e 1984. Mas, obtida a democracia, a face mais relevante das conseqüências da adoção do capitalismo monopolista passou a ser a consistência da sociedade de mercado e de suas regras no país. Como argumentava Otavio Frias Filho, "a sociedade de mercado hoje deve ser tomada mais a sério do que nos anos 70. Ela é superanômala e cheia de distorções em relação aos padrões de Europa e Estados Unidos, mas é uma sociedade de mercado forte com uma massa crítica de pessoas com interesses objetivos muito claros e ligados à sua sobrevivência. E o jornal, que é um produto de mercado, entrou nessa tendência".

Se nos anos 70 era possível sobreviver no mercado jornalístico quase ignorando o fato de que se estava no mercado, como fazia a própria *Folha* em sua Redação, nos anos 80 isso se tornou impossível. As normas e os padrões da sociedade de mercado não podiam mais ser evitados numa cidade como São Paulo.

O documento "A *Folha* Depois da Campanha das Diretas-já" significa a pá de cal num tipo de jornalismo que caracterizou o jornal durante dez anos e o início de um novo tipo de jornalismo que viria a marcá-lo dali em diante. É claro, como sabe qualquer estudioso da atividade, que um jornal não pode mudar nem sua feição gráfica nem sua linha editorial nem mesmo seu estilo de forma radical do dia para a noite, sob o risco de se condenar ao desaparecimento. As modificações devem ocorrer aos poucos, sem que o leitor se choque demais com elas, de modo que elas não alienem o público já conquistado e consigam obter a adesão de setores ainda não alcançados.

O documento de 1984 é o primeiro da série a tratar de problemas de infra-estrutura da Redação. Depois de creditar à situação "privilegiada" de solidez econômica da empresa a autonomia política e a contundência editorial da *Folha*, admite que existem contra o jornal "graves problemas de estrutura jornalística". Alguns exemplos mencionados: serviços noticiosos precários, qualidade das edições flutuante, fluxo interno cheio de percalços e irregularidades, não-cumprimento do cronograma imposto pelas exigências industriais e de circulação, mecanismos de controle falhos, critérios técnicos e editoriais heterogêneos, falta de instruções precisas e uniformes para o desempenho das tarefas jornalísticas, alto número de jornalistas "cuja qualificação profissional não está à altura das exigências colocadas pelo Projeto *Folha*".

Em seguida, o documento avisa que viriam medidas duras para corrigir alguns desses problemas estruturais: "Não há tempo nem condições materiais para adestrá-los e prepará-los (aos jornalistas com qualificação profissional abaixo das exigências); terão que ser substituídos. A empresa terá que investir para viabilizar essas substituições e para remunerar melhor a maioria que permanecerá".

Esses dois períodos de "A *Folha* Depois da Campanha das Diretas-já" seriam a justificativa da primeira grande crise enfrentada pelo "Projeto *Folha*" (sintomaticamente grafado em caixa alta pela primeira vez nesse documento) e pela administração do jornalista Otavio Frias Filho.

A partir das avaliações mensais de seus desempenhos (ver capítulo "Os Controles"), 27 jornalistas foram demitidos e trocados por outros trazidos de fora do jornal, no dia 10 de julho de 1984. Eles constituíam cerca de 10% do total dos jornalistas da *Folha* lotados em São Paulo.

Em relatório referente ao primeiro semestre de gestão, a direção de Redação da *Folha* relata o episódio: "O histórico de sua (dos 27 demitidos) avaliação profissional revelava incompatibilidade de várias naturezas em relação às expectativas do conjunto das chefias e às demandas de exigência técnica crescente colocadas pelo projeto. Este foi o episódio mais traumático e desgastante ocorrido no período em exame e seus reflexos – somados às mudanças que a DR procurou imprimir ao trabalho jornalístico e à grande circulação de profissionais por diferentes funções – repercutiram durante meses".

O Sindicato dos Jornalistas Profissionais no Estado de São Paulo descreveria o incidente de forma diversa: "[...] a *Folha* feriu brutalmente a dignidade da profissão, ao demitir, com uma só penada, 28 [*sic*] jornalistas, sob a alegação de que não se enquadraram às exigências do Projeto *Folha*. Evidentemente, não foi a primeira vez que a imprensa assistiu à demissão em massa. Mas uma coisa é certa: nunca as empresas tiveram o desplante de denegrir a imagem de seus profissionais. Tradicionalmente, a contenção de custos explica os processos de demissão em massa. A *Folha*, porém, resolveu inovar e pôs em xeque a competência de profissionais que, com seu trabalho, ajudaram o jornal a conquistar o posto que hoje ocupa na imprensa brasileira".[68]

A argumentação utilizada pelo Sindicato dos Jornalistas merece um comentário. Quando ocorreu a crise das demissões dos revisores, em 1983, a condenação à medida foi feita sob o raciocínio de que elas implicariam redução no mercado de trabalho da categoria. Em julho de 1984, a demissão dos 27 jornalistas foi atacada, apesar de terem ocorrido substituições dos profissionais afastados. O Sindicato considerou a justificativa da baixa qualificação como ultrajante à dignidade dos demitidos. Vale lembrar que a imensa maioria deles encontrou emprego em outros veículos ou entidades.

O padrão de qualidade exigido pela *Folha* não é necessariamente melhor ou pior do que qualquer outro. Com certeza, não há lei objetiva além da de mercado para julgar esse assunto. Um jornalista que não se adapta a um tipo de referência pode se dar bem em outro. Não é a adequação a determinado nível de exigência que torna um profissional mais ou menos competente.

Competência é uma questão relativa. Um jogador de futebol pode ser muito competente para as necessidades de um time de Alagoas e não para as de outro de Belo Horizonte. O fato de Sócrates não ter correspondido às expectativas de seus chefes na Itália (que o dispensaram por isso) não o desqualifica como jogador profissional nem sua demissão atinge sua "dignidade". A Rolls-

68 "O Caso *Folha*", em: *Unidade* (nº 74, fev. 1985), p. 4.

Royce deve exigir de seus profissionais um padrão de desempenho diverso do exigido pela Fiat. Não quer dizer que um grupo de metalúrgicos seja melhor do que o outro, nem que uma das marcas seja melhor que a outra, exceto para quem compra uma delas.

Novamente aqui, como em 1983, nenhuma dessas explicações racionais diminui o drama pessoal vivido pelas pessoas que foram demitidas. A maneira como se processou a demissão, em bloco, todas numa só tarde, talvez não tenha sido a mais hábil. O clima de insegurança e de consternação que se seguiu àquele dia explica em grande parte o alto grau de resistência ao projeto que se verificaria no conjunto dos jornalistas que ficaram na Redação nos meses seguintes. O custo emocional e humano desses acontecimentos não é estimável. Mas ele pesou nas relações internas posteriores.

Depois desse aviso de que viriam medidas duras para implementar o projeto, o documento de 1984 passa a defini-lo com a maior clareza possível. Como se disse antes, a forma final do projeto seria jornalística e não política, como se delineara em 1978. "Trata-se de um jornalismo crítico, pluralista, apartidário e moderno." É a condensação de todas as idéias que se avolumaram ao longo de dez anos. "Crítico – Não basta relatar os fatos, é preciso expô-los à crítica [...] O tom de crítica – serena e fundamentada – deve permear o jornal da primeira à última página. Não somos jornalistas para elogiar mas para criticar. Pluralista – A sociedade é plural; há sempre interesses e pontos de vista em conflito. O melhor serviço público que um jornal não-partidário pode fazer é tornar essa realidade transparente [...] Isto não significa que o jornal se abstém, que é neutro [...] Mas o jornal não quer impor opções ao leitor [...] Apartidário – A *Folha* já é grande o suficiente e abarca um número suficientemente alto de leitores para que pudesse ser um jornal partidário; uma opção partidária significaria, hoje, reduzir nosso impacto sobre a opinião pública e autocondenarmo-nos ao isolamento [...] Moderno – O sentido de moderno é, no caso, bem concreto. Jornalismo moderno na medida em que se propõe a introduzir, na discussão pública, temas que até então não tinham ingresso nela; na medida em que põe em circulação novos enfoques, novas preocupações, novas tendências."

Depois de definir seus quatro princípios básicos, o documento dedica todo um capítulo para os problemas de estrutura do jornal.

Começa por anunciar o *Manual Geral da Redação* (ver o próximo capítulo). Em seguida define a busca de mais e melhor informação como primeiro objetivo a ser alcançado pela Redação. "Temos que publicar textos mais corretos, mais objetivos, mais concisos, mais claros, mais completos e sobretudo mais exatos. A chefia da Agência está concentrando esforços numa verdadeira batalha pela exatidão em todos os níveis, esta é a tarefa prioritária. É imprescindível que todos nós estejamos firmemente engajados nela."

O período de hipertrofia da opinião deveria ser encerrado. Em seu lugar, chegara a hora de fazer com que a *Folha* fosse respeitada e conhecida pela precisão da informação que publicasse. A Agência Folhas, que concentrava o reportariado, viria a se tornar o campo principal da batalha em torno do projeto e do manual. "Não temos alternativa exceto a intransigência técnica", anunciava radicalmente o documento.

Para os editores, que recebiam o material produzido pela Agência, havia a instrução clara e precisa de rigor: "[...] é preciso determinação para recusar trabalhos de qualidade insatisfatória, para punir erros cometidos e para, em última instância, substituir profissionais. Quem exige esse zelo rigoroso é o interesse do leitor, ele próprio cada vez mais exigente".

A questão política, que seis anos antes dominara por completo o precursor do "Projeto *Folha*", fica com apenas um parágrafo na última página do documento que lhe dá vida. "A *Folha* é o meio de comunicação menos conservador de toda a grande imprensa brasileira. É o que mais tem-se desenvolvido nestes anos. É o mais sensível aos movimentos da opinião pública e é também o mais ágil. Politicamente é o mais arrojado. É com certeza o que encontra maior repercussão entre os jovens. Foi o que primeiro compreendeu as possibilidades da abertura política e o que mais se beneficiou com ela, beneficiando a democratização. É o jornal por quem a maioria dos intelectuais optou. É o mais discutido nas escolas de comunicação e nos debates sobre a imprensa brasileira. Está no rumo certo, graças à lucidez e à competência dos que dirigem a empresa e graças ao trabalho jornalístico que conseguimos desenvolver até aqui."

No fecho, a ambição: "Do prosseguimento firme do nosso trabalho depende a meta mais alta: fazer da *Folha* o principal jornal do país e dos profissionais que nela trabalham os mais valorizados e respeitados de toda a categoria".

O início da aplicação do projeto foi difícil. O diretor que assumira encontrou editores não escolhidos por ele. Em muitos casos, havia divergências explícitas quanto aos rumos que se pretendia dar ao jornal. O conflito era inevitável.

Por diversas razões, quatro dos seis editores mudaram em apenas seis meses. Os comandos das duas maiores sucursais (Brasília e Rio) e uma das três chefias de reportagem da Agência foram substituídos também no primeiro semestre da nova administração. Havia problemas naturais decorrentes de adaptações de personalidades a novos comandos e a uma nova diretriz. As mudanças não eram de pequeno porte e, como seria natural supor, as reações também não o foram.

A maioria dos jornalistas entendeu que a execução do projeto se dava de forma arbitrária e autoritária, reclamava do que era considerado "dureza excessiva" com que o processo se desenrolava, conforme constataram duas pesquisadoras que estudaram o período do primeiro ano de gestão Otavio Frias Filho.[69]

Havia dificuldades operacionais. O distanciamento entre editores e repórteres impedia que a orientação editorial passasse com facilidade de um extremo a outro do processo de produção. Além disso, os repórteres estavam, na prática, submetidos a duplo comando: do seu editor e da chefia da Agência Folhas. Os que se opunham ao projeto (ou o viam com desconfiança) valeram-se dessa peculiaridade funcional para promover atritos entre o comando da Agência e alguns editores.

Pelo menos uma das chefias de reportagem da Agência foi ocupada por profissional que não tinha entre seus muitos méritos a habilidade necessária para tratar com subordinados e acabava por criar tensão desnecessária atribuída não à deficiência de liderança da pessoa que comandava, mas à essência do projeto que ela colocava em prática.

Apesar de todos esses obstáculos, o projeto foi se implantando dentro dos cronogramas estabelecidos e os leitores não pareciam insatisfeitos: entre maio e dezembro de 1984, as assina-

69 M. Londoño, op. cit., p. 120, e R. Festa, op. cit., p. 98.

turas subiram 19,74%. Entre maio de 1984 e fevereiro de 1985, mês em que estourou a mais grave crise interna da história do projeto, o aumento de assinaturas foi de 24,74%. Mesmo com números tão favoráveis, não faltavam jornalistas e leitores que apostassem na derrocada do jornal.

Um dos motivos principais de descontentamento localizado foi a cobertura às eleições presidenciais de 1984. Tratava-se do primeiro teste concreto da orientação de apartidarismo que o projeto já recomendava desde 1982. Contrariamente à análise de conjuntura de setores políticos que até então viam no jornal diagnósticos similares aos seus, a *Folha* não via na candidatura de Tancredo Neves a única condição possível para a consolidação da democracia e não a considerava a extensão natural e suprapartidária da campanha pelas Diretas-já. Para ela, a candidatura de Tancredo Neves era de partido. Resolveu tratar as de Tancredo e Maluf de igual forma, criticando-os em proporções equivalentes e dando aos dois o mesmo espaço sempre que possível.

Os que não concordavam com essa postura passaram a atacar o jornal, chamá-lo de malufista, espalhar os boatos de que o jornal havia sido vendido a Maluf. Apesar das críticas, a *Folha* conseguiu manter-se fiel ao projeto de praticar um jornalismo crítico e apartidário nesse episódio. O tratamento crítico que deu a todo o processo de eleição indireta, a reivindicação permanente de que o processo sucessório ocorresse com a maior visibilidade pública, a defesa doutrinária do voto popular como forma de preencher todos os cargos eletivos, a proposta de convocação de eleições diretas para a Presidência logo após a posse do escolhido pelo Colégio Eleitoral a fim de legitimar seu mandato para abreviar o parto de transição e o lançamento da idéia de Constituinte em 1985 distanciavam tanto o jornal do malufismo, que só os arraigados (ou interessados) na opção Tancredo Neves poderiam confundi-lo com ele.

Acostumada ao prestígio fácil da campanha das Diretas-já, durante a qual ser da *Folha* por si só rendia olhares de admiração dos colegas, a Redação sentiu, em grande parte, o baque do patrulhamento. Círculos próximos dos jornalistas estavam entre os mais fervorosos tancredistas e a acusação de malufismo que caía sobre o jornal pesava-lhes nos ombros como pesado fardo. Foi um bom teste para a firmeza ou não dos jornalistas em relação ao projeto que apenas começava a se implantar e que seria submetido a provas mais duras no futuro imediato.

Além desses motivos, havia razões de ordem pessoal e psicológica operando na Redação contra o projeto. Muitos jornalistas substituídos nos primeiros meses da nova administração estavam na Redação havia anos, mantinham relações de amizade com os que ficaram, eram queridos. Suas demissões deixaram seqüelas de ressentimento, amargura e incertezas quanto às posições dos que permaneceram. Todo esse processo é doloroso, complicado, de difícil resolução.

Havia ainda a questão da mudança de hábitos, já tratada no capítulo "Os Terminais". Dessa vez, de hábitos enraizados de procedimento profissional. Ouvir sempre os dois lados, anotar a idade do personagem da notícia, escrever menos, ter de soletrar o nome dos entrevistados, esperar até ter seu texto lido e aprovado pela chefia são novas tarefas, mais tempo gasto no jornal, comportamentos encarados como enfadonhos e trabalhosos.

Otavio Frias Filho acha que "tudo que você fizer para favorecer quem está fora da Redação tende a prejudicar quem está dentro da Redação. Se você quer uma notícia mais bem redigida, um título mais bem feito, uma informação mais bem comprovada, a cada uma dessas vantagens para quem vai ler o jornal corresponde um ônus para quem vai fazer o jornal".

Claro que há vantagens para quem faz o jornal também. No caso específico, esse período inicial em que houve demissões e turbulências foi também marcado pelo início de uma política de promoções salariais por mérito que perdura até fevereiro de 1987 e que modificou radicalmente o perfil salarial do mercado de trabalho nos jornais diários: de jornal que pior pagava seus jornalistas, a *Folha* passou a ser o que mais bem paga, com uma vantagem, na média, de cerca de 20% sobre o segundo colocado.

Além disso, houve melhorias nas condições de trabalho, motivos de queixas procedentes que há décadas eram feitas pelos jornalistas. As paredes da Redação cobertas com platilhas coloridas que dificultavam a visão foram pintadas em tom neutro, um novo e moderno sistema telefônico foi instalado, um novo piso foi colocado na Redação, equipamento fotográfico sofisticado foi adquirido para o uso dos repórteres fotográficos e essas modificações dos primeiros seis meses prosseguiram ao longo dos anos seguintes, com a reaproximação física dos repórteres aos editores, criação de novas salas de reunião, instalação de um sistema de ar-condicionado na Redação, entre outras medidas.

Finalmente, há a vantagem de se trabalhar num jornal mais influente e bem conceituado e numa empresa jornalística que tem números de grande crescimento para exibir e desfruta uma posição de independência editorial sem similares entre os grandes veículos de comunicação.

Apesar dessas vantagens, algumas das quais impalpáveis, outras contrabalançadas pelos ainda inúmeros problemas de infra-estrutura não resolvidos (protocolo deficiente, banco de dados antiquado, serviço de transporte negligente, elevadores inadequados) mais as dificuldades de adaptação aos novos procedimentos, a maioria dos jornalistas que trabalhavam na *Folha*, passados nove meses da implantação do projeto, ainda estava insatisfeita a ponto de articular um movimento contra ele.

As pessoas têm grande dificuldade para transitar de uma situação cômoda e pouco vantajosa para uma situação incômoda e mais vantajosa. Sobre esse pano de fundo psicológico, avolumaram-se os problemas técnicos, emocionais, políticos e até pessoais, muitos dos quais já descritos.

Na área dos pessoais-políticos, o fato de o diretor de Redação, responsável máximo pela implantação do projeto, ser filho de um dos proprietários da empresa que edita o jornal. Na opinião de Frias Filho, quem não o conhecia antes de sua chegada à direção, quem não havia tido com ele alguma prática comum anterior, "sente-se quase moralmente obrigado" a ser contra ele e sua gestão, o que não aconteceria se ele fosse um jornalista que não tivesse nada a ver com os proprietários.

É provavelmente verdadeiro que o fato de o diretor de Redação de um jornal que promove mudanças tão dramáticas acumular a condição de herdeiro da empresa que edita o jornal deva acirrar o desejo de luta contra essas mudanças da parte de quem enxerga no patrão o inimigo de classe a ser combatido e, se possível, vencido. Mas há outra face da moeda que o próprio Frias Filho percebe: "Porque eu sou filho de um dos donos do jornal, isso me dá uma capacidade operacional de fazer as coisas, que talvez outra pessoa não tivesse com tanta desenvoltura". De fato, a força política e a capacidade de obter recursos para efetivar as mudanças materiais necessárias do diretor que acumula a condição de filho de proprietário da empresa são, em princípio, maiores do que as de outro jornalista que estivesse em seu lugar. Mas também é evidente que só isso não basta para um diretor de Redação se legitimar no cargo. Para ser bem-sucedido, ele precisa demonstrar qualidades como a capacidade de arregimentar pessoas que fechem com ele e seu projeto, dedicação e empenho no cumprimento das tarefas, rapidez na tomada de decisões corretas, coragem editorial, condições de liderança sobre o conjunto dos jornalistas, integridade de caráter, retidão de princípios.

Muitos desses atributos no caso de Frias Filho tiveram de ser colocados à prova em fevereiro de 1985. No início daquele mês, algumas dezenas de jornalistas da *Folha* (50, segundo eles próprios) reuniram-se no Sindicato dos Jornalistas Profissionais do Estado de São Paulo para discutir o projeto e resolveram elaborar um abaixo-assinado para ser encaminhado à direção, que recebeu a adesão de 155 jornalistas, correspondentes a cerca de 65% do total das Redações em São Paulo, inclusive da grande maioria dos repórteres especiais, categoria criada para abrigar os jornalistas tidos como a elite da Redação.

O documento dos jornalistas começava por afirmar que havia chegado a hora de discutir a implantação do projeto no dia-a-dia. Depois, dizia: "Embora haja concordância dos jornalistas com a maioria dos princípios estabelecidos no Projeto *Folha*, a verdade é que os métodos utilizados na sua implantação estão em flagrante contradição não só com estes mesmos princípios, mas com toda uma proposta jornalística desenvolvida desde o início do chamado processo de abertura política. Foi esta proposta que diferenciou a *Folha* dos outros jornais, lhe deu prestígio e novos leitores. Foi esta proposta – e não apenas os salários – que atraiu para as suas Redações uma considerável parcela dos mais competentes jornalistas brasileiros".

Em seguida, o abaixo-assinado denuncia o processo de alta rotatividade de pessoal em todos os níveis e afirma que "as relações de trabalho entraram em rápido processo de deterioração, com claros reflexos no produto final. Por isso, entendemos que o Projeto *Folha* encontra-se neste momento seriamente ameaçado tanto na teoria como na prática. Os princípios nele estabelecidos não se revelam nas relações das chefias com os seus subordinados. Uma enorme teia burocrática impede o debate aberto e, freqüentemente, ergue obstáculos na busca da informação. A pauta jornalística vem sendo substituída por teses abstratas e regida por memorandos, comunicados, ordens e contra-ordens. Os modelos recomendados não são os de um jornal diário e pouco têm a ver com o nosso dia-a-dia, com a nossa tentativa de retratar e mostrar aspectos mais evidentes da realidade... Os que lidam direta e indiretamente com a informação são os primeiros a sentir a sua queda hoje na *Folha*. Este é o depoimento de jornalistas que ouvem colegas, entrevistados, fontes e leitores a esse respeito. Não podemos duvidar de espectro tão amplo de opiniões sobre o nosso produto".

Na reunião-almoço que se realiza todos os meses na primeira quinta-feira e que reúne os editores, os repórteres especiais e a direção da Empresa Folha da Manhã S/A, em fevereiro de 1985 (dia 7), este documento foi discutido. Foi uma reunião tensa. O próprio Octavio Frias de Oliveira leu o abaixo-assinado em voz alta e fez comentários a respeito de alguns de seus tópicos. Todo o encontro foi gravado.

Em relação à declaração dos subscritores de que a qualidade do produto estava em queda, Frias mostrou os números da circulação paga do jornal que até junho de 1984 vinha em processo de diminuição e a partir de junho de 1984 começou a crescer e não parou mais de subir: 0,7% em julho, 5,3% em agosto, 7,6% em setembro, 4,6% em outubro, 6,9% em novembro e 10,5% em dezembro de 1984, sempre em comparação com os mesmos meses nos anos anteriores... "Posso afirmar aos senhores que nenhum outro jornal neste país pode apresentar esse recorde", disse Frias aos presentes.

Na seqüência do abaixo-assinado, são feitas considerações sobre o *Manual* e o sistema de avaliação profissional, que serão tratadas nos capítulos "O *Manual*" e "Os Controles". O último item antes das propostas refere-se a condições de trabalho.

Afirma o abaixo-assinado que "não é possível ignorar o fato de que várias editorias trabalham num limite de profissionais muito inferior ao volume e importância das tarefas a serem executadas. Mesmo assim, todos são cobrados dura e injustamente por falhas próprias do esgotamento físico e mental de quem trabalha nessas condições. A perdurar essa limitação, dificilmente as metas recentemente estabelecidas e os horários cada vez mais curtos de fechamento serão cumpridos com eficiência e qualidade".

Em relação a problemas funcionais, no almoço de 7 de fevereiro de 1985, Frias lembrou que, no período entre maio de 1984 e aquela data, haviam sido feitas 52 promoções por mérito na Redação. "Pela primeira vez, depois de 25 anos, foram feitas promoções por mérito", afirmou. Quanto às cobranças, Frias declarou: "Eu penso que muitos se ressentem de um grau de exigência muito mais alto do que eles estavam acostumados. Se é essa a dúvida, eu posso esclarecer aos senhores que esse grau de exigência vai ser exacerbado. Permanentemente exacerbado porque precisamos fazer a cada dia um jornal melhor".

Sobre a crítica relativa ao número de jornalistas por editoria, a resposta de Frias foi a seguinte: "Eu nunca escondi dos senhores, ao contrário, fiz questão de deixar claro que o meu ideal era ter uma Redação enxuta, extremamente capaz e extremamente bem paga. Quem não ouviu eu dizer isso aqui? Não escondo isso de ninguém. Acredito que estamos marchando para isso. Ainda que o abaixo-assinado não reconheça". Frias deu aos presentes os índices de reajustes salariais em 1984: pelo dissídio da categoria, o reajuste foi de 160%; na Redação da *Folha*, o índice foi de 199% em vez dos 160% oficiais; na Agência, o índice foi de 277% em vez dos 160% oficiais.

O documento dos jornalistas termina com propostas, que são as seguintes: "discussão de toda a estrutura operacional existente hoje nas Redações", "rediscussão do sistema de avaliações de desempenho", "definição de uma política salarial que dê prioridade aos que já trabalham na empresa e leve em conta os progressos obtidos e observados por um sistema de avaliação democrático e criterioso" e "rediscussão imediata do *Manual Geral da Redação* entre todos os jornalistas, resultando em um novo conjunto de normas e regras que jamais funcione como um AI-5".

Em resposta às propostas, Frias disse no almoço: "Eu quero saber se até hoje alguém se opôs a esse tipo de discussão [...]

Vamos discutir. Não tem sido pedido outra coisa nesta casa. Continuamos abertos para todo tipo de discussão, principalmente para aquelas que tragam contribuições positivas, críticas construtivas, não meras palavras". Sobre a política salarial, a resposta foi: "Eu quero dar prioridade ao mérito. Onde ele se encontra. Dando prioridade ao mérito e em igualdade de condições, aí sim".

Na seqüência da reunião-almoço, Frias e Frias Filho se manifestaram para reafirmar que as possibilidades de discussão de todos os assuntos no jornal estavam abertas por meio de canais institucionalizados (reuniões diárias de pauta, semanal de pautas especiais, mensal de metas por equipe, da comissão de revisão do *Manual*, mensais com a direção da empresa, além de a direção sempre estar com portas abertas para receber qualquer jornalista).

Os signatários do documento que ocupavam cargos de editor e editor-assistente na ocasião foram afastados de suas funções. Clóvis Rossi, que integrava o Conselho Editorial e assinou o documento, foi afastado do Conselho. Quatro pessoas que ocupavam cargos de confiança e assinaram o documento foram demitidas. A secretaria de Redação passou a controlar com mais rigor, dentro dos critérios recomendados pelo *Manual*, a assinatura de textos no jornal.

Além disso, houve seqüelas do abaixo-assinado que perduraram por meses. O Sindicato dos Jornalistas publicou uma reportagem de capa do seu jornal *Unidade* sobre "O Caso *Folha*". Considerada por muitos dos personagens envolvidos como facciosa e incorreta, a reportagem contribuiu para que as relações entre direção do Sindicato e direção de Redação da *Folha* se tornassem conflituosas, o que, com o decorrer do tempo, só se agravaria.

Muitas relações pessoais na Redação ficaram estremecidas devido à divisão provocada pelo documento entre os que o assinaram e os que não o assinaram. Com a reação imediata da direção, criou-se uma terceira categoria: a dos que assinaram, mas disseram que não queriam ter assinado.

De qualquer forma, passada a crise, o projeto continuou sendo aplicado, a nova direção se fortaleceu, ganhou maior coesão interna; iniciou-se o processo de formação de massa crítica indispensável para a realização de qualquer trabalho do gênero de mudança de hábitos entranhados num grupo humano.

Um ano depois de sua posse, quatro meses depois da maior crise, Frias Filho fazia a seguinte avaliação: "As dificuldades têm sido enormes e as resistências têm sido enormes [...] só agora parece que a gente está começando a colher alguns resultados mais positivos e agora é que parece que a opinião pública interna aqui da Redação começa a perceber com maior clareza quais são os objetivos que a gente tem mesmo em mente [...] Tenho a impressão de que há uma tendência de estabilizar a mudança".[70]

Margarita Londoño, em seu estudo, feito um ano depois do início da gestão Frias Filho, afirma: "Qualquer outra empresa que em menos de um ano mande embora 50% de seu pessoal, mesmo que seja para substituí-lo como assegura Otavio Frias Filho, enfrentaria sérios problemas de greves, denúncias [...] A *Folha* não sofreu praticamente nenhuma retaliação [...] No período de maior conflito interno, quando poderia ser acusada publicamente por seus procedimentos, ela passou ao ataque como melhor arma de defesa [...] De todo o processo, saiu fortalecida, com pouquíssimas dissidências internas e com uma equipe disciplinada".[71]

Não que as dificuldades tenham acabado após a crise interna de maior impacto. As restrições ao projeto continuaram a existir com força na Redação. Ricardo Kotscho, repórter especial, dizia em junho de 1985: "No caso da *Folha*, eu não sei aferir se o jornal está vendendo mais agora como resultado da campanha das diretas, que deu muito prestígio ao jornal e é um prestígio que permanece, ou se é por essas mudanças de fazer matérias mais curtas, secas, assim tipo linguagem telegráfica das agências noticiosas. Só o tempo vai dizer, porque você já viu jornais que subiram muito, caíram e depois morreram. Hoje você tem a *Folha* num estilo mais semelhante ao dos jornais americanos, de linguagem seca, sem adjetivos, sem emoção. E, antes, a *Folha* colocava no jornal coisas mais polêmicas, mais opiniões contraditórias. Eu acho que oferecia ao leitor um saco de gatos mais sortido e hoje, para meu gosto, está tudo muito pasteurizado".[72]

Em julho de 1985, foi divulgada uma nova versão do projeto. A partir de então, decidiu-se que não haveria mais títulos, mas

70 *Apud* M. Londoño, op. cit., p. 128.
71 M. Londoño, op. cit., p. 133.
72 *Apud* M. Londoño, op. cit., p. 136.

simplesmente seria chamado de "Projeto Editorial" com a data de sua vigência, em princípio de um ano. Seriam versões atualizadas do projeto como fora substanciado no documento "A *Folha* Depois da Campanha das Diretas-já", de junho de 1984.

Desde julho de 1984, qualquer pessoa contratada pela *Folha* passou a ler e manifestar concordância com o projeto para poder ser admitido e começar a trabalhar. A adesão exigida dos ocupantes de cargos de confiança em 1982 passava agora a ser requerida de todos os jornalistas. O princípio é de que ninguém é obrigado a trabalhar onde não quer. Mas para poder contribuir para o avanço do lugar onde se trabalha é preciso que se concorde, pelo menos durante o exercício da profissão, com os pressupostos técnicos que orientam o trabalho em determinada empresa.

Não se trata de adesão político-ideológica, mas de adesão técnica. Um operário da Volkswagen que não aceite os padrões de qualidade da empresa não pode trabalhar ali. O consumidor do automóvel Volkswagen compra o seu carro esperando um tipo de padrão pelo qual ele paga um preço. O operário que não aperta direito os parafusos da roda, seja por desleixo, incapacidade ou por divergir dos critérios técnicos que determinam certos procedimentos, não deve trabalhar na Volkswagen. Um consumidor que sofra um acidente devido ao mau aperto dos parafusos da roda concordará que aquele operário não deveria ter tido a oportunidade de agir como agiu.

Em julho de 1985, esse tipo de consideração, que ocupara boa parte da versão de 1984 do projeto, já não tinha mais razão de ser. O estilo e o tom da versão 1985-86 denotam maior segurança da nova administração. Há mais serenidade na exposição dos problemas, confiança sem arroubos, menos retórica.

Em termos de relação com o público, o projeto também já havia superado seu maior teste. O correspondente externo à crise do abaixo-assinado de fevereiro de 1985 foi a cobertura da doença e morte do presidente Tancredo Neves. Perto da insatisfação que essa cobertura causou, o episódio da eleição presidencial de 1984 foi levíssimo.

Embasada pelas diretrizes do projeto, a direção de Redação resolveu enfrentar o noticiário da doença de Tancredo da forma que fosse a mais exata, precisa e sintética, não emocional. A *Folha* isolou-se nessa posição. Quase todos os outros veículos de comunicação (exceto, talvez, a revista *Veja*) engajaram-se numa campanha irracional de tentar manter o presidente vivo à base de ocultação de informações e otimismo irrealista.

Grande parte do leitorado da *Folha*, contaminado pelo clima emotivo que grassou em solo fertilizado pelo caldo de cultura nacional que incentiva esse tipo de comportamento, reagiu com indignação agressiva à linha editorial seguida pelo jornal. Nunca a *Folha* recebera tantos telefonemas e cartas de protesto. No dia 16 de abril, o jornal publicou uma manchete que ficaria célebre: "Médicos esfriam Tancredo". Um dia depois, o leitor Jean Louis de Lacerda Soares escreveria: "Quando não puderem dar vazão a sua vulgaridade e grosseria, escolham pelo menos um assunto menos sério".

Teresa Cristina Affonso Gaspar escreveu: "Venho demonstrar meu espanto com relação à atitude que este jornal vem tomando no acompanhamento da doença do presidente [...] respeitem o sentimento deste povo". Sandra Chaim Salles escreveu: "A *Folha* tem me surpreendido nos últimos dias. O sensacionalismo acerca da doença do presidente, com afirmações catastróficas e não confirmadas [...] O que está havendo com a *Folha*?".

Elizabeth Ramos de Faria escreveu: "Foi com repúdio que li a matéria 'Tancredo à morte' na primeira página da *Folha*". Walter Fleury Dias escreveu: "A *Folha* adotou uma linha alarmista e pessimista quanto à doença do presidente [...], ficando praticamente isolada nesta posição em relação à grande imprensa escrita".

Italo dela Rovere escreveu: "Esta carta tem a finalidade de lançar o meu protesto pela forma chocante e insensível como esse jornal vem procedendo à divulgação das notícias relacionadas ao drama de alcance nacional, que envolve a doença do presidente Tancredo Neves".

Os exemplos poderiam se suceder às centenas. Mas com a confirmação paulatina de todas as informações que a *Folha* publicara (com raras exceções),[73] a indignação em grande parte reverteu a favor do jornal. A revista *Veja* avaliou o episódio quatro

73 Ver Dácio Nitrini, "A Cobertura do Caso Tancredo", em: *Seminário de Jornalismo* (São Paulo: *Folha de S.Paulo*, 1986), p. 51-6.

meses depois assim: "Esse foi um momento que flagrou seu (da *Folha*) concorrente, *O Estado*, envolvido num fútil exercício de otimismo, como se a saúde de Tancredo pudesse ser recuperada pelas manchetes. Em contraste, a *Folha* manteve a cabeça fria e o olho atento nos fatos. O resultado, além de um furo nacional da *Folha* – o de que Tancredo teve um tumor, e não uma diverticulite, como origem de seus males – foi uma sucessão de manchetes que, hoje, representam pontos positivos para o jornal e um colar de erros para o seu concorrente".

É bem verdade que em muitos dos furos do jornal na cobertura do caso Tancredo, inclusive o do tumor no lugar da diverticulite, o mérito pela obtenção da informação cabe ao *publisher* do jornal, Octavio Frias de Oliveira, não à Redação. Mas, ainda assim, a linha editorial escorada no projeto no episódio resultou em revigoramento da direção de Redação, que se reflete no "Projeto Editorial 1985-1986".

O isolamento em que a *Folha* se colocou no caso Tancredo, numa atitude de desafio ostensivo ao gosto da maioria de seus próprios leitores, influenciou o momento de formulação da nova versão do projeto. Ela começa com o seguinte raciocínio: "[...] o desenvolvimento do projeto que orienta a *Folha* depende sobretudo de duas coisas: que ela se caracterize de maneira original como uma publicação com imagem pública ostensivamente diferenciada e que se torne um produto de mercado indispensável ao público pela qualidade do serviço de interpretação, opinião e – principal – informação que produzir".

Depois de reafirmar suas quatro linhas básicas (jornalismo crítico, apartidário, moderno e pluralista), a versão 1985-86 do projeto introduz dois novos pilares que, somados aos quatro anteriores, devem sustentar a ideologia jornalística da *Folha*: serviço e didatismo. "Essas duas características são inestimáveis na luta que visa transformar a *Folha* num produto de primeira necessidade para o público leitor, caminho obrigatório do desenvolvimento e da própria sobrevivência dos jornais. As edições devem conter informações úteis não apenas para o esclarecimento do leitor, mas para a sua vida concreta, prática. As pautas devem explorar os temas que mantenham relação real e imediata com a vida de quem compra ou assina o jornal. Os textos devem fugir tanto de especulações como de abstrações, para buscar imagens e exemplos do dia-a-dia, fixando no leitor o ponto permanente de referência."

Quanto ao didatismo, diz o projeto: "[...] é fundamental que os textos partam sempre do pressuposto de que o leitor não está familiarizado com o assunto e pode nunca ter lido sobre ele antes. Tudo deve ser explicado, esclarecido e detalhado – de forma concisa e exata, numa linguagem tanto coloquial e direta quanto possível [...] O didatismo deve estender-se também à disposição visual do que é editado. Precisamos consolidar e homogeneizar os recursos gráficos [...] A apreensão pelo leitor deve ser fácil, clara e rápida [...] A rigor, tudo o que puder ser dito sob a forma de quadro, mapa, gráfico ou tabela não deve ser dito sob a forma de texto".

A versão 1985-86 do projeto se propõe a atacar o problema da estrutura precária do Banco de Dados e a deficiente rede de correspondentes e sucursais. A segunda proposta ficou razoavelmente resolvida a partir de outubro de 1986. Quanto ao Banco de Dados, em fevereiro de 1987 ainda esperava solução.

Finalmente, depois de realçar o fato de que entre maio de 1984 e junho de 1985 a empresa havia dado promoções por mérito para 46% dos jornalistas e que o jornal já pagava em meados de 1985 os melhores salários da imprensa diária brasileira, a versão nova do projeto oferecia linhas de ação editorial para cada editoria, terminando assim: "O Projeto *Folha*, em suas sucessivas versões, indica o jornal que queremos fazer; o *Manual Geral da Redação* define o método e os procedimentos práticos que consideramos apropriados para atingir esse objetivo; o programa de metas registra periódica e quantitativamente o quanto estamos avançando nessa direção. São os instrumentos fundamentais na realização desse trabalho coletivo que deverá conduzir à institucionalização de um tipo novo de jornalismo diário, com perspectivas profissionais ainda pouco exploradas e que pode reservar um papel de significação maior para o jornalismo e, nele, para os jornalistas da *Folha*".

Definida a revisão anual do projeto, desde 1984 toda a Redação foi convidada a contribuir para sua elaboração. A versão final desce a todos os repórteres e redatores através de seus editores, que devem reuni-los para a leitura e discussão do texto. As avaliações devem ser enviadas por escrito à direção. Às vésperas do início do processo de elaboração de uma nova versão, os editores devem novamente reunir suas equipes para que sejam apresentadas contribuições para o novo texto. A direção nomeia uma comissão para apreciar todas as sugestões e elaborar um esboço, que deve ser submetido à direção, responsável pela forma final, a qual é enviada ao Conselho Editorial para a última aprovação. Esse processo visa engajar objetivamente o maior número possível de jornalistas na responsabilidade de rever o projeto a cada período de um ano. Procedimento similar foi adotado para a confecção da segunda edição do *Manual*, como se verá no capítulo seguinte.

Apesar de teoricamente democrático, esse sistema de consulta e de discussão do projeto tem estado longe de provocar o sucesso que se poderia prever. O número de jornalistas que conhecem a fundo os princípios do projeto e compreendem sua lógica é muito menor do que o dos que apenas se limitam a ouvi-lo distantemente.

As causas para essa apatia da maior parte dos jornalistas podem ser diversas: deficiência de comunicação da parte da direção, discordância conceitual com o projeto da parte de jornalistas ou o simples fato de que, em qualquer grupo de pessoas, é sempre a minoria que se entusiasma com os objetivos a serem alcançados pelo grupo e se dedica com vigor para alcançá-los.

Seja qual for o motivo (ou seja, uma combinação de todos esses e mais alguns), o fato inegável é que a abertura da discussão através de canais institucionais teoricamente adequados não tem conduzido a uma compreensão generalizada do projeto na Redação e, muito menos, a uma adesão maciça e entusiástica a ele por parte da maioria dos jornalistas da Redação.

A versão vigente do projeto em fevereiro de 1987 foi apresentada à Redação em sua forma definitiva em setembro de 1986. Assim como a versão anterior havia sido fortemente influenciada pela cobertura da doença e morte de Tancredo Neves, a atual sofria os efeitos do sucesso do furo de repercussões internacionais obtido pela Redação a respeito da base militar para fins nucleares na serra do Cachimbo e pelo extraordinário êxito de vendas conseguido pelos jornais como um todo durante as primeiras semanas do Plano Cruzado.

Além de reforçar os seis pontos básicos das versões anteriores (jornalismo crítico, apartidário, pluralista, moderno, didático e de serviço), o projeto agora vai insistir na necessidade de se tentar obter informações exclusivas, inéditas e de impacto.

O texto abre-se com a constatação de que a *Folha* é atualmente o jornal diário de maior circulação no país. "De junho de 1984 a junho de 1986, nossa circulação paga cresceu 39,5%, chegando a um total de 291.659 exemplares em média por dia. A Redação contribui para o êxito mas não é a única responsável por ele. Este sucesso é resultado de um esforço conjunto de toda a empresa que edita o jornal. Ser o primeiro jornal do país implica inestimável responsabilidade pública e profissional para cada jornalista que trabalha na *Folha*. Qualquer retrocesso significa perder a primazia. Todo o esforço deve estar voltado para ampliar a vantagem."

Logo após a abertura, a definição da nova prioridade: "A preocupação mais profunda e permanente da *Folha* neste momento é a informação exclusiva". O texto considera que os grandes problemas de infra-estrutura jornalística identificados com insistência nas duas versões anteriores do projeto estão em parte resolvidos e que o *Manual* já está incorporado aos hábitos do trabalho jornalístico, o que – como será visto no próximo capítulo – pode ter sido um erro de avaliação.

É contabilizada como vitória a operação que eliminou a distância funcional entre reportagem e edição. Quanto à estrutura salarial da Redação, apura-se que dos 350 jornalistas da *Folha* em junho de 1986, apenas 78 ganhavam o piso do jornal, que era 20% superior ao piso da categoria. Entre junho de 1984 e junho de 1986, 168 jornalistas haviam recebido promoções salariais por mérito. Havia sido detectada uma diminuição na rotatividade de profissionais no primeiro semestre de 1986. "Organizaram-se equipes de modo geral melhor integradas." Na verdade, a sensação de diminuição da rotatividade não correspondia aos fatos (ver capítulo "O Profissional").

"As contratações são feitas por concurso público e exame de banca. O Plano de Metas Trimestrais está implantado, ainda que seus resultados palpáveis estejam muito aquém da expectativa (ver capítulo "As Metas"). A Avaliação do Desempenho Profissional está consolidada. A Redação conta com mecanismos que permitem conhecer melhor a qualidade do produto jornalístico, suas virtudes e suas fraquezas. Aumentou a prática da previsão e do planejamento jornalístico. Está em funcionamento o Projeto de Seminários Internos com vistas à melhoria da capacidade técnica das equipes e à especialização dos profissionais. Houve avanços na rede nacional do jornal fora da sede, no rumo de uma cobertura cada vez mais profissional e menos circunscrita a São Paulo. O Orçamento da Redação está pronto e será implantado ainda no ano de 1986 (foi, de fato, em dezembro). Com ele, ocorrerá uma descentralização substancial do funcionamento administrativo da Redação e das decisões editoriais vinculadas a esse funcionamento."

O documento alerta para que se evite que esse desenvolvimento obtido no aspecto organizacional da Redação "se traduza em uma tendência para burocratizar o trabalho jornalístico". Há um apelo para que todos participem daqui para a frente de tarefas especificamente jornalísticas. A experiência da cobertura da base de Cachimbo demonstrou que o envolvimento das chefias da Redação no trabalho de apuração da notícia pode resultar em excelentes frutos. O último parágrafo do texto do projeto na sua mais recente versão concita os editores e outros ocupantes de cargos de chefia a redigirem habitualmente. Na gíria jocosa da Redação, tratava-se de um apelo à "revolução cultural", que não seria atendido pela maioria dos editores, como seria constatado no almoço mensal de fevereiro de 1987.

A "revolução cultural" colocou diante da direção um problema que volta e meia lhe é posto pelos próprios integrantes do chamado "núcleo dirigente" (editores e equivalentes): como exigir mais das pessoas que fazem parte desse núcleo? Não há contradição entre a atitude profissional que o projeto tenta implementar e a expectativa voluntarista que se tem desse grupo?

O diretor de Redação tem opinião firmada sobre o assunto: "Há uma distância entre o regime do amadorismo técnico e proselitismo político e o seu reverso. Alguém vai ter de cobrir essa distância. Alguém vai ter de fazer a ponte. O profissionalismo não surge por geração espontânea. Surge pelo esforço extraordinário de um grupo pequeno de pessoas que forma outras pessoas, adota uma atitude exemplar, corrige, cobra, critica, modifica, impede que se façam certas coisas; uma espécie de grupo que se substitui a uma situação que no futuro será mais socializada até se tornar uma consciência coletiva que dispensa a necessidade de qualquer controle ou programa".

Frias Filho costuma citar como exemplo jornais como o britânico *The Guardian*, onde os mecanismos de controle são mínimos e a qualidade jornalística é excelente, explicando que isso ocorre ali porque todos os que lá trabalham já dividem uma consciência de responsabilidade, de zelo diante do trabalho, cuidado na apuração dos fatos que torna prescindíveis tais mecanismos. Mas em situações como a brasileira, "há a necessidade de um grupo que chame a si uma tarefa gigantesca e condensada, na expectativa de que seja possível um dia dar o salto".

Em fevereiro de 1987, há um cálculo informal na direção de Redação da *Folha* de quantos jornalistas fecham totalmente com o projeto, pessoas que o compreendem integralmente e com quem a direção pode contar acima de dúvidas. As estimativas vão de 30 a 60, num total de 360. Esses jornalistas constituiriam o que se poderia considerar a "massa crítica" do projeto. Mas o "grupo que deve fazer a ponte", na expressão de Frias Filho, não chega a 12 pessoas. Por que não passar a missão de fazer a ponte a mais pessoas?

Frias Filho responde que há uma equação: ou se diminui o ritmo do processo pela desconcentração da tarefa ou se espera que a desconcentração ocorra como uma espécie de efeito secundário inevitável provocado pela aceleração do ritmo. Desconcentrar diminuiria o ritmo, dentro desse raciocínio, porque significaria um aumento na taxa de risco, já que mais pessoas menos treinadas estariam envolvidas na execução de tarefas prioritárias, inclusive a formação de quadros, ao passo que forçar o ritmo através da aceleração do trabalho do "grupo que faz a ponte" implicaria diminuir a margem de risco e aumentar a eficiência porque haveria menos pessoas cada vez mais adestradas para realizar tais tarefas prioritárias, inclusive a formação de quadros. Se a formação de quadros for mais bem-feita, mais rapidamente haverá mais pessoas bem treinadas para assumir as tarefas prioritárias e, assim, a desconcentração pode ser operada com menos riscos.

O único problema é que, ao acelerar o ritmo do "grupo que faz a ponte", a direção de Redação acaba perdendo alguns dos integrantes desse grupo, que não agüentam o empuxo e preferem desistir no meio do caminho. Em setembro de 1986, dois casos desses ocorreram. Todo o esforço despendido na formação desses dois quadros foi perdido antes que eles tivessem rendido para o projeto tudo que deles podia se esperar.

A decisão mais difícil é saber até onde é possível puxar a corda que essas pessoas sustentam sem que elas resolvam soltá-la. O alto grau de concentração resulta numa importância extraordinária que cada uma delas passa a ter para o sucesso mais ou menos rápido da implementação do projeto. Se, no que Frias Filho chama de "processo de seleção natural", duas ou três dessas pessoas desistem ao mesmo tempo, o projeto com certeza sofrerá um baque forte. Essa vulnerabilidade expõe o projeto a alto risco.

Há, ainda, a possibilidade de que o acúmulo de trabalho para um grupo restrito de pessoas aumente a taxa de chance de erro em lugar de diminuí-la, pois quanto maior o número de tarefas que um indivíduo só tem de executar, maior a chance de ele não acertar em pelo menos algumas delas.

A concentração de poder excessivo em poucas mãos também pode ser criticada do ponto de vista operacional. As decisões demoram mais a ser tomadas porque todas dependem do mesmo grupo. Há queixas na Redação contra a morosidade no processo de seleção de novos jornalistas e no despacho de muitos assuntos administrativos. Não que as pessoas que tocam o processo sejam lentas. Mas o acúmulo de tarefas é tamanho que é impossível desvencilhar-se delas com rapidez.

O projeto está, mesmo assim, em fevereiro de 1987, em fase adiantada de consolidação. Os avanços obtidos em menos de três anos foram maiores do que os que se poderia ter imaginado em maio de 1984. Um preço alto de desgaste e atrito foi pago. Os resultados parecem compensadores, como se verá no capítulo "O Leitor", em que o perfil do leitor revelará ampla satisfação do público no período com o produto final. Mais ainda resta muito a ser feito e é preciso encontrar a dosagem certa para que o "grupo que faz a ponte" possa concluí-la com êxito.

Neste ponto, transcorridos mil dias desde o início de sua implantação, já há evidências suficientes à disposição do pesquisador para que se faça uma avaliação dos resultados até aqui obtidos e das perspectivas para o futuro. A questão fundamental é: o projeto contribui para a melhoria do jornalismo praticado no país e para o aperfeiçoamento das relações sociais no Brasil ou não?

Em princípio, não há nada de "revolucionário" no que o projeto propõe. Ao contrário, pode-se dizer que a *Folha* retoma e revigora no Brasil princípios elementares de sustentação ideológica do jornalismo norte-americano, que funciona como um indiscutível modelo para o brasileiro. As noções de pluralismo e apartidarismo estão na base da ideologia jornalística dos EUA e, por extensão, do Brasil. Assumindo tais noções e tratando de implementá-las, a *Folha* expõe-se à crítica que muitos teóricos do jornalismo têm feito contra o que chamam de "ideologia burguesa do jornalismo".[74]

Embora o projeto se desvie da utilização do termo "objetividade" (o *Manual Geral da Redação* chega a afirmar que "não existe objetividade em jornalismo"), na verdade o que está em jogo é a velha questão da neutralidade da informação. O *Manual* pede que o jornalista procure ser "o mais objetivo possível" e o projeto, ao tratar do pluralismo e do apartidarismo, está em busca dessa máxima objetividade possível para o jornal.

Segundo Lucien Pye, um dos teóricos mais influentes da escola norte-americana de estudos de comunicação, "há uma hipótese básica sobre a qual se apóia toda a indústria moderna das comunicações: É a hipótese de que é possível e conveniente um relato objetivo e imparcial dos acontecimentos e de que o campo da política em toda sociedade pode ser melhor observado a partir de uma perspectiva neutra ou não partidária".[75]

A crítica que se faz a esse pressuposto tem nítida inspiração marxista. "O que para um imperialista é 'imparcialidade', para um revolucionário é cerceamento da consciência, cegueira artificial

74 Ver, por exemplo: Armand Mattelart e Seth Siegelaub, *Communication and Class Struhhle* (London: IMMRC, 1979); Jose Casasus, *Ideologia y Analisis de Medios de Comunicación* (Barcelona: Dopesa, 1972); Camilo Taufic, *Periodismo y Lucha de Clases* (Madrid: Akal, 1976); Diego Portales, *Poder Economico y Libertad de Expresión* (México: Ilet, 1981); Armand Mattelart, *La Comunicación Masiva en el Proceso de Liberación* (México: Siglo Veinteuno, 1978); Guillermo Sunkel, *El Mercurio – 10 Años de Educación Politico-Ideologica* (Santiago: Ilet, 1983).

75 Lucien Pye. *Evolución Politica y Comunicación de Masas* (Buenos Aires: Troguel, 1969), p. 104.

frente a uma realidade que não pode deixar de se refletir sem um pronunciamento contra seus males tão claramente visíveis. Essa contradição de conceitos afeta a milhões de leitores de jornais de todo o mundo."[76]

Há toda uma questão filosófica envolvida. É possível descrever o real? Qualquer descrição do real já não é uma deformação dele? Essa deformação quando favorece uma parcela da sociedade não é mascarada pelo manto ideológico da neutralidade para legitimá-la? É possível ao ser humano permanecer neutro perante os fatos de seu ambiente social?

Sem entrar na metafísica, há a crítica material segundo a qual "[...] a cosmovisão burguesa, seu reflexo 'objetivo' da realidade, é um reflexo falseado que capta os fatos e os relaciona entre si só de uma maneira parcial de modo que a imagem que se obtém significa a manutenção ou o aperfeiçoamento de sua ordem material e não a sua desapropriação".[77]

Não há dúvida de que a *Folha* é um jornal burguês. Também não pode haver grande discussão quanto ao fato de que o projeto do jornal se vale de uma lógica burguesa. Durante o período histórico brasileiro em que os interesses de parte da burguesia se associaram aos dos movimentos populares o jornal chegou a ser visto como um aliado desses movimentos.

No mesmo período histórico, a *Folha* chegou mesmo a ser instrumentalizada em situações específicas por alguns desses movimentos por meio de jornalistas com concepções políticas revolucionárias. Com a consolidação do sistema representativo (burguês), que coincidiu com o início do estabelecimento do projeto na Redação, as diferenças passaram a se tornar expressas novamente.

Muitas organizações e movimentos de esquerda que haviam se acostumado a ter a *Folha* como uma espécie de porta-voz de suas reivindicações inscreveram-se entre os primeiros críticos do projeto, seguindo a lógica do ataque à falsa objetividade jornalística e da distinção entre "liberdade de imprensa" e "liberdade de empresa".

76 C. Taufic, op. cit., p. 202.
77 Id., ibid., p. 204-5.

O projeto e o *Manual* não fazem a defesa da objetividade nos mesmos moldes da escola norte-americana tradicional, entre vários motivos, porque seus autores são pessoas que leram e absorveram a crítica marxista contra tal defesa. Não faria sentido para eles em 1984 prosseguir numa linha de raciocínio que já sofria contestação bem embasada havia pelo menos 20 anos.

A ideologia do apartidarismo defendido pelo projeto teria que se justificar por outros elementos. A lógica de mercado viria a ser base dessa argumentação. O pluralismo e o apartidarismo são necessários não porque eles representem uma objetividade eticamente desejável nem porque eles signifiquem que o jornal é capaz de representar o real sem deformações, mas apenas porque o público que consome o jornal é composto por pessoas com diferentes visões de mundo e como o jornal não pode prescindir de nenhum grupo significativo de seus leitores, deve representar cada um deles no noticiário e não discriminar nenhum.

A lógica não é ética nem política. É apenas mercadológica. O jornal não pretende falar em nome de toda a sociedade ou da "opinião pública", mas somente falar a todos os grupos que constituem o seu leitorado. Se, em decorrência disso, a sociedade melhorar, tanto melhor para todos.

Independentemente das convicções políticas que se possam ter e que irão definir o tipo de alinhamento teórico de cada um, é preciso avaliar se o projeto afinal contribui ou não para melhorar o jornalismo e a sociedade brasileira.

É claro que se um crítico assume a postura de que é possível a revolução hoje no Brasil e que são apenas os aparelhos ideológicos que a impedem ou retardam, a resposta possivelmente será não. Se, de outro modo, o observador entende que ainda há muito por se fazer numa estrutura social burguesa até que sejam obtidas melhores condições de organização dos trabalhadores para se tentar uma mudança social profunda, a resposta pode ser sim. Se o analista se posiciona contra qualquer reforma e deseja a manutenção da ordem estabelecida tal qual ela se apresenta, a resposta poderá ser a mesma que daria o revolucionário: não.

Para se definir se o projeto contribui para a melhoria do jornalismo e da sociedade brasileira, é preciso antes definir o que se entende por bom jornalismo e boa sociedade. É impossível medir o que pensa a maioria e nem mesmo é possível afirmar com certeza se o desejo da maioria expressa o que é melhor.

Mas poucos estudiosos da sociedade brasileira contemporânea discordariam, numa análise fria e racional, do pressuposto de que a maior parte da população brasileira hoje aceita os princípios de uma sociedade cujo modo de produção seja o capitalista e rejeita o modelo socialista de sociedade, embora possivelmente considere abusivas as situações de desníveis sociais observadas no país hoje e seja favorável à realização de reformas capazes de eliminá-las.

Dentro dessa perspectiva, que pode ser equivocada ou não, é que o problema deve ser colocado: o projeto contribui ou não para o processo de transformação da sociedade brasileira num país organizado no modo de produção capitalista, democrático e com menos injustiça?

Novamente aqui, a resposta é difícil de obter e sujeita a discussões. Deixados de lado os revolucionários, ainda assim há muitos observadores da sociedade brasileira que acham maléfica a noção de apartidarismo defendida pelo projeto e aplicada por ele. Ou a idéia de que o jornal precisa ser radicalmente crítico em relação a tudo.

Nas eleições para a Prefeitura de São Paulo em 1985, essa crítica contra a *Folha* se expressou com todo vigor. Um dos candidatos, o senador Fernando Henrique Cardoso, além de político sociólogo de reconhecidos méritos, é um dos colaboradores mais assíduos da *Folha* desde meados da década de 1970. A afinidade que existe entre sua linha de conceber a sociedade brasileira contemporânea e a do jornal sempre foi bastante nítida, embora uma não seja cópia carbono da outra.

Apesar dessa identidade ideológica irrefutável, a *Folha* não só não endossou a candidatura do sociólogo à Prefeitura como revelou em reportagens o uso indevido da máquina pública a seu favor e a criticou sempre que julgou necessário. O ressentimento do senador e dos seus aliados contra o jornal foi grande e indisfarçável. Em particular, devido à pergunta que o jornalista Boris Casoy, da *Folha*, lhe fez no último debate entre os candidatos na TV, considerada por alguns como uma das razões para a sua derrota diante de Jânio Quadros ("O senhor acredita em Deus?" foi a questão).

O episódio serviu de pretexto para uma polêmica entre o filósofo José Arthur Giannotti, outro colaborador próximo da *Folha*, e o jornalista Otavio Frias Filho, a respeito da essência do projeto, que acabou se tornando exemplar para a compreensão das divergências em torno dele.

Diria Giannotti: "Fala-se em jornalismo crítico: a liberdade de imprensa lhe asseguraria total amplitude de movimentos. Nesse sentido, o melhor profissional seria o cético, a duvidar de tudo e de todos, verdadeira metralhadora giratória sapando cada assertiva com uma dúvida bem dosada [...] Levada às últimas conseqüências, essa estratégia transforma a notícia no deslize. O que o jornalista procuraria fazer, no fundo, seria desclassificar o entrevistado, tentando mostrar a sua fraqueza e o outro lado da medalha [...] A liberdade da pergunta se torna assim arma de acuamento, a pior forma de autoritarismo [...] Não sejamos ingênuos: por trás do véu da liberdade de imprensa, a pergunta visava estrepar o outro, consistindo numa atitude eminentemente política daqueles que estão contra a política, que estão acima de todos os partidos e prontos a violar qualquer vida privada em nome de duvidosos interesses públicos [...] Quando o padrão da notícia é o deslize, o jornalista se converte numa ameaça à integridade do próprio acontecimento [...] Acredito muito mais numa imprensa cuja crítica faça emergir os diversos lados das coisas, que convive com a contradição e que a aceita numa boa, do que naquela que se mostra desvairadamente cética a fim de cobrir seu fundo niilista".

Em síntese, Giannotti argumentava que o jornalismo crítico deve ater-se a certos limites por razões tanto éticas como políticas e que o exercício da dúvida pressupõe áreas de certeza, sem as quais a dúvida se destrói a si mesma.

Responderia Otavio Frias Filho: "Com ênfases diferentes, o registro do deslize é a lógica que constituiu a notícia ao longo da tradição e que distingue a notícia da multidão de eventos diários ignorados pela imprensa. Na massa dos acontecimentos visíveis, o jornalismo seleciona aqueles que aparecem marcados pela surpresa, pelo erro, pelo contraste, pelo paradoxo – numa idéia, pelo deslize [...] O deslize que sensibiliza o leitor do jornal sensacionalista não é o mesmo que interessa o leitor do jornal 'sério'. Mas ambos, e receio que até mesmo o professor Giannotti, estão atrás de deslizes quando abrem o jornal pela manhã [...] Formulada a Eduardo Matarazzo Suplicy, a pergunta teria sido 'progressista', feita para Fernando Henrique Cardoso ela era 'reacionária'. Isso me parece o bastante para provar que o problema não estava na pergunta [...] Para a imprensa partidária, que explora o jornalismo como técnica de convencimento, o ponto de vista a adotar é o do militante. Para a imprensa apartidária, que explora o jornalismo como técnica de conhecimento, o ponto de vista a adotar é o do eleitor [...] Quais são os limites (da imprensa) afinal? É claro que eles não existem *a priori*; marcá-los depende de uma técnica de tentativa e erro e da jurisprudência que ela vai fixando [...] O jornalismo crítico deve funcionar como uma metralhadora giratória na expectativa de que esse procedimento permita explorar o terreno escuro da objetividade em todas as direções. Sabe-se que a objetividade é um resultado involuntário da atividade do pensamento. O saber objetivo são as ruínas daquilo que um dia foi o entrechoque ideológico. Nada disso assegura que o resultado seja 'imparcial', politicamente 'neutro' ou qualquer coisa do gênero. Ao contrário, a política editorial da *Folha* parte justamente desse pressuposto, que é ao mesmo tempo um problema: não existe neutralidade nem objetividade. O problema não se encerra com essa verificação, que hoje não passa de um lugar-comum: ele começa nela".

Giannotti daria a tréplica argumentando que Frias Filho errara ao afirmar que, sendo a atividade do jornalista uma técnica de conhecimento e sendo a objetividade resíduo de embates ideológicos, caberia a ele provocar o fato a fim de que ele revele sua verdade relativa. Frias Filho havia citado o exemplo do jornalista preocupado com o fato e não com o deslize e que, tendo recebido a missão de cobrir a inauguração de uma ponte, havia retornado à Redação sem a notícia porque a ponte explodira. Giannotti responderia com o mesmo exemplo: deveria o jornalista preocupado com o deslize e não com o fato, recebendo a missão de cobrir a inauguração de uma ponte, provocar a explosão da ponte para ter uma notícia mais sensacional?

Argumentaria ainda Giannotti: "O conhecimento está subordinado a certos interesses práticos [...] a certos valores, que orientam a escolha entre o que vale e o que não vale a pena conhecer [...] Conhecer por conhecer é simplesmente impossível, pois enquanto ato implica ação e escolha. Quando o ato de saber desconhece o caráter subjetivo de seu objeto, quando se dirige a um ser humano como se ele fosse coisa, destrói as regras coletivas e públicas em que ele se assenta. Quando se submete uma pessoa a um processo de conhecimento que a coisifica, por certo algum passo adiante pode ser dado, mas se põe em risco o próprio progresso da ciência em benefício da humanidade como um todo [...] Se se pretende instaurar uma democracia e um Estado de Direito, é absolutamente necessário que se preserve a inteireza dos cidadãos. A cidadania surge como princípio inalienável. A prática da democracia é o aprendizado da importância desses limites, enquanto a prática da notícia como deslize é a tentativa de destruir a individualidade alheia, ato absurdo de devoração do outro".

Na sua resposta, Frias Filho diria: "Não me parece que haja coisas que não valha a pena conhecer (como saber se ainda não se conhece?) e sim que há meios de obter conhecimento intoleráveis pela nossa cultura porque eles contradizem, para nós, a finalidade mesma do conhecimento, como no caso dos campos de concentração [...] Se estou convencido de que a liberdade de expressão está acima das normas já que ela representa a garantia de poder mudar todas elas [...] tenho de admitir que em nome da liberdade de expressão cada um pode propor o que bem entender ao juízo dos seus iguais. Mas vitoriosa uma proposta que suprima a liberdade de expressão, nem por isso desaparece o absoluto: desaparece, isso sim, o pressuposto de que as normas são para serem cumpridas e o direito absoluto de poder mudar todas as normas retorna então do plano delas mesmas para o plano da violência [...] A liberdade de expressão é o negativo de um desses limites [...] A imprensa deve aceitar, em nome desse negativo, que todos tenham o direito de advogar a sua supressão, mas não pode tolerar que tal supressão de fato ocorra". Frias Filho volta ao exemplo do repórter que vai cobrir a inauguração da ponte para dizer que, no caso da pergunta sobre Deus, a ponte entre o candidato e o eleitor já havia ido pelos ares quando um é ateu e o outro religioso e que, ao perguntar ao candidato ateu se ele acreditava em Deus, o jornalista apenas registrava fotograficamente a explosão. O final de sua argumentação é o seguinte: "Esta é uma sociedade onde todos os limites estão à espera de definição. Melhor haver excesso do que falta. Que a sociedade mesmo puna abusos por sua própria conta e risco: na forma capitalista, essa punição é sobretudo mercadológica, ao mesmo tempo que na forma democrática é sobretudo eleitoral. Assim como as regras de convivência não foram produzidas pelo cuidado abstrato de não ofender o outro, mas pela repressão social de ofensas cometidas, qualquer disciplina pública depende não da continência de cada força em conflito, mas da indisciplina delas todas, desde que se tenha a sorte de nenhuma conseguir domínio pleno sobre a outra".

O último artigo dessa série seria de Giannotti. Nele, argumentaria: "Não sou eu o redutor, muito pelo contrário, é a nova ideologia da *Folha*, enveredando pela análise de conteúdo. Como não se sabe exatamente o que seja o interesse público, Otavio Frias Filho conclui pela necessidade de forçar todos os limites [...] Não se sabe exatamente o que não e o que compensa investigar, donde ele retira a idéia duma razão absoluta a investigar o que lhe der na telha. Ora, o que eu estou pondo em xeque é precisamente o caráter absoluto de ambos os conceitos, meras ilusões a acobertarem interesses ideológicos. Ninguém sabe de que é constituído o interesse público? Mas quem diz que ele é constituído basicamente por algum conteúdo? Jamais em tempo algum será possível traçar com nitidez suas fronteiras, mas nem por isso o conceito deixa de ter emprego, pois importa a forma pela qual os indivíduos tecem relações sociais. É do interesse do público que vai ao estádio de futebol assistir a um bom jogo, sendo um absurdo que se lhe fosse apresentado outro de basquete [...] Ninguém pode prever o valor duma descoberta? Mas quem diz que ela se desprende dos caminhos que levam a ela? É banal lembrar a vinculação entre fato e teoria mas esse anarquismo metodológico 'otaviano' tão só oculta a passagem que ele faz da razão para a vontade. Com efeito, a indagação a respeito da fé do candidato nem é psicanalítica nem behaviorista, mas simplesmente janista. Não cabe tapar o sol com a peneira: o jornalista sabia o conteúdo da resposta; não estava, pois, interessado em fazer qualquer descoberta ou desdobrar uma interpretação muito menos informar seu público [...] A razão sem as peias do entendimento, sem as regras que permitem mapear o mundo, nada mais é do que a vontade no seu delírio. O jornalismo como técnica de conhecimento desregrado não é o leitor, não o leitor concreto, diversificado, tecendo relações sociais aqui e desmanchando-se acolá, mas aquele abstrato, reduzido àquela aresta mínima que chega à banca e paga alguns cruzeiros. Daí a idéia de que o jornalista se faz representante do leitor [...] Convém ir ao ponto: A *Folha* não pretende ser um jornal militante, engajado numa orientação filosófica, política, religiosa etc. Para evitar os erros do partidarismo, toma como lema a liberdade de imprensa como absoluto, a liberdade de colocar qualquer pergunta. Pressupõe que, graças a esse anarquismo metodológico, possa atingir a isenção. No entanto, seus jornalistas têm carne e osso, vão trabalhar com suas opiniões e posições. Para cada um a liberdade já está situada. O resultado é o jornal converter-se num saco de gatos [...] Em suma, está se transformando na tribuna de cada repórter, graças à ideologia da direção que pretende fazer do jornalismo conhecimento. Não acredito que convenha imitar certos diários que tudo penduram numa única linha de interpretação [...] A imprensa engajada se ajusta a uma dinâmica de poder. A *Folha* pretende liberar-se dessa clausura abrigando em seu seio todas as opiniões. Mas como não promove, a não ser esporadicamente como agora a fricção entre elas, como alimenta mais as rachaduras do que o conserto, transforma-se num mosaico de pensamentos justapostos. Se isso era essencial na época da abertura agora converte-se no adubo para este populismo renascendo por todos os lados da cena brasileira [...] Em vez de expressão de um poder engajado, a *Folha* se engaja sem querer".

Giannotti, na verdade, confunde um pouco os conceitos. O desejo da *Folha* de ser apartidária e pluralista não significa que ela deseja se tornar a tribuna de cada repórter. Ao contrário, quando esse artigo foi publicado, já havia um ano e meio que a direção de Redação era atacada por jornalistas da própria casa exatamente por se acharem impedidos de expressar suas opiniões em textos noticiosos. Não que essa ressalva venha invalidar a tese de Giannotti. Talvez até a reforce. Mas apenas para esclarecer: o pluralismo não quer dizer que cada um escreve o que quer, mas sim que, nos textos noticiosos, todos os lados de uma questão devem estar representados de forma equânime.

Giannotti pede que a *Folha* tome uma posição editorial anti-Jânio porque, para ele (Giannotti), Jânio Quadros representa um perigo para a sobrevivência e consolidação de um regime ato de saber, mas exclusivamente forma de poder. Tanto assim, que "o critério é sempre o resultado". E para o jornal o critério democrático do país. Mas o jornal não pode deixar de considerar que 27% de seus assinantes votaram em Jânio Quadros para prefeito e, portanto, provavelmente não compartilhavam da opinião de Giannotti. Um jornal numa sociedade de mercado deve tentar respeitar as opiniões de todo seu leitorado e não apenas da parcela que se identifica melhor com as convicções políticas de quem o dirige, sob pena de ser posto para fora do mercado.

Os limites de que Giannotti se queixa de a *Folha* não fixar ou respeitar eram o motivo central da crítica de jornalistas contra o projeto. Os limites existiam e estavam fixados pelo projeto. O problema é que eles não eram provavelmente os mesmos que Giannotti desejaria que fossem. No caso da eleição para prefeito, os limites para Giannotti deveriam ser os que não prejudicassem a candidatura de Fernando Henrique, enquanto para a direção da Redação da *Folha* eram os que não favorecessem a candidatura de qualquer um dos candidatos. A crítica da direção à cobertura das eleições municipais de 1985, por sinal, foi a de que o noticiário não conseguiu ficar suficientemente distante das três candidaturas principais, tendo se inclinado a favorecer a de Fernando Henrique Cardoso. Enquanto os observadores externos se queixavam da falta de limites, os internos se aborreciam com a flacidez na aplicação dos limites.

Giannotti discordava do "saco de gatos" quando ele já não mais existia na *Folha*. Enquanto isso, Fernando Henrique Cardoso se queixava de que a *Folha* transforma tudo em "farinha do mesmo saco", enxerga todos os gatos pardos e, assim, presta um desserviço à democracia, numa linha de raciocínio parecida com a de Giannotti e com conclusões quase idênticas: "Acho negativo porque parece que está tudo podre, está tudo ruim. Aí, dá no mesmo, são todos iguais, no fundo são todos farinha do mesmo saco [...] Você pode fazer crítica a todos, mas crítica no quê? Justamente para ter uma pseudo-igualdade, uma pseudo-independência, a *Folha* puxa um assunto que é menor como se tivesse o mesmo grau de gravidade de uma coisa maior. Ao fazer isso, não ajuda o processo democrático e se exime do julgamento da verdade, fica acima do bem e do mal, acusando como Deus: 'pecou, pecou, pecou'. Podia, pelo menos, distinguir o que é pecado venial e o que é pecado mortal. Eu acho que há uma busca da imagem de independência, de isenção e essa isenção se transforma no seu oposto: todos os gatos são pardos. Eu acho que o leitor pode tirar só uma conclusão: é tudo patife, um bando de malandros. E se é tudo um bando de malandros, dá no mesmo colocar um fascista, um caudilho, um democrata. Dá no mesmo: todos lá no fundo estão se preparando para a comilança".

Se a postura apartidária, pluralista e crítica em relação a todos os lados ajuda ou não a construir a democracia e a melhorar o jornalismo, fica uma questão em aberto. Se os resultados de mercado têm alguma significação, a resposta por enquanto é que o público acha que sim, desde que se parta do princípio de que ele deseja a democracia e tenta escolher o melhor para si. Mas a maioria nem sempre está certa e é difícil definir o que é certo ou errado.

É muito mais fácil delimitar o que é acerto ou erro jornalístico, pois a importância posterior dos assuntos melhor ou pior tratados por um veículo que lhe deu maior ou menor atenção irá dizer quem acertou e quem errou, embora seja possível argumentar que a importância de um assunto também é sempre dada pelo público através de sua maioria e nem sempre a maioria do público está correta.

A arrogância com que a *Folha* se agarra a alguns assuntos, que às vezes a consagra, outras vezes a leva a equívocos, como o de ter ignorado, em novembro de 1985, o discurso que o candidato à presidência da República Tancredo Neves fizera na cidade de Vitória (ES), onde se cunhou pela primeira vez a expressão "Nova República" (que a *Folha* sempre grafaria entre aspas). Eu, como secretário de Redação, fui avisado do discurso, um assessor do candidato me alertou para a importância simbólica da expressão que estava sendo lançada, mas nós decidimos abrir manchete para as repercussões de uma proposta editorial da própria *Folha* que pedia diretas logo após a posse.

O mesmo jornal cujo diretor ataca impiedosamente Giannotti por querer estabelecer limites éticos à liberdade de imprensa resvala um sem-número de vezes o moralismo mais ostensivo, ao abrir colunas às vezes exageradas para pouco comprovados deslizes éticos de pequena importância.

Em junho de 1986, por exemplo, quando o presidente Sarney voltou de viagem à Europa e Cabo Verde, a *Folha* deu com destaque informação nunca suficientemente comprovada de que um dos aviões da comitiva havia feito duas viagens para trazer presentes dos integrantes do grupo que acompanhava o presidente. Os casos de moralismo udenista na *Folha* são freqüentes e não raro indisfarçavelmente despropositados.

A avaliação mais dura que o projeto recebe, no entanto, talvez não seja a que lhe é dirigida pelos críticos externos (os pensadores revolucionários ou os observadores inconformados com o não-engajamento do jornal às suas causas ou os analistas que acham que a postura editorial do jornal está descolada da realidade brasileira ou contribui para o crescimento da direita). Nem os ataques que partem de jornalistas que condenam a maneira como o projeto é implementado. Os mais rigorosos na avaliação do projeto são os próprios responsáveis pela sua aplicação. Claro, trata-se de uma crítica "à esquerda", ou seja, não é uma crítica que questiona os pressupostos do projeto, mas que demonstra insatisfação pela pouca velocidade de sua aplicação ou pelos defeitos observados em seus resultados finais.

Por exemplo, apesar do didatismo ser um dos pontos básicos do projeto, a *Folha* está, em fevereiro de 1987, longe de ser um jornal claro para o leitor. A maior parte dos textos, em especial os que tratam de questões legislativas na política, financeiras na economia ou políticas no exterior, mas também os que falam de assuntos específicos em cidades (saúde, urbanismo etc.) ou educação (ciência), é incompreensível para a média do leitorado. O documento diário de crítica da Secretaria de Redação relembra sempre que textos apresentaram maiores problemas de falta de didatismo. Mas esse é um ponto em que os avanços são mínimos.

Outra dimensão em que há progressos pequenos é a de serviço. Embora muitas seções novas tenham sido criadas na linha de ajudar o leitor a se locomover em seu cotidiano, em geral é um trabalho ruim, feito às pressas, não raro com erro de informação, feito pelos jornalistas com má vontade, como se fosse uma tarefa menor.

Quanto ao aspecto crítico, a queixa é oposta à externa que se viu acima. O jornal ainda não é suficientemente crítico, na avaliação de seus responsáveis. Ou, pelo menos, não é suficientemente crítico com igual vigor em relação a todas as forças que atuam na sociedade.

O pluralismo e o apartidarismo também estão aquém do que desejaria a direção. Ainda são freqüentes, embora em grau menor do que o registrado há alguns anos, os textos em que um dos lados está claramente privilegiado ou, pior, em que um dos lados simplesmente não está ouvindo.

A modernidade, passados quase três anos da adoção do projeto, também depende de espasmos de criatividade individual que por vezes acometem um ou outro editor. No geral, a pauta é burocrática, os temas heterodoxos são pouco freqüentes nas páginas do jornal, o tratamento dado aos temas é conservador.

Uma das razões para a demora na aplicação do projeto e os resultados ruins até aqui alcançados é a alta rotatividade na Redação. Não há tempo hábil para formar quadros. Os que têm a missão de formá-los perdem a noção de quando estão sendo repetitivos para quem já os ouviu dezenas de vezes e quando estão sendo apressados para quem os está ouvindo pela primeira vez. As platéias rodam e são inconstantes.

Além disso, está havendo uma evidente deficiência de comunicação entre direção e bases, provavelmente creditável à incapacidade dos escalões médios de retransmitirem valores, idéias e instruções a seus subordinados. Muitas vezes os dirigentes da Redação têm a sensação de estar pregando ao deserto, pois percebem que um fosso conceitual os separa da base da Redação.

Essas dificuldades – rotatividade e má disseminação dos valores do projeto – são um risco sério à preservação das idéias que embasam a atual administração da *Folha*. É necessário achar fórmulas para superá-las, sob o risco de todo o esforço até aqui empregado ter sido desperdiçado.

Uma das soluções pode estar na melhoria dos sistemas de captação dos jornalistas que vão trabalhar na *Folha*. Nesse sentido, o seminário para recém-formados que já se realiza há três anos pode ser uma das opções. Outra pode ser a de procurar maneiras capazes de segurar o jornalista que interessa à direção manter.

Melhores salários já estão sendo oferecidos, mas deve haver outros atrativos capazes de impedir a saída dos que não se quer que saiam.

Outro obstáculo de vulto que o projeto enfrentará nos anos futuros reside na contradição que há entre uma Redação que se pretende e de quem se exige comportamento do primeiro mundo inserida numa estrutura empresarial que, em muitos aspectos, é típica de terceiro mundo. Embora a primeira fase da administração Frias tenha sido dedicada ao saneamento econômico, financeiro e administrativo e ao aparelhamento tecnológico da empresa, não se investiu nela tanto quanto na Redação nos últimos anos, nem se implementou nela uma atitude moderna como na Redação.

Frias Filho acha que "em qualquer organização é normal que haja uma fase em que um setor experimente problemas que depois serão sentidos pelos outros. É o efeito-antecipação. Se a empresa tiver sucesso, no futuro todas as áreas acabarão se modificando".

O atraso relativo de outras áreas em muitos momentos emperra o bom desempenho da Redação. Textos são perdidos ou entregues com atraso pelo protocolo, pesquisas de opinião pública se perdem entre uma sucursal e a sede, desgastes desnecessários são provocados por ineficiência da administração, o Banco de Dados não tem material indispensável para a execução do trabalho de edição ou produção jornalística em especial no que se refere a fotos, não há uma área de recursos humanos capaz de fornecer soluções adequadas para os problemas de seleção e treinamento de pessoal. Apenas a Redação, a Publicidade e a Circulação podem ser consideradas como setores em que o espírito de gerenciamento moderno e aplicação de normas e padrões de qualidade estão presentes e obtêm algum grau de êxito.

Dentro de uma lógica empresarial, provavelmente teria sido mais sensato primeiro estruturar todas as condições de infraestrutura necessárias para o melhor desempenho possível da Redação (protocolo, transporte, Banco de Dados, serviços comuns, recursos humanos, pessoal etc.) para só então investir pesadamente na Redação. Frias Filho concorda que "teria sido mais lógico" se tivesse sido desse modo, "mas as coisas não se passaram assim porque a área de Redação é muito sensível, é capaz de potencializar rapidamente muitos estímulos; ela é a face política da empresa mais exposta ao público; o investimento na Redação reverte com maior rapidez, o lucro é mais rápido e vem junto com um retorno de prestígio público muito grande".

Ainda há o fato de que sempre houve limitação nos recursos para investimentos. A empresa que edita a *Folha* é exemplarmente saudável do ponto de vista econômico e financeiro. Apresenta absoluta liquidez. Dá lucro como poucas no setor da comunicação. Não deve nada a ninguém. Por todos esses motivos, permite que a Redação atue com independência editorial difícil de se encontrar na imprensa brasileira. Mas sua história não registra fartura de recursos para grandes investimentos em todos os setores ao mesmo tempo. A sensibilidade e a intuição de seus proprietários os levaram a escolher em cada momento da vida da empresa quais as áreas que se beneficiariam com investimentos. Nos últimos três anos, a Redação tem estado entre tais áreas. Ao mesmo tempo, ela sofre as conseqüências da impossibilidade de se investir ao mesmo tempo em outros setores.

Os jornalistas da *Folha* ouvem com freqüência nas reuniões periódicas das equipes que as condições de trabalho no jornal são provavelmente mais difíceis do que em outros veículos de comunicação. Os secretários de Redação e editores repetem sempre, diante dos lamentos dos jornalistas, que as condições dadas na *Folha* são estas: ganha-se um salário hoje superior ao pago pelos outros jornais diários, desfruta-se liberdade editorial sem similar na imprensa contemporânea deste país, participa-se de um projeto jornalístico de envergadura, adquire-se prestígio profissional pessoal, mas paga-se o ônus das dificuldades de infra-estrutura, das exigências redobradas, da cobrança dura, do ritmo mais acelerado, das padronizações obrigatórias.

É claro que o "Projeto *Folha*" seria implantado com muito menos dificuldades e desgaste se o caminho tivesse sido antes aplainado por uma situação de infra-estrutura exemplar. Teria sido talvez melhor se a empresa pudesse dispor de seguranças educados e elegantes, motoristas prestimosos e eficientes, protocolo rápido e seguro, arquivo informatizado, contínuos de bom nível, elevadores conservados etc. Mas, como se diz nas reuniões de equipes do jornal, "essas são as condições dadas". Há que se constatar que as condições todas eram, na média, muito piores há três anos e tudo leva a crer que, se o sucesso do jornal se mantiver constante nos próximos anos, serão bem melhores no futuro.

Uma última observação sobre as perspectivas do futuro do projeto deve ser feita. É sobre a relação de amor/ódio que o jornal tem cultivado com o seu leitor. Em todos os sentidos, trata-se de uma postura que só pode ser positiva em termos tanto de mercado como de influência política. Um veículo de comunicação que seja apenas benquisto pela sua audiência, acaba se tornando desinteressante, monótono, previsível. A relação amor/ódio é muito mais provocante, recompensadora e condizente com um público sofisticado e crítico.

O tipo de atitude que o leitor de Paulo Francis tem diante de seus textos é quase o que se almeja para toda a *Folha*. Muitas pessoas detestam Francis com toda a força, mas não conseguem deixar de ler o que ele escreve. Ou, então, o leitor odeia a "Ilustrada" mas adora a coluna de Cláudio Abramo. O fundamental é que o leitor não sinta indiferença diante do jornal.

Como outras técnicas, esta também é arriscada. O sociólogo Marcelo Coelho, integrante do Conselho Editorial, produziu um texto crítico sobre a "Ilustrada" em abril de 1986 que, em muitos aspectos, serve como diagnóstico para todo o jornal. Diz ele: "Sem dúvida, a 'Ilustrada' é irritante – no sentido de, a cada dia, impor modas e reações que o leitor, para se sentir atualizado, parece obrigado a absorver sem saber exatamente por que e desconfiando que as pessoas da 'Ilustrada' também não sabem por que [...] As qualidades maiores da 'Ilustrada' são a de dispor de uma agressividade editorial muito grande [...] e de não se incomodar em insistir num assunto, impô-lo como uma moda, quando ele realmente vale a pena [...] Essa liderança é o que a 'Ilustrada' tem de melhor. Ao mesmo tempo, desconfio que seja um pouco isso o que irrita o leitor; é uma liderança que às vezes se torna arbitrária, da conquista do prestígio passa muitas vezes para a provocação. Tenho medo que a 'Ilustrada' esteja 'queimada' para boa parte de um público crítico que, apesar de lê-la, não a respeita minimamente".

É muito parecido o caso da "Ilustrada", conforme o diagnóstico de Coelho, com o da *Folha* como um todo na sua fase pós-projeto. Sua maior qualidade possivelmente é a agressividade editorial que lhe propicia um papel inegável de liderança. Mas essa liderança, que resvala para a provocação ao leitor muitas vezes intencional, pode acabar passando dos limites. O leitor deve amar/odiar o jornal. Mas não pode só odiar. A *Folha* tem arrostado a opinião pública seguidamente. Não há melhores exemplos que as coberturas da doença e morte de Tancredo Neves e da Copa do Mundo de Futebol de 1986.

Tudo indica que em nenhum dos dois casos os limites tenham sido ultrapassados. Mas as decisões de cada dia são sempre muito arriscadas. Não se pode cair na vala comum do jornalismo previsível, bem-comportado, linear e conciliador. Mas não se pode atirar o jornal na agressividade excessiva contra o seu leitor.

Publicar ou não na primeira página a foto das modelos nuas na Feira de Utilidades Domésticas, desobedecer ou não a lei publicando a foto proibida do julgamento de Lindomar Castilho, dar ou não a manchete "Médicos esfriam Tancredo", denunciar ou não as artimanhas dos dirigentes da seleção brasileira de futebol para ganhar as simpatias dos juízes de seus jogos, afrontar ou não os leitores conservadores e católicos na defesa do filme *Ave Maria* de Godard, molestar ou não os leitores que se consideram progressistas dando a Paulo Maluf ou Jânio Quadros o direito de ter seus pontos de vista divulgados no jornal. São decisões que diariamente devem ser tomadas e que podem fazer com que, dependendo da palavra escolhida, da foto selecionada, do tom do texto, do destaque dado ao título, se desequilibre a tênue relação amor/ódio que o jornal precisa manter com o leitor para ser ao mesmo tempo respeitado e desafiante.

É difícil saber se a adoção de um projeto como o da *Folha* seria viável em outro jornal. Ou se seria útil para qualquer meio de comunicação a não ser a própria *Folha*. As circunstâncias históricas que envolveram todo o processo são tão peculiares que provavelmente não seria possível repetir a fórmula em qualquer outra conjuntura.

Mesmo assim, a experiência de colocar com clareza no papel as idéias e conceitos que norteiam a linha editorial de um veículo não pode ser prejudicial a nenhum, a não ser quando seus objetivos sejam inconfessáveis. Para quem trabalha num jornal, é muito mais fácil seguir diretrizes quando elas podem ser lidas, refletidas, discutidas, consultadas. Para o leitor, quando se decide divulgá-las, serve como uma espécie de vínculo de cumplicidade ou co-responsabilidade que deve aumentar o grau de envolvimento de um com o outro.

Se não tivesse nenhum outro mérito, o "Projeto *Folha*" já teria deixado uma importante contribuição para o jornalismo brasileiro pelo simples fato de ter ajudado a demonstrar que a transparência do jornal para seus jornalistas e leitores não representa qualquer ameaça para ele. Ao contrário, pode render-lhe prestígio e crescimento.

O *MANUAL*

O *Manual Geral da Redação* da *Folha* tem a função de definir o método e os procedimentos práticos que sua direção considera apropriados para atingir os objetivos especificados pelo projeto.

Como as premissas do projeto, também o *Manual* nada tem de inovador em si. A imprensa brasileira assimilou do jornalismo norte-americano o hábito de utilizá-los, como lembra José Marques de Melo.[78] "Seu aparecimento precoce ocorre em Pernambuco, no fim da década de 1920. O jovem jornalista Gilberto Freyre, recém-chegado dos Estados Unidos, lança uma cruzada contra o preciosismo jornalístico. E implanta no Recife uma *style-sheet* aculturada. Como diretor de *A Província*, ele concita seus redatores a escreverem com naturalidade e simplicidade, estabelecendo um 'código de redação': passariam a ser *multados* [grifo original] aqueles que chamassem pai, genitor; recém-nascido, interessante petiz; bispo, respeitável prelado; e assim por diante".[79]

A experiência de Freyre durou pouco. O jornalista artesanal e a tradição de *laissez-faire* vigente nas Redações o derrotariam, como a outras tentativas de implementação de um modelo mais organizado e contido de jornalismo em outras partes do país e em outros tempos.

Depois de Freyre, dois outros jornalistas famosos fariam tentativas históricas de introdução de manuais, ambos no Rio de Janeiro e na década de 1950: Pompeu de Souza, no *Diário Carioca*, e Carlos Lacerda, na *Tribuna da Imprensa*.

O manual da "Tribuna da Imprensa" iria se preocupar basicamente com os mesmos problemas de que Freyre havia se ocu-

78 José Marques de Melo, "Um Auto-retrato Fragmentado, Que Perdeu a Nitidez", em: *Folha de S.Paulo*, 29/9/1984, p. 24.
79 Id., ibid.

pado 30 anos antes: a busca de uma linguagem mais simples e direta no texto jornalístico e a eliminação de chavões e lugares-comuns. Stefan Baciu, em sua memória pessoal da *Tribuna da Imprensa*, recorda como o estilo recomendado por Lacerda insistia no abandono a que deveriam ser condenadas frases como "voraz incêndio", "feroz leão" ou "pequena multidão".[80] Engajada nas campanhas políticas de Lacerda, a *Tribuna da Imprensa* funcionaria no entanto mais como um agente social importante no cenário brasileiro dos anos 50 do que como modelo de estilo jornalístico sob o ponto de vista técnico.

Esse papel foi exercido pelo *Diário Carioca*, de Pompeu de Souza. O jornal passou por uma reforma estrutural no início dos anos 50 e esteve entre os primeiros a tentar racionalizar o processo de produção da notícia neste país. Mais uma vez, o padrão adotado foi o do jornalismo norte-americano e a introdução do manual, uma das armas com que seus dirigentes contaram para impor as mudanças tidas como necessárias. Nelson Werneck Sodré acha que no *Diário Carioca* se realizou o "esforço pioneiro de reforma na técnica de apresentação de notícias entre nós".[81] José Marques de Melo afirma que o manual do *Diário Carioca* ensina o jornalista a escrever segundo um modelo que corresponde à personalidade adotada pela empresa ou pelo veículo. Sua condição de assalariado, partícipe de uma estrutura de produção coletiva, o conduz a observar as normas da casa.[82]

Melo diz que "as empresas jornalísticas brasileiras possuidoras de normas de redação reproduziam a matriz do *Diário Carioca*, circunscrevendo-se a questões estilísticas ou a procedimentos operacionais".[83] A ausência de uma empresa vigorosa economicamente que desse sustentação ao seu projeto pôs fim à experiência do *Diário Carioca* em 1965, apesar de ter sido esse um dos jornais mais vendidos no país na década de 1950, chegando a uma circulação paga de 45 mil exemplares por dia.[84]

80 Stefan Baciu. *Lavradio, 98* (Rio de Janeiro: Nova Fronteira, 1982), p. 98.

81 Nelson Werneck Sodré, *História da Imprensa no Brasil* (Rio de Janeiro: Graal, 1977), p. 453.

82 J. M. Melo, op. cit.

83 Id., ibid.

84 N. W. Sodré, op. cit., p. 453.

Uma notável exceção entre os jornais que adotaram manuais é a *Folha* sob a gestão de José Nabantino Ramos entre 1945 e 1962. Nabantino ultrapassou os limites de estilo e da operação em suas "Normas de Trabalho" e obedeceu a um modelo autônomo, como sua própria descrição relata: "Quando, em março de 1945, assumi a direção desses jornais, de jornalismo eu somente sabia o que sabem os leitores. Tive, porém, a boa idéia de reunir diariamente e durante anos a fio os chefes de serviço, para discutir os problemas do dia e apropriar-me rapidamente da experiência que tinham. Ao mesmo tempo devorava toda a literatura estrangeira que havia sobre o assunto. Dessa associação da prática com a teoria, começaram a nascer ordens de serviço esparsas, que se avolumaram no decorrer do tempo, ao ponto de exigirem, para fácil manuseio e bom entendimento, que se reunissem em volume. Editamos, então, em 1959, as 'Normas de Trabalho da Divisão de Redação para a elaboração da *Folha da Manhã*, da *Folha da Tarde* e da *Folha da Noite*', inserindo, sinceramente, entre parênteses, na capa do volume de 275 páginas, que se tratava de 'texto provisório, destinado a execução experimental'. A experiência gerara o livro e o livro voltaria a ser testado pela experiência. Tudo deu certo. A elaboração das 'Folhas' [...] ganhou em eficiência e segurança à proporção que era disciplinada por 'Normas de Trabalho' escritas".[85]

As "Normas" eram constituídas por 69 verbetes que chegavam a avançar questões filosóficas e de política editorial, mas apenas timidamente. Por isso, apesar de as "Normas" de Nabantino terem sido um precursor do manual, está certo José Marques de Melo quando afirma: "Lançando seu *Manual Geral da Redação*, a *Folha* avança qualitativamente, pois ultrapassa o universo meramente lingüístico ou gramatical. Abrange a esfera ético-profissional, assumindo uma identidade jornalística, enunciando uma política editorial. Ao revelar a concepção de jornalismo que pratica, a *Folha* familiariza seus empregados e colaboradores com a sistemática de apreensão do real e com os mecanismos que utiliza para projetar o cotidiano".[86]

85 J. N. Ramos, op. cit., p. 14.
86 J. M. Melo, op. cit.

O *Manual Geral da Redação* recebeu três tipos de críticas: técnicas, políticas e de aplicação. As técnicas se concentraram basicamente em dois pontos: sua forma de organização e o excesso de verbalização.

Décio Pignatari, por exemplo, diz que "a verbetização indiscriminada em ordem alfabética [...] aparenta instituir uma ordem, mas por cobrir os mais variados assuntos em ordem arbitrária, instaura o caos, transformando a obra mais num dicionário do que num manual [...] Com efeito, que sentido de ordenação pode ter o alinhamento alfabético de verbetes como: Intertítulo/Intervir/Investigação jornalística/Ironia?".[87]

José Marques de Melo ataca o mesmo ponto: "[...] esse autoretrato perde a nitidez pela forma de apresentação. Recorrendo a verbetes dispostos por ordem alfabética, o texto perde a eficácia didática. Serve como fonte de consulta para tirar dúvidas, precisar conceitos, ilustrar operações técnicas. Nunca como roteiro para orientar o aprendizado dos novos ou para dirimir as controvérsias dos já engajados. A inovação conteudística do *Manual* fica prejudicada pela atomização dos conceitos e noções que reúne. É preciso um trabalho paciente de pinçagem dos verbetes que encerram articulações estruturais ou conexões de significado para identificar o perfil do jornal".

As reuniões realizadas na Redação para avaliar o *Manual* logo após sua edição também apontaram o mesmo problema. Em todas as editorias, a crítica mais presente e intensa era quanto à organização dos temas. A prática do dia-a-dia na Redação veio confirmar que a consulta ao *Manual* é difícil. Na pressão do fechamento, o jornalista que quer consultar o *Manual* fica em dúvida sobre qual verbete procurar. Não raro, é obrigado a buscar vários deles até esclarecer a dúvida que tem.

Tanto Pignatari como Melo sugeriram que uma próxima edição dividisse os verbetes por temas para facilitar a consulta. Das reuniões com as editorias, saiu a idéia de que um bom índice remissivo fosse acoplado ao *Manual* para fazer com que o jornalista que buscasse a resolução de sua dúvida no verbete errado fosse imediatamente remetido para o correto. Ambas as propos-

87 João Aloísio Lopes, "Folha de Valores" (São Paulo, mimeo., 1987), fls. 8.

tas acabaram sendo acolhidas pela direção de Redação, já que a segunda edição do *Manual*, revista e ampliada, que entrou em circulação em janeiro de 1988, teria tanto o índice remissivo como a divisão dos verbetes por grupos temáticos.

Quanto à excessiva verbalização, outra crítica técnica desferida contra o *Manual*, a segunda edição não satisfez os descontentes. O novo *Manual* seria cerca de sete vezes maior que o primeiro. Os verbetes não seriam menores do que na primeira edição.

Paulo Francis, confrontado com a primeira edição do *Manual*, reagiu assim: "O *Manual* é longo em teoria e relativamente curto em propostas práticas". Décio Pignatari, por sua vez, disse: "[...] acho pouco prático despender 11 linhas para definir o que é '-bandeira' numa página de jornal ou nove linhas para dizer o que é um 'bigode', ou dez para esclarecer o que é um 'box' [...] O remédio corretivo me parece ser o de reproduzir miniaturas do jornal, em página inteira, ou em parte de página, com chamadas marginais explicativas [...] Sem prejuízo de verbete propriamente dito, que necessitaria de uma redação mais sucinta".

Quanto às críticas políticas, elas seguem a linha dos que atacam o projeto. Os verbetes que dão substância material à orientação do projeto na direção do apartidarismo e do pluralismo e os que definem a linha editorial do jornal em seus conceitos mais amplos são acusados de disfarçarem ideologicamente os interesses das classes dominantes e da empresa jornalística.

João Aloísio Lopes, em seu ensaio crítico sobre o *Manual*, faz esse tipo de observação quando encontra o que ele chama de "inconsistências por dogmatismo" nos seus verbetes. "Dogmatismo, como quando se toma por norma válida para toda a sociedade [...] a que o é para um dos segmentos (o dos proprietários dos meios de produção). No verbete 'Liberdade de imprensa', relaciona-se indevidamente a liberdade de informar e opinar da empresa jornalística, que existe de direito e de fato, com a liberdade do leitor de ter acesso às informações e opiniões, que só existe de direito. Relação indevida pois no verbete se pretende fundamentar a primeira pela segunda, fazendo-se decorrer o que de fato existe (a liberdade da empresa) do que de fato não existe (a liberdade do leitor). Em sociedades onde prevalecem os monopólios na indústria da informação é difícil conceber o exercício da liberdade do leitor. Como no Brasil, onde o leitor não tem alternativas para obter informações de fontes que lhe pareçam mais confiáveis".[88]

O *Manual* é acusado de não se colocar diante de questões políticas e, em vez disso, procurar "reforçar a posição do jornal quanto à sua liberdade de selecionar e editar o que vai ser publicado, por um mandato que lhe delegaria o leitor no simples ato de comprá-lo. Mas pelas mesmas razões, se o leitor/consumidor não tem alternativas de mercado, não haveria como extrapolar suas necessidades de informação e atribuir ao seu ato de compra a mais remota intenção de legitimar a liberdade de imprensa".[89]

É curioso que esse tipo de argumentação (o leitor compra a *Folha* porque não tem alternativa de mercado) parte de setores políticos que não conseguem dar sustentação a projetos jornalísticos supostamente mais afinados com suas próprias posições diante dos problemas sociais. O exemplo mais recente ocorreu durante o segundo semestre de 1986, quando o jornal diário *Retrato do Brasil*, que os críticos da *Folha* deveriam considerar modelo de jornalismo (partidário, engajado no auxílio a causas "progressistas", presumivelmente democrático na organização interna de redação, emotivo, vinculado aos supostos interesses do leitor), não sobreviveu mais do que algumas semanas e jamais conseguiu vender mais do que dez mil exemplares.

O *Manual* também é atacado na linha filosófica que José Arthur Giannotti utiliza em suas críticas ao projeto (ver capítulo anterior): "Dogmatismo, quando definem como princípio válido de conduta procedimentos que desrespeitam ou podem desrespeitar outras pessoas. Em nome da subordinação de tudo, o próprio e o alheio, à profissão. Como no uso do telefone, franqueado ao jornalista sem levar-se em conta o direito ao silêncio ou à privacidade dos cidadãos, ou na disposição de 'publicar tudo' em nome do público mas a critério exclusivo da direção do jornal. Neste caso, tanto é discutível a noção subjacente que privilegia o interesse jornalístico sobre o indivíduo, quanto a que privilegia os direitos do jornalista e do jornal sobre os dos cidadãos, quanto,

88 Id., ibid.
89 Id., ibid.

ainda, a que privilegia os direitos da direção sobre os jornalistas e as notícias".[90]

Embora o *Manual Geral da Redação* tenha sido colocado no mercado editorial como um livro acessível a quem quisesse adquiri-lo e se convertido num sucesso de vendas (em apenas um ano vendeu 17.398 cópias, o que basta para colocá-lo como a obra sobre jornalismo mais vendida na história deste país), a polêmica em torno dele foi mais intensa entre o público interno do que entre o externo.

Os leitores se manifestam por vezes expressando estranheza quanto a alguns dos procedimentos recomendados pelo *Manual*, como a identificação dos personagens da notícia com sua idade, ou a dispensa do tratamento "dona" para mulheres (houve uma carta indignada de leitor logo após a Páscoa de 1985, quando a *Folha* noticiou o comovido discurso de Risoleta Neves aos jornalistas na capela do Instituto do Coração em São Paulo, durante a agonia de seu marido Tancredo Neves, considerando ofensivo à honra da mulher do presidente eleito ser tratada apenas de Risoleta).

Embora sem mostrar dados objetivos (mesmo porque eles são impossíveis de obter), Margarita Londoño afirma que "o público em certos momentos pretende que a *Folha* saia destes procedimentos (os do *Manual*), que seja mais flexível e o jornal não cede a estas pressões, o que finalmente acaba causando algum mal-estar expressado nas cartas dos leitores e talvez no cancelamento de algumas assinaturas".[91]

É mais provável que os leitores se queixem da postura editorial consubstanciada no projeto do que das regras que traduzem essa postura na prática consubstanciada no *Manual*. Mas essa é uma questão formal. Como se viu no capítulo anterior e se verá melhor no capítulo "O Leitor", não há dúvidas de que o jornal entre maio de 1984 e fevereiro de 1987 causou incômodos a uma parcela de seus leitores.

O *Manual* causou incômodos muito maiores aos jornalistas. Deles partiu o conjunto de críticas mais pesadas contra o trabalho,

90 Id., ibid., fls. 17.
91 M. Londoño, op. cit., p. 114.

em especial devido à forma como se deu a aplicação das normas nele contidas, considerada muito dura, autoritária.

O *Manual Geral da Redação* foi longamente preparado durante a gestão Boris Casoy. Foi dele quem partiu a iniciativa de elaborá-lo. Contou com a participação decisiva do jornalista José Silveira, à época diretor da sucursal do Rio de Janeiro. Foi revisto e finalizado já sob a direção de Redação comandada por Otavio Frias Filho. Entrou em vigor em outubro de 1985. Foi discutido em cada equipe de jornalistas. As críticas foram colecionadas num dossiê que passou a ser examinado a partir de março de 1985 por uma comissão nomeada para rever o *Manual* e elaborar sua segunda edição, com vigência a partir de janeiro de 1988.

Ao longo desse período da primeira edição, ele tem sido freqüentemente emendado por comunicados internos que anulam, ampliam ou acrescentam verbetes, conforme as necessidades específicas de cada caso.

A primeira reação da equipe de jornalistas ao *Manual* se deu por ter sido ele visto como "uma camisa de força para a Redação", numa definição obtida por Margarita Londoño.[92] Assim que cada jornalista recebeu uma cópia do livro e teve 30 dias para adaptar-se a ele antes que entrasse em vigor, houve uma clara compreensão de que os tempos do *laissez-faire* poderiam estar terminando. Mas também deve ter havido a impressão de que, como quase sempre nas Redações brasileiras, o *Manual* viria como uma simples formalidade e que, passadas algumas semanas, todos poderiam estar escrevendo de novo como bem entendessem. O que gerou conflito na Redação foi a determinação de fazer cumprir as normas do *Manual* a qualquer custo.

O repórter especial Ricardo Kotscho diria: "A dificuldade em uniformizar-se de acordo com o *Manual* não é tão grande para quem está chegando, mas é muito maior para quem já tem muito tempo no jornal. Fica difícil, cada um tem um jeito de escrever [...] Eu acho que o jornalismo deveria ter poucas regras básicas para serem cumpridas e muita liberdade. Quando você amplia demais o *Manual*, você tolhe essa liberdade de criação. Então, eu tenho uma posição crítica diante disso. Eu acho que no jornalismo não

92 Id., ibid.

dá para você ter fórmulas, regras, normas muito rígidas. Aí, é uma discussão sobre se o jornalismo se aproxima mais de uma técnica do que de uma arte. Eu sou de um tempo, já tenho mais de 20 anos de profissão, e acho que é muito mais para o lado da arte que da técnica. É preciso tomar muito cuidado para você não uniformizar demais, porque se você encontra uma fórmula perfeita, todos os jornais vão ficar iguais e muitos jornalistas vão ficar sem emprego".[93]

A crítica de quem acha que o jornalismo é arte e não técnica contra o *Manual* também é feita por Aloísio Lopes: "Assim, na atual fase industrial e na maioria dos setores de produção, a padronização do objeto industrial [no caso da *Folha*, a padronização do modo de escrever/apresentar notícias] seria, à primeira vista, uma luta contra a individuação imanente ao que se poderia chamar de 'liberdade de criação'. É provável que em nossa sociedade capitalista, do ponto de vista das participações humanas individuais na produção da notícia [...], tenda a permanecer a atual oposição entre a padronização do objeto industrial e a individualidade criadora, reproduzindo-se o modelo técnica *vs* arte. Mas tudo (no caso, o exercício da liberdade criadora) depende de como a participação humana se aproprie do processo de produção [...] Através do *Manual* da *Folha* apenas parcialmente se atinge esse nível onde a individualidade é discernível no produto industrial. E ainda assim nos casos em que certas iniciativas pessoais (de chefia ou em outras circunstâncias especiais) são permitidas. Porque na concepção reformada do jornal, expressa no *Manual* e nos demais documentos que compõem o Projeto *Folha*, não se contempla a possibilidade de instituir-se uma organização onde, de algum modo, se democratize todo o processo de trabalho sem perder-se o requisito industrial de padronização".

Além de se sentirem tolhidos em sua liberdade de expressão, muitos jornalistas também se julgaram vítimas de um poder autoritário que lhes impunha regras que pareciam absurdas. O abaixo-assinado de janeiro de 1985 dedicaria todo um capítulo ao "*Manual* e sua aplicação", a críticas como: "Da forma como vem sendo aplicado, o *Manual Geral da Redação* passa a ser uma das peças desse

93 *Apud* M. Londoño, op. cit., p. 148.

conjunto de dificuldades. Ao contrário do proposto em sua introdução, vem servindo de tábua da lei que não pode ser contestada no dia-a-dia [...]: o bom senso, em muitos casos, está sendo interpretado como 'resistência' à aplicação das regras do *Manual*, em prejuízo da criatividade e, mais uma vez, do livre exercício da informação. Consideramos, por exemplo, que a questão elementar de ouvir as várias versões ou lados de um mesmo fato não pode ser obsessiva. É preciso confiar, até prova em contrário, que o jornalista tem compromisso correto com a informação. É preciso ter consciência das condições de cada trabalho e suas circunstâncias. É preciso reconhecer a evidência da nossa corrida contra o tempo [...] Ao produzir, redigir e editar todos os dias, no entanto, os jornalistas [...] sofrem uma enorme e descabida pressão, às vezes traduzida pela insegurança e pela inexperiência das chefias, com raras exceções. A falta de critérios claros leva-os a passar por várias mudanças de enfoque em uma informação, sem conhecer o conjunto da edição e os vários escaninhos percorridos por uma notícia. Aos repórteres, especificamente, acontece com freqüência o pedido de uma matéria sem discutir-se o volume, a qualidade e a relevância da informação. Além disso, são freqüentes os casos de adulteração da informação por parte da edição ou por falta de orientação precisa aos *copies*, que também se sentem perdidos nesse emaranhado".

Na reunião-almoço em que o abaixo-assinado foi discutido com a direção de Redação e a direção da empresa, Octavio Frias de Oliveira responderia assim aos ataques contra o *Manual*: "Eu gostaria de saber dos senhores se têm conhecimento de algum outro órgão da imprensa brasileira em que o livre exercício da informação seja levado aos extremos que nós procuramos levar aqui. Gostaria de saber se alguém me aponta um, apenas um [...] Nós desejamos que se torne a cada dia mais obsessiva a preocupação de se ouvir os dois lados. Quero informar os senhores que a nossa obsessão vai se tornar maior, com o passar do tempo [...] Eu acho que isso é democrático. Como é que acusam sem dar o direito de defesa? [...] É um direito do leitor ser informado de todos os ângulos".

Sobre a acusação de adulteração de informação, disse Frias: "Isso é gravíssimo. Os senhores estão dizendo que aqui se adulteram informações. Eu faço questão de saber quem e onde. Quero saber dos senhores quando, como e quem. Quem tem um exemplo para citar de adulteração de informação? [...] (sem resposta dos presentes). Eu acho profundamente incorreto fazer acusações desta gravidade sem que ela seja suportada por um comprovante. Do contrário, tenho que acreditar que é uma leviandade imensa".

A aplicação do *Manual* em seus primeiros meses foi cercada de incompreensões e dificuldades. De fato, como o documento de jornalistas afirma, a direção era constituída de profissionais, em sua maioria, jovens e inexperientes, enquanto a oposição era formada por veteranos e escolados jornalistas na sua maior parte.

Qualquer pessoa que tenha freqüentado Redações sabe como um jornalista experiente é capaz de causar problemas a chefias novas e moças. Por um lado, esse contraste dificultou a aplicação do *Manual* e provocou decisões arbitrárias e autoritárias por parte da direção. Por outro lado, no entanto, talvez tenha sido exatamente esse contraste que tenha dado vigor aos dirigentes para levarem à frente com obstinação sua tarefa de fazer cumprir as normas do *Manual*.

Entre os aspectos mais ridicularizados pelos subordinados estava a questão da idade do personagem da notícia. O que a direção tinha em mente com essa norma era enfatizar a necessidade de o jornalista se preocupar prioritariamente com a precisão da informação. Mais do que a informação em si, o que se objetivava era sublinhar que a atitude de perfeccionismo na obtenção do dado mais preciso possível era desejável. O mesmo se pode dizer com relação às distâncias entre uma cidade e São Paulo, a localização geográfica dos locais dos acontecimentos, a hora em que os acontecimentos ocorreram. Nenhuma dessas informações em si era essencial. O essencial era reforçar a posição de que é indispensável ao jornalista preocupar-se com a precisão da informação. Talvez essa necessidade não tenha sido bem transmitida aos jornalistas e tenha passado a impressão de que se tratava apenas de um capricho pessoal de quem estava no comando da Redação.

O mesmo Paulo Francis que reclamava (como o projeto) da deficiência informativa do jornal ("não conheço ninguém que leia a *Folha* por informação. O jornal me parece dominado por gente cheia de opinião... O nosso problema na *Folha* é excesso de interpretação e deficiência de informação") não parece ter percebido que a regra da idade do personagem da informação tentava, acima de tudo, instaurar uma atitude de perfeccionismo na busca da informação correta dentro da Redação do jornal.

Várias vezes, em seus textos de fins de 1984, Francis ridicularizou essa e outras regras do *Manual*, o que indica ter havido deficiência da parte da direção ao transmitir suas intenções a seus quadros, já que até entre os mais graduados, como Francis, havia incompreensão.

Na verdade, as críticas ao *Manual* e sua aplicação não eram contra o manual, mas sim quanto às posições de política jornalística que estavam sendo tomadas na Redação da *Folha*. Quando o jornal *Unidade* do Sindicato dos Jornalistas Profissionais no Estado de São Paulo publica um texto sobre o *Manual*, isso fica evidente.

Depois de muitas imprecisões e erros históricos (afirma que "é quase certo que o primeiro manual da moderna imprensa brasileira foi elaborado no *Correio da Manhã*)",[94] o *Unidade* afirma: "Agora, porém, a *Folha* decidiu fazer um documento definitivo – sobre o qual não admite discussão. Mas o *Manual Geral da Redação*, de 1984, perdeu-se na ambição. Alguns verbetes beiram o ridículo e, certamente, vão entrar para o folclore do jornalismo brasileiro".[95]

A evidência de que a crítica é de ordem de tática política está na escolha dos verbetes considerados risíveis. O primeiro é "Contato com o mundo", que recomenda: "Livros, cinemas, viagens etc. são pontes entre o jornalista e o mundo do qual ele não pode isolar-se. Observar cada detalhe à sua volta, conversar com pessoas diferentes e fazer perguntas – aos outros e a si mesmo – mesmo quando não está trabalhando são hábitos que o jornalista deve cultivar".

É impressionante a semelhança entre esse verbete e a recomendação que Alberto Dines faz no apêndice de seu livro *O Papel do Jornal*, considerado um clássico pelos que se opõem ao projeto da *Folha*. O próprio Dines especializou-se nos anos de 1985 e 1986 em atacar o "Projeto *Folha*". Apesar disso, em 1974, fruto de sua experiência como editor-chefe do *Jornal do Brasil*, ele recomen-

94 "Pérolas do *Manual*", em: *Unidade* (nº 4, fev. 1985), p. 5.
95 Id., ibid.

dava aos jornalistas: "Ainda que o horário do jornalista seja de cinco ou oito horas, ele está em atividade mesmo quando a caminho da Redação ou de volta para casa, quando vai ao cinema, assistir a um espetáculo, faz uma viagem de recreio ou pega um trem para o subúrbio".[96] Dificilmente o jornal *Unidade* ou os inimigos do projeto diriam que essa recomendação deveria entrar para o folclore do jornalismo brasileiro.

O *Unidade* incluiu entre as "pérolas" do *Manual* a recomendação de que o jornalista deve "trajar-se de uma forma que não destoe do ambiente em que será feita a entrevista". Mas talvez não incluísse a seguinte norma de Dines: "Use roupas que deixem você à vontade. Mas não tanto que incomodem o entrevistado".[97]

Entre as "pérolas" escolhidas pelo Sindicato no *Manual*, há regras consagradas da língua portuguesa (que óculos é uma palavra sempre plural), recomendações de estilo tão velhas quanto Gilberto Freyre (que a linguagem simples e direta é sempre preferível à linguagem rebuscada) e definições funcionais banais (que um *stringer* é o profissional que presta serviços de correspondente do jornal em ocasiões especiais). A falta aparente de critério demonstra que o objeto da crítica não é o *Manual*, mas a concepção das relações de trabalho no jornal.

Depois da crise de janeiro de 1985, da qual o artigo do *Unidade* é reflexo, o *Manual* passou a ser aceito com menor resistência interna. Diversos comunicados esclareceram melhor questões nebulosas. Por exemplo, quando uma pessoa é personagem da notícia e, portanto, deve ter sua idade mencionada no texto (chegava-se ao absurdo de se ter notícias com redação do tipo: "Antonio Silva, 54, disse a Pedro Malaquias, 43, que Manuel João, 37, vai se encontrar com Paulo Batista, 39, para discutir a sucessão de Antonio Elisério, 27").

A questão das idades, uma das mais polêmicas no *Manual*, chegou a provocar discussões entre os leitores. Wolfgang Krause escreve: "Eu acho uma ótima idéia que a *Folha* sempre indique a idade das pessoas. Assim se sabe se a personagem em foco ainda tem tempo de amadurecer ou se está amadurecida e não pode

96 Alberto Dines, *O Papel do Jornal* (Rio de Janeiro: Artenova, 1974), p.144.
97 A. Dines, op. cit., p. 143.

mais mudar para o bem ou para o mal. Eu tenho 74 anos e não me importo de indicar a minha idade todos os dias".

Eleny Corina Heller pede: "Por favor, informem a idade das pessoas apenas quando isto for indispensável ao entendimento dos fatos a elas concernentes, sim?". Írio de Jesus Maia ironiza: "Gostei do novo estilo jornalístico da *Folha*, que agora informa a idade das pessoas nos noticiários. Sugiro que também sejam informados a data do aniversário e o endereço, para que os leitores possam enviar flores aos aniversariantes". Nicanor Amaro da Silva Neto elogia: "Parabéns à *Folha* pela adoção do novo estilo jornalístico [...] Não é só a idade dos bandidos que nos interessa. A idade dos outros também". Carlos Alberto Rosa implora: "Ora, por favor. Este novo estilo já está cansando a beleza dos leitores. Pelo amor de Deus, parem com isso!". Hélio Pellegrino reclama: "Pode ser que eu esteja cego, ou burro: mas essa exigência de *strip-tease* etário me parece, pelo menos, esdrúxula. E, a ser assim, por que não informar o leitor do estado civil, cor da pele, convicções religiosas, altura, peso, tamanho do sapato e do colarinho daqueles que escrevem ou são citados na *Folha*?".

Para superar os problemas de comunicação interna, alguns temas do *Manual* foram objeto de seminários para sua discussão. Um exemplo bem-sucedido foi o seminário sobre informações *off the record* (as que são dadas ao leitor sem que suas fontes sejam identificadas pelo jornal), no segundo semestre de 1985. O *Manual* e comunicados posteriores proibiram ao jornalista da *Folha* a utilização da fórmula banalizada na imprensa brasileira de atribuir a "fontes bem informadas" as informações *off*.

A recomendação era a de que, quando o jornalista está seguro de que a informação *off* é boa e depois de tê-la cruzado com outras fontes, ele deve simplesmente assumi-la. Foi um processo difícil para muitos jornalistas compreenderem os motivos e as formas de fazer isso. O seminário, do qual participaram todos os repórteres das áreas que usam mais freqüentemente o *off* e representantes das sucursais mais importantes, ajudou a esclarecer essas dúvidas e durante muitos meses esse tipo de problema não voltou a ocorrer.

Mas, numa demonstração de que o *turn-over* é um inimigo do projeto e do manual, voltam a acorrer problemas com informação *off* no começo de 1987, em especial na reportagem política da sucursal de Brasília, cujos integrantes praticamente todos foram mudados nos 18 meses anteriores.

Durante o seminário sobre o *off* havia ficado estabelecido como fórmula a ser usada em casos excepcionais a expressão "segundo a *Folha* apurou" para introduzir uma informação *off*. De dezembro de 1986 a fevereiro de 1987, provavelmente devido a alguma deficiência de chefia confrontada com a questão do *off* colocada por repórteres, a fórmula banalizou-se até chegar a situações risíveis como na edição de 21 de fevereiro de 1987, quando numa reportagem lia-se que "segundo a *Folha* apurou, não passa pela cabeça do presidente Sarney [...]".

Outra fórmula para superar os problemas de comunicação interna foi a adoção, a partir de janeiro de 1985, do documento chamado "Recado da Secretaria" (em 1986 passou a ter o nome de "Crítica da Secretaria") como uma espécie de vigilante diário e atualizador do *Manual*. O "Recado" foi instituído em maio de 1984, por iniciativa de Luís Nassif, então secretário de Redação, como uma recomendação da secretaria a cada um dos editores do jornal sobre os assuntos prioritários da edição do dia seguinte e o tipo de tratamento jornalístico que deveriam receber.

Aos poucos, foi sendo acrescentada a ele alguma observação crítica sobre a edição do dia. A reação dos editores foi positiva. Em julho de 1985, o "Recado" se dividiu em dois documentos: "Prioridades da Secretaria" e "Recado da Secretaria" ("Crítica da Secretaria", a partir de maio de 1986). A partir de agosto de 1986, cada editor passou a fazer também suas críticas internas sobre a edição de cada dia. Esses documentos circulam pela Redação e funcionam como uma espécie de autocrítica à luz do *Manual*.

Basta uma leitura rápida das críticas diárias para se perceber como o *Manual* ainda está longe de ter uma assimilação completa por parte do conjunto dos jornalistas, apesar de inegáveis progressos terem sido observados. Ainda é possível encontrar textos que usam a palavra "esposa" no lugar de "mulher", como recomenda o *Manual*, textos com o verbo "falecer" no lugar de "morrer", textos com a palavra "elemento" para designar um acusado de qualquer crime e assim por diante.

Embora raro, ainda é possível encontrar textos sem que os dois lados tenham sido ouvidos. São freqüentes nas críticas internas as menções a textos-legendas maiores do que o máximo recomendado pelo manual. As declarações textuais, entre aspas, dos entrevistados comumente alteram a literalidade do que foi dito, o que contraria a determinação do *Manual*.

Ainda se designa uma Força Armada como Arma, apesar do erro estar explicitamente observado no *Manual*. O nariz-de-cera, embora condenado pelo manual, ainda é o começo de um considerável número de textos publicados pelo jornal. Há muitos textos que não mencionam a localização geográfica dos locais de acontecimento e, quando ela é fornecida, não é incomum que esteja errada. Não obstante toda a polêmica e obstinação, também é freqüente se verem textos sem a idade dos personagens da notícia e se verem textos com idade errada. Pior: é possível se encontrar, na mesma página, idades contraditórias para o mesmo personagem.

Raramente os textos contém intertítulos a cada 15 linhas como o *Manual* expressamente determina. Erros de crase, de utilização do verbo "haver" e uso de cacoetes de linguagem, com os quais o *Manual* se ocupa, ainda são constantes. Notícias curtas, chamadas "dropes", muitas vezes estão mais longas do que o máximo permitido pelo *Manual*. O mesmo vale para as notícias que formam os "colunões". Enfim, apesar de avanços, o *Manual* está ainda longe de ser inteiramente respeitado na Redação da *Folha*, em especial entre os profissionais que trabalham fora de São Paulo.

A "Crítica da Secretaria", embora seja um instrumento útil, tem sido muitas vezes mal realizada e acaba não atingindo seus objetivos. Feita às pressas, no calor da avaliação dos problemas de cada dia, a "Crítica" quase sempre deixa de ter valor pedagógico porque os erros são apontados, mas a lógica que está por trás da avaliação feita não é explicitada.

Assim, tanto o *Manual* como o projeto acabam parecendo impenetráveis para boa parte dos jornalistas. A "Crítica" soa arbitrária para eles. Ela apenas se limita a dizer: "está errado", "está em desacordo com o *Manual*", "não está dentro das normas", mas não explica que há uma racionalidade que justifica as regras, as normas, os procedimentos.

Diante desses problemas, novas fórmulas vêm sendo tentadas pela direção de Redação para melhorar o nível de cumprimento das determinações e recomendações do *Manual*. Desde janeiro de 1987, os secretários de Redação têm dois encontros mensais com todos os editores (responsáveis pelas seções em que se divide a Redação), editores-assistentes e com os redatores e repórteres que desejam estar presentes, para discutir problemas concretos de edição ou produção do material jornalístico ocorridos no período. Esses seminários são conhecidos em tom de brincadeira na Redação como "críticas da secretaria ao vivo". De fato, a idéia é a de reproduzir o espírito do documento diário em encontros nos quais seja possível uma discussão imediata das observações feitas, com mais tempo para explicar a lógica de cada decisão.

A expectativa em torno da segunda edição do *Manual* tem ajudado a enfraquecer os vínculos entre os jornalistas e a edição vigente. Anunciado para janeiro de 1987 em setembro de 1986, tendo contado com maior participação de pessoas da Redação do que a versão atual, sendo sabido que a consulta à nova versão será mais simples, é normal que haja certa ansiedade para sua utilização e que isso reverta num afrouxamento com relação ao *Manual* de 1984. O atraso na entrega da segunda edição aumenta tanto a ansiedade como o afrouxamento. Mesmo da parte da equipe dirigente, há um estado de quase complacência diante da indiscutível escassez de consultas ao *Manual* vigente.

As críticas internas ao *Manual* diminuíram em intensidade a um nível de quase inexistência. Já no segundo semestre de 1985, Margarita Londoño constatava: "Todas essas dificuldades parecem ter passado sua época crítica que, como já vimos, foi a transição de 1984 a 1985, e hoje o campo para o novo *Manual* está adubado. Todos o esperam com interesse e com a melhor boa vontade para colocá-lo em prática. Para os jornalistas da base, sua aplicação será a fórmula segura do triunfo profissional. Para as chefias, será, e já é, um grande aliado na vigilância pela qualidade do jornal".[98]

Pode-se afirmar, sem medo, que apesar de tecnicamente o *Manual* ainda estar longe de poder ser considerado um sucesso pelos motivos já expostos politicamente, ele é um êxito. Ele é aceito por todos os jornalistas, como já constatava no segundo semestre de 1985 a já citada Londoño: "De todos os depoimentos

98 M. Londoño, op. cit., p. 150.

que recolhemos, talvez só um apresentou resistência à homogeneização que se pretende com o *Manual*. Mas esse jornalista não nos parece representativo da equipe *Folha*. Em nossa opinião, o jornalista da *Folha* é bastante jovem, profissionalmente novo, competitivo e disciplinado. Os que não gostavam do *Manual* já se calaram ou não estão mais na *Folha*".[99]

99 Id., ibid.

AS METAS

O Plano de Metas Trimestrais da Redação da *Folha* foi implementado oficialmente a partir de janeiro de 1985. Ele nasceu como o produto de um desejo fortemente expressado pela direção da empresa à direção de Redação durante o segundo semestre de 1984. O objetivo era fazer com que as intenções de melhorar o produto não se perdessem na boa vontade.

Houve grande influência do livro *Iacocca: uma Autobiografia*, lançado nos Estados Unidos em 1984, que o *publisher* Octavio Frias de Oliveira leu naquele ano. Em seu capítulo 4, Lee Iacocca, o legendário administrador de empresas que ajudou a transformar a Ford e a Chrysler em duas das maiores organizações empresariais do mundo, diz que em 1960 ele teve uma idéia que mudaria seus métodos de gerenciamento de negócios: "A exemplo de outras companhias de capital aberto, enviávamos (a Ford) aos acionistas relatórios financeiros a cada três meses. Quatro vezes ao ano eles nos controlavam através da análise desses relatórios trimestrais [...] Se nossos acionistàs tinham um sistema de revisões trimestrais, por que os executivos não o deveriam ter? Foi o que me perguntei. Comecei a desenvolver um sistema de administração que uso até hoje. Ao longo dos anos, fazia regularmente ao meu pessoal-chave – e pedia-lhes que fizessem o mesmo com o pessoal-chave deles – algumas perguntas básicas: 'Quais os seus objetivos para os próximos 90 dias? Quais os seus planos, prioridades, expectativas? E de que forma você pretende atuar para alcançá-los?'".[100]

As idéias de Iacocca, introduzidas na *Folha* pela direção da empresa, viriam a se fundir com as de Robert Mager, que chega-

100 Lee Iacocca, *Iacocca: uma Autobiografia* (São Paulo: Cultura, 1985), p. 71.

vam pela secretaria de Redação. Mager é um pedagogo norte-americano, que fez muito sucesso na década de 1960 com suas teorias sobre planejamento educacional. Ele dizia aos professores: "Antes de preparar a instrução, antes de escolher o material de ensino ou o método pedagógico, é importante ser capaz de definir com clareza quais são as suas metas".[101]

Iacocca e Mager forneceriam a base conceitual sobre a qual se assentaria o Plano de Metas Trimestrais da Redação. Diz Iacocca que "à primeira vista, esse procedimento não parece ser mais do que uma forma rigorosa de levar os empregados a prestar contas ao chefe. É um pouco isso mesmo, mas é também muito mais, pois o sistema de revisão trimestral faz os empregados prestarem contas a si mesmos. Isso não só leva cada gerente a considerar seus próprios alvos, como constitui um meio eficaz de lembrar às pessoas que não devem perder de vista seus próprios sonhos".[102]

Quando, em dezembro de 1984, a direção de Redação comunicou aos editores sua decisão de implantar o programa de metas a partir de janeiro, a reação de muitos deles não foi apenas a de que se trataria de mais um procedimento de controle. Alguns, os mais antigos, chegaram a dizer reservadamente aos secretários de Redação que aquilo era um sintoma de enlouquecimento.

A primeira resposta da maior parte da Redação foi de espanto, seguida de ridicularização. A imagem de burocratas no comando da Redação foi reforçada. A idéia de que era incompatível a utilização de métodos de gerenciamento empregados na indústria com a produção jornalística foi reavivada. A impressão de que o molde do plano vinha da obra de Iacocca o tornava desprezível aos olhos de muitos jornalistas.

Robert Mager não é um pedagogo de esquerda. Mas foi um autor que influenciou gerações de educadores em vários países do mundo. Os jornalistas evidentemente o desconheciam. Além disso, era muito mais útil, para seus propósitos, reforçar a imagem de que o plano de metas vinha inspirado pela obra de Iacocca somente. Mas grande parte da ascendência sobre as concepções desse plano viria de Mager.

101 Robert Mager, *Preparing Instructional Objectives* (Belmont: Fearon, 1962), p. viii.
102 L. Iacocca, op. cit., p. 71.

É verdade que Iacocca diz que "o hábito de escrever as coisas é o primeiro passo no sentido de realizá-las efetivamente".[103] Mas Mager também ensina que "você deve antes de mais nada estar certo de que seus objetivos estão clara e inequivocamente redigidos".[104] Iacocca sugere que o sistema de revisão trimestral funciona porque "permite que cada um seja o seu próprio chefe e estabeleça seus próprios objetivos"[105] e na Redação da *Folha* cada editoria estabeleceria suas próprias metas. Mager acha que os objetivos devem ser redigidos de forma que eles possam ser objetivamente mensurados ao final de um período de tempo, de modo que não haja dúvidas sobre se eles foram ou não atingidos[106] e a Redação da *Folha* utilizaria a mesma técnica.

Em resumo, de Iacocca se tirou a idéia da periodicidade das metas e a noção de que o envolvimento de toda a corporação na fixação dos objetivos é fundamental. De Mager, as técnicas de como fixar e redigir as metas e os critérios que devem ser adotados para estabelecê-las.

O Plano de Metas Trimestrais tem funcionado assim nos últimos dois anos na *Folha*: cada editoria se reúne para fixar suas próprias metas específicas; elas devem ser redigidas de tal forma que seja possível medir objetivamente ao final do período se elas foram ou não atingidas; só devem ser fixadas metas cuja consecução dependa exclusivamente da equipe; as metas devem expressar objetivos factíveis; um sistema de acompanhamento deve ser estabelecido para verificar se as metas estão ou não sendo atingidas; ao final da rodada de reuniões de cada equipe, os editores se reúnem com a direção de Redação para estabelecerem as metas gerais da Redação, que seguem as mesmas regras há pouco descritas.

Periodicamente (até julho de 1986 mensalmente, a partir de então trimestralmente), cada editoria se reúne para avaliar o desempenho da equipe com relação às metas. Assim que novas metas são fixadas para um novo trimestre, as equipes se reúnem com um representante da direção de Redação. O mesmo procedimento ocorre entre os editores e a direção. As reuniões de acom-

103 Id., ibid.
104 R. Mager, op. cit., p. 1.
105 L. Iacocca, op. cit., p. 72.
106 R. Mager, op. cit., p. 12.

panhamento das metas gerais da Redação permaneceram mensais durante todo o período e desde julho de 1986 incluem os editores-assistentes e repórteres especiais obrigatoriamente. Desde novembro de 1986, passaram a ser abertas para redatores e repórteres que desejem estar presentes.

Qual a lógica do programa de metas na Redação? Todos os jornalistas, em princípio, desejam fazer um jornal melhor. Mas como se certificar de que se está realmente avançando na direção de um jornal melhor? Como superar o impressionismo subjetivo de cada jornalista que folheia a edição do seu jornal e acha que ele está melhor ou pior do que o concorrente? Como anular a forte influência de uma notícia sensacional e ir ao fundo da questão de saber se o jornal como um todo está melhor ou não?

Pode haver outras maneiras, mas uma delas é a de acompanhar sistemática e quantitativamente alguns fatores que, em princípio, diferenciam um jornal de melhor qualidade de outro de pior qualidade.

Além disso, o programa de metas ajuda a estabelecer quais são as prioridades que devem merecer a maior atenção de todos no sentido de se levar à melhoria do jornal. Há tantas coisas que podem e devem ser feitas para se aprimorar um jornal que, caso não se estabeleça com clareza quais são as mais importantes, a equipe pode gastar tempo e energia em busca de objetivos que representam pequenas melhorias, mas não influenciam, no geral, a qualidade do produto.

Poucos duvidarão da premissa de que um jornal melhor é um jornal com menos erros de digitação e gramática. Tudo é relativo em jornalismo e pode mesmo haver quem ache que não faz mal errar no português desde que a posição política esteja correta. Mas até esses poderão concordar que se a posição política for boa e houver menos erros lingüísticos, tanto melhor.

A *Folha* em 1984 era um jornal com muitos erros. Quanto a isso, não há dúvida. Assim, se houvesse um esforço concentrado para diminuí-los, em princípio, o jornal melhoraria se esse esforço fosse bem-sucedido. Mas como saber se o esforço foi bem-sucedido se os erros não forem contados? Com o programa de metas, passou-se a contar os erros, fixaram-se porcentagens para sua diminuição ao longo de cada três meses, checou-se se essas porcentagens eram ou não atingidas. Quando não eram, procurou-se saber as causas (ver capítulo seguinte) e foram instaurados mecanismos que anulassem essas causas.

O fato é que em dezembro de 1984 a média diária de erros da Redação da *Folha* era de 175 por edição e em fevereiro de 1987 esse número é de 65 (com o adicional de que em 1984 a média era feita sobre seis dias da semana – a edição de Domingo, que é maior e portanto mais sujeita a erros, não era incluída – e sem os suplementos, que na época eram cinco; hoje, a média é tirada sobre as sete edições da semana e com os nove suplementos incluídos; não seria exagero afirmar que a média de erros por edição em dezembro de 1984 estava em torno de 200 a 210).

Alguém poderia argumentar, com razão, que 65 erros por edição ainda é um número muito alto e que se o programa de metas fosse tão eficiente como se pretende, esse número poderia estar em torno de 20 a 30, considerado pelos especialistas como a taxa razoável para jornais de prestígio como a *Folha* (embora esse número seja arbitrário, já que é evidente que os erros tendem a crescer com o tamanho das edições e é incomparável o número de erros cometidos por dois jornais de prestígio similar, mas com quantidade de páginas muito diversa, como o *The New York Times* e *El Pais*, por exemplo). Embora esse argumento seja provavelmente verdadeiro, não é menos correto afirmar que uma diminuição do número de erros de no mínimo 175 por dia para 65 é um avanço apreciável na direção de um jornal melhor.

É bem verdade que o controle de erros que é praticado na *Folha* não é dos melhores. Em maio de 1985, por iniciativa da Redação, os editores passaram a fazer durante um período de amostragem um controle do controle de erros e apurou que o número de erros de digitação e português era cerca de 30% maior do que o efetivamente assinalado pelo revisor (o único profissional da equipe de revisores que ficou no jornal depois da introdução dos terminais de vídeo na Redação). Embora a quantidade de erros possa ser maior do que a assinalada, de toda a maneira houve um avanço proporcional efetivo na direção da diminuição dos erros, ainda que o número absoluto possa não estar correto.

Um observador otimista poderia dizer que os erros teriam diminuído mesmo que não houvesse qualquer programa de metas.

Pode ser. Os otimistas crêem que a tendência das coisas é melhorarem com o tempo. Mas nem sempre. Há exemplos de jornais e revistas que aumentaram o seu número de erros ao longo do tempo. De qualquer maneira, se não tivesse havido o programa de metas, seria impossível até mesmo saber se o número de erros havia ou não caído.

A análise das metas dos nove trimestres abrangidos pelos primeiros dois anos do programa de metas deixa evidente que o jornal caminhou para a direção da melhoria. Os fatores colocados em relevo pelo programa não são sozinhos suficientes para se ter um bom jornal. Mais gráficos, mais mapas, mais informações, mais textos-legendas, mais fotografias, menos erros, menos sobras (informações produzidas e não publicadas) como pedem as metas são apenas indícios de um melhor jornal. Se gráficos, mapas, fotos, textos-legendas forem de má qualidade, de nada adianta haver muitos. Da mesma forma, de nada adianta ter informações exclusivas que não sejam relevantes. Tampouco importa ter um jornal que não cometa erros de português ou digitação mas que tenha uma postura editorial e política divorciada da maioria de seus leitores. Em resumo: os aspectos que se podem quantificar num jornal são parciais. Mas ajudam a fazer um jornal melhor.

Foi a partir do programa de metas que surgiu a idéia de o jornal manter um sistema de comparação com seus concorrentes. A princípio feito de forma improvisada, hoje ele está sofisticado. Com o uso de computadores e aprimorando-se a cada dia, a *Folha* mantém um controle diário sobre seus três principais concorrentes (*O Estado de S. Paulo*, *Jornal do Brasil* e *O Globo*), editoria por editoria, o que dá a cada um dos editores uma noção concreta de quais os pontos em que ele está melhor ou pior que os adversários.

Foi também com o programa de metas que se estabeleceu que a Redação deveria ter um "figurino" com soluções gráficas consideradas ideais para uso de editores e diagramadores durante o seu trabalho do dia-a-dia. Originalmente uma idéia de Luís Nassif que demorou para aparecer, o "Figurino Editorial" da *Folha* é um instrumento útil (ainda que pouco utilizado) para a resolução de problemas concretos no cotidiano da Redação.

Por meio do programa de metas, conseguiu-se ocupar melhor o espaço do jornal, o que significa que o leitor passou a encontrar mais informação em menos espaço. Isso significa: notícias mais curtas e menos consumo de papel. Novamente, aqui, pode-se discutir se esse objetivo leva ou não a um jornal melhor. Dentro da lógica de que o leitor urbano contemporâneo dispõe de pouco tempo para a leitura de jornal, hipótese comprovada por vários estudos internacionais[107] e pelo próprio "Perfil do Leitor" da *Folha* (ver capítulo "O Leitor"), é melhor para ele receber informações mais concisas. Entre as metas para o quarto trimestre de 1985 estava a de se atingir a média de duas unidades informativas por módulo (no terceiro trimestre, a média havia sido de 1,6); em fevereiro de 1987, a média era de 2,6 e já se havia registrado em novembro a média de 2,7, a mais alta entre os jornais diários mensurados.

O aumento do número de gráficos e mapas nas edições da *Folha* (dentro da lógica de um jornal mais didático) também se deve em grande parte ao programa de metas. Quando esse fator passou a ser contabilizado e foi introduzido entre as metas gerais da Redação, no terceiro trimestre de 1985, a média diária de gráficos era de 16 e a de mapas 2,5. Em fevereiro de 1987, a de gráficos foi de 24,8 e a de mapas de 4,9. As fotos, que entraram nas metas no primeiro trimestre de 1986, subiram da média de 77,8 por edição registrada naquele período para 89 em fevereiro de 1987.

É verdade que muitas das metas vêm se repetindo há dois anos e não se realizam. Por mais que haja esforço de persuasão, não se consegue melhorar o número de "Não é o que parece" (texto opinativo de iniciativa da Redação que aparece no noticiário para, com base em informações objetivas, desmascarar a aparência oficial de declarações de personalidades).

Nunca se atingiu a meta de fechar as edições no horário estabelecido pelo cronograma industrial, embora tenha havido um recuo objetivo de 60 minutos nos horários reais de fechamento entre maio de 1984 e fevereiro de 1987 (antes, o horário de fechamento era 23h e os atrasos médios de 15 a 20 minutos; agora, o horário de fechamento é 22h e os atrasos médios ainda de 15 a 20 minutos). Nunca se atingiu a meta de se terminar um mês sem a

107 Ruth Clark, "How to Reach the Reader", em: *Editor & Publisher* (nº 72, jan. 1983).

utilização do recurso do calhau (anúncio da própria *Folha* usado para preencher algum buraco deixado sem informação jornalística por qualquer razão) por necessidade da Redação.

Na verdade, as metas nunca são atingidas. Avança-se lentamente. Mas não se chega a elas. Muitas vezes, essa constatação conduz ao desânimo e à sensação de que o programa de metas é inútil. O acompanhamento mensal, em que os avanços são milimétricos e há momentos de altos e baixos, reforça essa impressão. Mas o confronto dos números de períodos mais distantes, como a cada ano ou dois anos, mostra que a melhoria não é tão desprezível.

Há também a evidência de que quanto mais se chega próximo das metas, mais difícil é avançar. No capítulo dos erros, com certeza foi mais fácil passar dos 175 do quarto trimestre de 1984 para os 132 do primeiro trimestre de 1985, destes para os 109 do segundo trimestre de 1985 e destes para os 72 do terceiro trimestre de 1985 do que destes para os 65 de fevereiro de 1987. É uma questão matemática. Deixar de cometer 30 erros em dezembro de 1984 significava deixar de cometer menos de 20% do total de erros; em fevereiro, 30 erros são quase 50% dos erros cometidos.

Mas, como afirma Lee Iacocca, "talvez o mais importante [...] seja que o sistema de revisão trimestral provoca o diálogo".[108] As reuniões de metas da Redação da *Folha* passaram de obrigação burocrática para a qual os editores caminhavam como se fossem para uma sessão de tortura (muitos deles literalmente forçados por um dos secretários de Redação) a um encontro de bom nível em que os editores e editores-assistentes expressam suas opiniões sobre os destinos do jornal com liberdade e em que decisões são tomadas em conjunto após discussões não raro envolventes e com alto grau de participação.

É verdade que as reuniões internas das editorias continuam, na maior parte das vezes, enfadonhas e com baixo grau de interação. Redatores e repórteres (em especial os repórteres-fotográficos) estão ainda, dois anos após sua implantação, muito distantes do programa de metas e de seus objetivos. Praticamente o desconhecem e têm pouco a contribuir. As reuniões muitas vezes se transformam em fórum para discussão de problemas funcionais

108 L. Iacocca, op. cit., p. 72.

(queixas contra infra-estrutura deficiente, contra a política salarial, contra o sistema de folgas).

Mais uma vez, esse distanciamento se deve, provavelmente, à incapacidade de comunicação da parte da direção e dos editores. Fórmulas para se tentar obter maior envolvimento da base com o programa de metas vêm sendo postas em prática.

As metas, que no início eram 20, foram limitadas a cinco para a Redação como um todo: diminuir o número de erros, não atrasar, baixar a quantidade de sobras, não usar calhaus e não estourar o limite de páginas estabelecido pelas necessidades industriais do jornal. Os números dessas metas são todos formados pelos algarismos 5 e 0. A editoria de Arte concebeu um cartaz em que dois algarismos estão presentes para designar as metas (55 erros por digitação, 5 sobras por dia, 0 calhau, 0 minuto de atraso, 0 página de estouro) e o programa de metas passou a ser conhecido como o plano de metas cinco. Chegou-se a pensar em usar o símbolo da palma da mão aberta para designar o número 5, mas a idéia foi abandonada. Algumas editorias passaram a colocar em seus murais o acompanhamento diário de seus erros em confronto com sua meta específica, através de cartazes.

É difícil medir até que ponto essas técnicas de comunicação visual contribuíram ou não para aumentar a participação de redatores e repórteres no programa de metas. A presença deles nas reuniões gerais da Redação é pequena. Seu grau de intervenção é pequeno. Sua participação nas reuniões específicas por editoria, com raras exceções, também é pouco expressiva. O mais provável é que não tenha havido qualquer mudança significativa provocada pelos cartazes que continuam espalhados na Redação.

Novamente neste capítulo, a alta taxa de *turn-over* e a grande concentração de encargo em pequeno grupo de dirigentes aparecem como obstáculos para o sucesso dos projetos desenvolvidos. Ambos os fatores atuam contra o programa de metas: a alta rotatividade impede que as idéias sejam transmitidas uniformemente. A variedade de pessoas nas reuniões específicas por editoria é sempre grande. As reuniões tornam-se aborrecidas para os que já conhecem a lógica e os argumentos retóricos empregados pelos dirigentes. Mas, por vezes, as reuniões tratam de temas e problemas que os mais novos desconhecem por completo. É difícil encontrar a dosagem correta. Talvez por contarem com um grupo mais estável, constituído por editores e editores-assistentes, as reuniões gerais de metas tenham avançado muito mais do que as de editorias.

O acúmulo de encargos para poucos dirigentes também é ruim para o programa de metas. A mesma pessoa tem de expor os mesmos números e repetir as mesmas exortações pelo menos 12 vezes cada vez que uma avaliação é realizada em reuniões espremidas entre várias outras. É natural que seu desempenho não seja dos melhores e que a impressão deixada ao grupo ao qual se dirige seja a de pessoa pouco afável, pouco aberta ao diálogo, com todas as conseqüências negativas para o projeto daí decorrentes. Eu posso dar um testemunho pessoal, pois durante dois anos e meio essa foi uma de minhas tarefas e acho que meu desempenho foi fraco.

Finalmente, também é claro que as dificuldades operacionais da infra-estrutura deficiente contribuem para atravancar o processo de consecução das metas fixadas pelo programa. É provável que, se essas condições fossem mais apropriadas, os resultados seriam mais satisfatórios.

OS CONTROLES

À medida que um jornal cresce em importância, a repercussão de seus acertos e erros na sociedade aumenta. Se esse processo é saudável no caso dos acertos, é intolerável no dos erros. O grau de tolerância muda de acordo com o impacto que um veículo de comunicação tem na comunidade em que ele atua. Todo erro é condenável. Mas o que a Rede Globo de Televisão comete tem conseqüências muito mais importantes do que os da TV Gazeta, no caso da cidade de São Paulo, por exemplo. A começar pelo número de pessoas atingido por uma e por outra emissora.

A *Folha* em seu período até 1984 talvez pudesse se dar ao luxo de tolerar erros. Não que as pessoas responsáveis pela Redação até essa data fossem fracas ou complacentes com os defeitos do jornal. Cláudio Abramo condenou durante todo o tempo em que dirigiu a Redação o que ele chamava depreciativamente de "ciclo da tolerância", o qual ele tentava destruir. Boris Casoy, nos dois períodos que passou no comando da Redação, deu início a vários mecanismos de controle que só viriam a ser consolidados depois do fim de sua gestão. Mas o simples fato de terem partido dele muitas das idéias depois realizadas demonstra a sua preocupação e inconformismo com os problemas do jornal.

As condições políticas que engendram o "Projeto *Folha*" seriam as ideais para que os mecanismos de controle do erro na Redação avançassem e se estabelecessem nos primeiros mil dias da administração do jornalista Otavio Frias Filho.

Depois da campanha das Diretas-já, o jornal assumiu um caráter de influenciador nacional das decisões que até então nunca tivera em tamanha proporção. O entusiasmo interno na Redação com o sucesso unânime alcançado pelo jornal fazia prever que cada jornalista poderia querer construir a sua própria campanha das Diretas-já em cima de qualquer tema de sua especialidade. O crescimento da importância do jornal significou também o aumento de suas responsabilidades enquanto empresa.

A *Folha* sempre foi vista pelo empresariado com mais reservas do que qualquer outro dos grandes veículos de comunicação do país pelas suas posições editoriais politicamente tidas como mais avançadas, mas não poderá jamais ser considerada – sob pena de ser expelida do sistema de mercado no qual atua e crê necessário atuar – um órgão opositor do *establishment*. As condições para que isso pudesse acontecer jamais haviam sido tão propícias como logo após a campanha das Diretas-já. Havia, assim, uma necessidade política para aumentar o sistema de controle sobre o trabalho dos jornalistas.

Havia também uma necessidade técnica, embasada na urgência de se transformar o jornal num produto melhor pelas suas qualidades jornalísticas (como já exposto no capítulo "O Projeto"). Com a democracia, o jornal não podia mais se sustentar apenas nas opiniões que veiculasse, mas teria de ser um jornal melhor pela qualidade de sua informação para poder sobreviver.

Uma terceira ordem de razões para a ampliação dos mecanismos de controle é operacional. O jornal, por uma questão de posição no mercado, precisa fechar mais cedo que os concorrentes para chegar antes às bancas e às casas dos assinantes. Sem controle estrito e eficiente sobre o fluxo de produção noticiosa, seria impraticável antecipar em 60 minutos o horário de fechamento da Redação, como se conseguiu entre 1984 e 1987.

Finalmente, há motivos de ordem ideológica (ou, no caso, talvez psicológica). As exigências do projeto eram duras. Como já se viu, o texto-base do projeto ("A *Folha* Depois das Diretas-já") expressava com toda a clareza a advertência de que substituições de profissionais teriam de ser realizadas na Redação para acelerar o processo de melhoria do produto final.

Se essa era a política que deveria ser seguida, seus executores sentiram-se na obrigação de objetivar ao máximo o processo de avaliação dos jornalistas para que as decisões a serem tomadas de escolha das pessoas que deveriam ser trocadas por outras vindas de fora fossem as mais justas ou, pelo menos, as menos pessoais possíveis.

Tanto o processo de saída como o de entrada de jornalistas deveriam obedecer a critérios rígidos que deveriam ser bem documentados. O histórico profissional de cada jornalista deveria ser o mais abrangente e registrar todos os incidentes significantes de sua passagem pela Redação.

A implantação desses mecanismos de controle da produção tem sido lenta, difícil, conflituosa, paciente, meticulosa. Pelo menos um de seus instrumentos, o sistema de avaliação profissional, é anterior à gestão de Frias Filho. Ele é exatamente o mais polêmico.

A avaliação dos profissionais da Redação teve início em 1983 e provocou um conflito entre os jornalistas e a direção. A direção considerou que os jornalistas deveriam tomar conhecimento da avaliação que recebiam. O objetivo da avaliação era o de tornar mais transparente e criterioso o julgamento de valor que toda chefia faz de cada subordinado em qualquer agrupamento humano hierarquizado.

As decisões de demissão, promoção salarial ou funcional e transferência são tomadas sempre com base nesse julgamento de valor. A direção achou que seria melhor para todos, inclusive para os jornalistas, que a cada mês eles soubessem como estavam sendo avaliados pelos editores e que tivessem a chance de discutir esse julgamento com eles. Ao mesmo tempo, a adoção de valores simbólicos sistematizados para expressar esse julgamento foi considerada como uma forma de objetivá-lo em defesa dos interesses da corporação e do próprio jornalista.

Finalmente, em vez de se limitar a uma chefia imediata a tarefa de avaliar o jornalista, resolveu-se estendê-la ao conjunto dos editores, ampliando assim a discussão sobre cada caso; em conseqüência, supostamente, refinando a qualidade do juízo expressado em conjunto e ao mesmo tempo diminuindo as possibilidades de injustiças cometidas por idiossincrasias ou razões de caráter pessoal.

A primeira avaliação foi entregue por escrito a cada jornalista. A reação foi negativa. A maioria das avaliações foi devolvida sem ter sido aberta. Jornalistas sentiram-se ultrajados por serem avaliados por padrões que eles consideraram escolares. As avaliações continuaram sendo realizadas, mas a transmissão passou a ser feita oralmente aos que quisessem recebê-las.

Com o início da gestão Frias Filho, em maio de 1984, a avaliação profissional mudou de caráter em alguns aspectos. Um documento foi divulgado aos editores, estabelecendo os critérios com base nos quais a avaliação deveria ser dada: domínio da linguagem, empenho, confiabilidade técnica, exatidão, rapidez, senso crítico, disciplina, formação cultural, concisão, iniciativa, criatividade e identificação com o projeto. São, evidentemente, critérios objetivos de aplicação subjetiva. Mas muito mais objetivos do que critérios comuns para demissões ou promoções nas Redações brasileiras, como simpatia pessoal, atração física ou ciúme.

As chefias têm falhado sistematicamente em todo o período do projeto em comunicar aos seus subordinados suas avaliações e discuti-las com eles. Mais nos primeiros meses do que nos mais recentes. Mas, no geral, as comunicações são escassas e, quando ocorrem, são falhas. Era largamente procedente a crítica que o jornal do Sindicato dos Jornalistas Profissionais no Estado de São Paulo fazia em fevereiro de 1985: "[...] (os jornalistas) simplesmente recebem 'notas' de forma lacônica ou com base em análises imprecisas de seu desempenho real".

Comunicar avaliações negativas é tarefa desagradável. É de se esperar que as chefias prefiram evitá-lo. Apesar do empenho da direção em fazer com que as comunicações ocorram, elas foram raras e ainda são episódicas, em especial em algumas unidades da Redação. O efeito contraproducente em relação ao sistema de avaliação é evidente.

O abaixo-assinado de jornalistas da *Folha* de fevereiro de 1985 faria menção expressa ao sistema de avaliações: "Um desempenho coletivo caótico como este acaba desembocando nas avaliações dos profissionais tais como são feitas atualmente. Tal sistema dá a nítida impressão de que ninguém sabe quem está avaliando quem, quem decide o que é bom e o que é ruim, quem é o chefe de quem. O avaliado ou o conjunto de avaliados nunca são ouvidos sobre o seu trabalho diário e suas circunstâncias [...] A avaliação está sendo assim utilizada mais para reprimir e estimular um tipo negativo e desgastante de competição interna do que para promover o desenvolvimento profissional de cada um. Um jornal que possui projeto tão ambicioso não pode continuar com um sistema de avaliação como este".

É importante observar que a linha de raciocínio do documento não é anti-sistema de avaliação, mas antiforma de aplicação do sistema, o que constitui enorme diferença de posição diante do que se observara no passado recente (a simples e absoluta rejeição do sistema de avaliações).

É que já em fevereiro de 1985, uma boa parte dos jornalistas percebera que o sistema não representava apenas a "espada de Dâmocles" sobre suas cabeças, mas também podia significar a recompensa pelo trabalho bem realizado. Durante todo o período de sua gestão, Frias Filho fez questão de sempre efetivar promoções salariais por mérito em função da avaliação do desempenho profissional do beneficiado de acordo com o sistema.

O sistema também já começava a ser visto como uma garantia contra decisões sigilosas e idiossincráticas. Mas, de fato, a maneira como ele vinha sendo aplicado, com pouca discussão sobre a avaliação com o jornalista e com pequena vinculação entre os critérios estabelecidos e a "nota" atribuída, deixava (e ainda deixa, em fevereiro de 1987) a desejar.

Na reunião-almoço em que o abaixo-assinado foi discutido, Octavio Frias de Oliveira assim reagiu ao item sobre as avaliações: "Essa leitura me deixou absolutamente perplexo. Muitos dos signatários desse abaixo-assinado presenciaram durante meses seguidos a leitura das avaliações e as discussões delas nesta mesma sala, e esses senhores têm a coragem de assinar isso. Não entendo [...] Todos os repórteres especiais são permanentemente convidados a esta mesa e a esta reunião e assinam isto [...] Como não sabem quem avalia quem se eles eram participantes da avaliação? Ou estou dizendo alguma mentira? Quem me contesta? (sem resposta dos presentes) [...] Nenhum de nós defende [...] que estamos num sistema perfeito de avaliação. Lógico que não. Mas mais de uma vez aqui nesta reunião, realizada a cada mês, eu pedi sugestões construtivas para que aprimorássemos a avaliação [...] Quem se lembra de ter enviado alguma sugestão, uma que fosse, para aprimorar o método de avaliação? Quem se lembra? (sem resposta dos presentes)".

Apesar da melhor aceitação por parte dos jornalistas do sistema de avaliação, Boris Casoy, em cuja administração teve início a aplicação, mostra ceticismo quanto a uma absorção completa:

"A Redação é uma corporação, reage contra essas medidas, não gosta da avaliação. Para as chefias, é difícil porque têm que justificar: quando demitem alguém, têm que justificar-se".

Em todo o caso, a avaliação continua sendo feita mensalmente. Os ocupantes de cargos de chefia têm a obrigação de comunicá-la pelo menos uma vez a cada três meses a seus subordinados. A falta de tempo alegada por algumas delas como justificativa para a pouca discussão com suas equipes motivou a decisão de transformar em trimestral a comunicação obrigatória, embora a avaliação continue a ser feita mensalmente.

Nenhuma decisão de demissão, promoção salarial ou funcional e transferência é tomada sem consulta à ficha de avaliação do jornalista. A partir de fevereiro de 1987, os conceitos antes fixados de A, B ou C passaram a ter mais gradações: A1, A2, B1, B2 ou C. Os critérios continuam os mesmos de junho de 1984.

Outro mecanismo de controle conflituoso nos primeiros meses de sua aplicação foi a planilha de produção. Em junho de 1984, ela começou a ser utilizada por iniciativa própria pela editora de Geral (depois chamada de Cidades). Em julho, foi adotada em todo o jornal.

Trata-se de folhas de papel impressas, com espaço para até 12 retrancas (palavra que significa um texto jornalístico com título próprio) em cada folha, nas quais se anota o avanço de todo o processo de produção ao longo do dia. Cada retranca é identificada por uma palavra-chave e a planilha tem espaços na seqüência horizontal dessa palavra-chave para que se anotem o nome do repórter encarregado do trabalho, o nome do repórter-fotográfico, um resumo da pauta, número de linhas previstas, número de linhas efetivamente escritas, horário de entrada do texto no sistema de terminais, nome do redator encarregado de preparar o texto, números de identificação que o texto obteve no sistema de computador, tamanho do texto em centímetros e quantos centímetros efetivamente aproveitados na edição. Uma planilha rudimentar, que facilita o acompanhamento do trabalho e ajuda as chefias a terem uma apreensão rápida e abrangente da produção de cada retranca. Entre as vantagens, ela evita que o editor ande com um sem-número de papéis diferentes, permite-lhe a rápida localização de qualquer informação a respeito de qualquer retranca, documenta o nome dos responsáveis por todas as fases do processo, economiza tempo e papel.

Mas essa planilha levou meses para ser efetivamente adotada por todas as editorias, foi um dos estopins da crise que culminou com a primeira demissão de editor na gestão Frias Filho (o editor de esportes até agosto de 1984, um jornalista que se recusava a usar o terminal e a planilha de produção e que não submetia sua editoria à autoridade editorial da direção de Redação), causou discussões e rancores.

O problema é que alguns jornalistas passaram a considerá-la como o símbolo máximo da "visão tecnicista e burocrática" de jornalismo que o projeto, em sua opinião, representava. As planilhas agrupadas em pranchetas por alguns editores eram objeto da chacota de jornalistas mais velhos, que os consideravam pejorativamente "gerentes de fábrica", não jornalistas de verdade.

Com o passar do tempo, a planilha de produção foi absorvida sem dificuldades. Em fevereiro de 1987, ela é utilizada sem problemas por todas as editorias e pelas sucursais e correspondentes. Não há qualquer tipo de resistência. A utilidade do instrumento superou qualquer barreira ideológica.

O relatório de sobras foi o mecanismo seguinte a ser implementado. Em agosto de 1984, a direção da empresa cobrou da direção de Redação um levantamento de quantos textos eram produzidos pelos jornalistas e não aproveitados pela edição. Não era possível dar a resposta porque a Redação não tinha um controle eficiente das sobras. Foi preciso passar a cobrar de cada editoria um relatório diário, a ser deixado pelo editor-assistente de edição ao de produção e à secretaria, informando quantos e quais textos não haviam sido aproveitados e por quê.

O motivo da providência é evidente: uma empresa não pode se dar ao luxo de produzir produtos para serem jogados fora. Nenhuma indústria automobilística ou de sabonetes admitiria jogar no rio 0,1% de sua produção mensal. A jornalística também não pode. Mas para o jornalista conservador, é natural: o que não cabe vai para a lata de lixo e pronto.

Novamente, foi preciso obstinação para que a feitura do relatório de sobras entrasse na rotina das editorias. Cobranças públicas e por escrito eram necessárias diariamente para que, aos poucos, lentamente, o retorno fosse melhorando. Em fevereiro de 1987, é raríssimo faltar relatório de sobras. Ao mesmo tempo, o controle permitiu que as sobras passassem a ser consideradas metas e seu número decresceu ao longo dos anos: de cerca de 30 para uma média de 8 em fevereiro de 1987.

Ao longo dos meses, outros instrumentos foram sendo criados, com aplicação sempre semelhante à do relatório de sobras e à da planilha de produção: o jornal de erros, em que os erros de cada edição são assinalados e que deve ficar pendurado no mural de cada editoria para repórteres e redatores tomarem ciência deles; o "superego", criado pela "Ilustrada" e depois adotado por todas as editorias, que se constitui numa planilha em que os erros de cada jornalista são creditados a ele e divididos por tipo para que cada um deles conheça melhor suas fraquezas específicas e possa tomar medidas para corrigi-las; o relatório noite/dia, pelo qual o editor-assistente de edição transmite ao editor-assistente de produção as dificuldades do fechamento para que as providências imediatas possam ser tomadas, relata quais as pautas prioritárias que não puderam ser editadas ou tiveram problemas e por que, e sugere pautas prioritárias para a edição do dia seguinte (esse documento é vital para o jornal, pois com ele a Redação consegue superar os obstáculos da distância temporal que há entre a edição e a produção das informações); o relatório de informações exclusivas, a partir do qual o jornal se informa sobre os "furos" que deu e levou com relação aos concorrentes e pode tomar providências rápidas para sua reparação; a crítica diária da edição, pela qual o editor faz saber à sua equipe e a toda a Redação sua avaliação sobre o trabalho do dia anterior (ver capítulo "O *Manual*").

Além desses instrumentos, a direção, a secretaria e os editores podem valer-se de um sistema de advertências e cumprimentos estabelecido durante a gestão Frias Filho, pelo qual erros mais graves podem ser punidos de acordo com sua importância e desempenhos acima da média podem ser contemplados. Infelizmente, os editores pouco se valem desses mecanismos. Quase todas as iniciativas de advertência ou cumprimento partem da direção ou da secretaria.

Entre os mecanismos de controle está todo o acompanhamento estatístico feito para que possa funcionar eficientemente o programa de metas e a comparação com os diários concorrentes (ver capítulo anterior).

Ainda neste capítulo deve ser abordado o orçamento da Redação, que não existia em 1984, foi iniciado a partir de 1985 e descentralizado por editorias em dezembro de 1986. Trata-se de um extraordinário avanço, pois é da tradição dos jornalistas brasileiros não se preocupar com os custos da operação por eles comandada. Com o orçamento em suas mãos, eles se vêem obrigados a administrar seus recursos, dar prioridade a gastos conforme seus critérios, prioridades e necessidades jornalísticas. As 15 unidades em que está dividida a Redação da *Folha* respondem por seu próprio orçamento, estabelecido em função das despesas médias nos períodos imediatamente anteriores e das circunstâncias empresariais de cada conjuntura específica.

Para a Redação da *Folha*, "o conceito de orçamento em nada se aproxima do que se usa na administração pública. A quantia de dinheiro que servirá de parâmetro para os gastos mensais de cada unidade não é uma verba que precisa ser gasta num determinado período de tempo. Os responsáveis por sua administração não devem procurar gastar o máximo possível para conseguirem quantias maiores nos meses seguintes. Ela serve apenas de balizamento para os gastos de cada unidade. Se houver necessidade de ultrapassar esse parâmetro, ele será ultrapassado em acordo com a direção de Redação. Se for possível ficar aquém dele, toda a Redação será beneficiada. Será considerado um critério de eficiência a obtenção dos melhores resultados jornalísticos com os menores gastos".

Finalmente, neste capítulo também deve ser feita uma menção ao organograma da Redação da *Folha*, adotado a partir de março de 1986, quando ocorreu a reaproximação técnica e hierárquica dos repórteres da Agência Folhas com os editores que pôs fim à anomalia da chefia dupla que tantos problemas causou ao projeto no início de sua adoção (ver "O Projeto"). Esse organograma foi o primeiro da história da Empresa Folha da Manhã S/A. A Redação, com todo o improviso natural na atividade jornalística no Brasil, foi a primeira unidade da empresa a ter um organograma.

Quem conhece jornalistas brasileiros sabe como é difícil para a maioria deles pensar em termos organizacionais e pode imaginar os problemas que implica dar a eles um organograma, um orçamento e várias planilhas para administrar. Essa incompatibilidade esteve na raiz de várias pequenas e grandes crises que o projeto superou ao longo de seus primeiros mil dias. Em muitos episódios terá faltado habilidade e tato da direção e da secretaria para convencer jornalistas a adotar determinados procedimentos, métodos e instrumentos organizativos. Mesmo assim, todos eles estão adotados e são operados por jornalistas, sem maiores dificuldades aparentes.

É pouco provável que esses aparatos administrativos possam ter piorado a qualidade do jornal, embora não devam faltar os que argumentem que o tempo tomado dos jornalistas para a confecção de trabalhos administrativos teria sido mais bem investido na produção jornalística propriamente dita. Mas poucos poderão negar que a maioria desses instrumentos tem aplicação jornalística objetiva e ajuda quem deve tomar decisões a ter uma visão mais clara e rápida do processo.

O PROFISSIONAL

Muitos dos conflitos que marcam os primeiros mil dias do projeto ocorrem diretamente com o Sindicato dos Jornalistas Profissionais no Estado de São Paulo e envolvem temas que de uma ou outra forma têm a ver com a questão do profissional do jornalismo. A direção de Redação acha que está contribuindo para a formação de um novo tipo de profissional, mais sofisticado, mais responsável, mais bem remunerado; a direção do Sindicato acha que o projeto avilta o profissional, fere sua dignidade, tenta destruir sua capacidade de organização.

Ao longo do período entre maio de 1984 e fevereiro de 1987, uma verdadeira guerra de movimentos travou-se entre *Folha* e sindicato. Como invólucro de quase todo esse período esteve a questão da obrigatoriedade do diploma de bacharel em jornalismo para o exercício da profissão.

Em primeiro lugar, quem é o jornalista que trabalha na *Folha*? Levantamento estatístico de 31 de março de 1986 revela que ele tem a idade média de 33 anos. Cerca de 3/4 dos jornalistas são homens. A taxa de *turn-over* (rotatividade de pessoal) na Redação da *Folha* é altíssima: 32% em 1984, 44% em 1985 e 55% em 1986, quando o ideal entre administradores de empresas é considerado algo em torno de 10%. Em 1984, pediram demissão ou foram demitidos 116 jornalistas; em 1985, 142; e em 1986, 187; nos dois primeiros meses de 1987, foram 29; num total de 474 em mil dias, o que dá a média de uma pessoa deixando a Redação da *Folha* a cada 2,1 dias.

Um estudo clássico sobre as causas de *turn-over* em empresas jornalísticas mostra que a taxa de rotatividade nas Redações é maior do que em qualquer outro tipo de negócio, o que pode atenuar a impressão devastadora que os números da *Folha* podem causar. Esse estudo demonstra que, ao contrário das demais profissões, para o jornalista o que o prende a um emprego é menos o salário que ele ganha do que outras condições mais subjetivas, entre elas: a presença ou não de tarefas "desafiadoras", a perspectiva de futuro no emprego, a perspectiva de futuro na profissão e a maior ou menor oportunidade de auto-expressão.[109]

Não há pesquisa desse gênero no Brasil (pelo menos que tenha se tornado pública). Mas as conclusões de Samuelson no estudo citado em relação aos jornalistas norte-americanos talvez possam ser aplicadas aos brasileiros, de alguma forma. Os motivos que podem levar um jornalista a querer sair de um emprego, segundo Samuelson, seriam portanto: baixos salários, falta de trabalho desafiante, falta de perspectiva de crescimento na empresa ou na profissão e pouca oportunidade de auto-expressar-se.

No caso da *Folha*, os salários são – na média – os maiores do jornalismo diário brasileiro. São menores do que os das revistas, mas cerca de 20% mais altos do que os dos demais jornais e um pouco mais do que isso em relação às emissoras de TV e rádio. Além disso, em poucas empresas de qualquer ramo de atividade no Brasil hoje tantas promoções salariais reais terão sido concedidas no período estudado. Foram 267 promoções salariais sem troca de funções. Ou seja: jornalistas que passaram a receber mais para realizar o mesmo trabalho que faziam antes. Se forem somadas as promoções motivadas por promoção funcional, o número chega a 400.

O segundo item do parágrafo anterior já responde em parte à questão da perspectiva de crescimento profissional na *Folha*. Em poucas Redações a mobilidade funcional é tão grande. Não é incomum que em poucos meses um jornalista que tenha ingressado na base da carreira esteja ocupando uma posição de comando. Além disso, trata-se de uma Redação em crescimento quantitativo. Em maio de 1984, havia 330 jornalistas na Redação; em fevereiro de 1987, são 360.

Esse aumento de pessoal não é contraditório com a política da empresa de ter uma Redação enxuta (ver capítulo "O Projeto").

109 Meurill Samuelson, "Job Turnover in the Newsroom", em: *New Research for Better Newspaper 1* (1962), p. 110-13.

A Redação vem sendo enxugada, apesar do crescimento de vagas. O que ocorre é que o produto cresce. No período estudado, foram criadas três editorias (Arte, Educação e Ciência e Suplementos), quatro suplementos (Agrofolhas, Imóveis, Empregos e Veículos), 31 novas seções, diversas sucursais e cargos de correspondentes no Brasil. A Redação da *Folha* produziu 1.136 páginas a mais em 1986 em relação a 1985, passando de 12.864 para 14 mil páginas de redação em um ano.

Assim, as perspectivas de crescimento profissional na empresa são boas e não justificariam o desejo de sair que parece ter motivado 474 jornalistas a fazê-lo. Da mesma forma, o fato de se ter trabalhado na *Folha* no período estudado só pode enriquecer um currículo profissional. O aumento de vendas (a circulação paga média total em maio de 1984 foi de 208.717 cópias por dia, em fevereiro de 1987 foi de 310.235 cópias por dia, um crescimento de 50%) e de publicidade (houve um avanço de 74,6% no espaço publicitário vendido pela *Folha* entre 1985 e 1986) é incontestável e mensurável. O aumento de prestígio e influência do jornal na sociedade também é incontestável, embora não se possa medir. Quem sai da *Folha*, seja qual for o motivo, sai credenciado pelo fato de ter participado de alguma forma desse projeto bem-sucedido em termos de mercado. Além do mais, é proverbialmente conhecida nas Redações a alta exigência de qualidade existente na *Folha*, o que só dignifica ainda mais o jornalista que dali sai.

Desse modo, sobra um motivo para justificar a saída de tantas pessoas (a maioria absoluta por desejo próprio) da Redação: a falta de oportunidade para auto-expressão, seja ela jornalística (os limites à criatividade impostos pelo *Manual*, como descritos em "O *Manual*") ou política (o projeto – ou a maneira utilizada para implantá-lo – pode ter intimidado a base da Redação, coibindo iniciativas e conduzindo as pessoas a um estado de frustração).

Embora não haja absoluto consenso na direção de Redação sobre os malefícios de um *turn-over* tão alto, nunca houve uma política para intencionalmente mantê-lo assim e este trabalho vem procurando demonstrar que a alta rotatividade é nociva aos interesses do projeto. Estudar com mais vagar os motivos reais do fenômeno poderá contribuir para um melhor entendimento da forma como o projeto é encarado pela base da Redação e para uma eventual fórmula que mantenha o *turn-over* em níveis mais reduzidos.

Na reunião-almoço mensal de março de 1987 entre a direção da empresa, direção de relação, editores e repórteres especiais, foi levantado o assunto pela editoria de Cidades e uma proposta concreta de organização de uma gerência de recursos humanos que teria, entre outras, a função de apurar as causas da rotatividade, foi encaminhada à direção de Redação com a recomendação da direção da empresa para que ela fosse cuidadosamente avaliada.

Otavio Frias Filho condena a rotatividade excessiva, considera que há "incompetência" em não se manter controle sobre ela, mas vê uma vantagem: ele acha que uma das razões por que o processo de mudanças na Redação não estancou ao longo desse período é exatamente esse alto *turn-over*.

Apesar dessa vantagem, Frias Filho diz que é importante manter as pessoas que interessam ao jornal. Acha que isso é possível por três caminhos: melhores salários (que já vêm sendo concedidos), adesão ideológica (que se tenta obter, com sucesso parcial) e menos esforço pessoal (que é difícil de obter sem prejuízo da qualidade do produto). Assim, Frias Filho acha que, embora seja necessário um esforço para reduzir a taxa de *turn-over*, é quase inevitável o que ele chama de "seleção natural": algumas pessoas simplesmente não agüentam o ritmo e pulam fora.

Podem-se especular algumas razões para o alto *turn-over*. Da parte da direção, um possível excesso de pressa para ver resultados concretos do esforço despendido e um grau de perfeccionismo talvez exagerado para uma atividade tão sujeita a percalços e erros como é a jornalística. Da parte da base da Redação, um possível estado de espírito de acomodamento e de satisfação diante de poucas exigências e de conseqüente indignação diante do aumento do grau de exigência. De qualquer maneira, apenas um estudo específico e detalhado poderia resolver essa questão.

Se há problemas na saída dos jornalistas, também há na entrada. Se 474 jornalistas deixaram o jornal no período estudado e houve um acréscimo de 30 vagas no total da Redação, isso significa que 504 jornalistas ingressaram no jornal no mesmo período, o que dá uma média de um a cada 1,9 dia. Desde novembro de 1984, todas as admissões, exceto para cargos de confiança (editor,

editor-assistente e repórter especial), ocorrem por concurso público. A decisão foi tomada por motivos de convicção pessoal (o concurso é mais democrático e diminui a possibilidade de formação de "igrejinhas" na Redação do *publisher* do jornal e por uma questão de ordem prática: a alta taxa de rotatividade fez com que se enxugassem em pouco tempo os círculos de conhecimento dos integrantes da direção da Redação.

O concurso público e o sistema de avaliações de desempenho profissional são instrumentos que, embora malvistos por boa parte dos jornalistas, garantem ao profissional um nível de democratização nas relações de trabalho raras vezes observado em Redações brasileiras.

A oposição ao concurso público se dá por motivos bastante pouco nobres. A partir de janeiro de 1985, os anúncios publicados para divulgar a existência de vagas na Redação passaram a conter obrigatoriamente o salário oferecido. É pouco lembrado, mas uma das causas mais fortes para a elaboração do abaixo-assinado de fevereiro de 1985 foi o fato de dias antes haver sido publicado um anúncio para a vaga de um repórter com salário considerado alto.

Os jornalistas que tomaram a iniciativa de redigir o abaixo-assinado mostravam-se indignados com o fato de aquela vaga de salário alto estar sendo oferecida para pessoas de fora da Redação (embora sempre tenha sido uma norma dos concursos públicos da *Folha* que os interessados da própria Redação podem se inscrever e, em igualdade de condições com um concorrente externo, eles têm a preferência). Essa visão corporativista e que segue a lógica de que antiguidade é mérito está claramente expressa no documento: a terceira proposta por ele levada à direção é a "definição de uma política salarial que dê prioridade aos que já trabalham na empresa".

A avaliação que a direção de Redação faz do sistema de concurso público em fevereiro de 1987 é que ele é "muito mais uma conquista política", no sentido de que sinaliza com clareza para o público interno e para o externo que a *Folha* deseja ampliar o universo de onde retira os profissionais que trabalham em sua Redação.

Do ponto de vista da qualidade do material humano selecionado, é difícil comparar se ele é melhor do que seria se outro método fosse utilizado, mesmo porque não há termo de comparação recente. Mas não há dúvida de que o método está sofrendo deficiências de execução bastante evidentes. O número excessivo de concursos motivado pelo *turn-over* elevado prejudica a apreciação dos candidatos em cada um deles. A alta concentração de tarefas nas pessoas que devem obrigatoriamente compor as bancas de seleção também faz com que o exame seja apressado e interrompido. Pelos mesmos motivos, as entrevistas são mais rápidas do que seria desejável.

Mesmo assim, como costuma dizer Octavio Frias de Oliveira, "o concurso público é a pior maneira de se selecionar pessoal, mas ainda não se encontrou outra melhor". De novo aqui, uma gerência de recursos humanos na Redação poderia aprimorar o sistema de concursos, descobrir-lhes deficiências e propor modificações.

Na política de aprimoramento profissional do jornalista que trabalha na *Folha*, um programa de seminários internos passou a ser cumprido a partir de 1986, com especial ênfase no ano de 1987. Encontros com cientistas, palestras sobre temas específicos de cada editoria, curso de especialização, reuniões com personalidades estão programados de modo que todos os jornalistas possam ampliar seu universo de conhecimento a respeito dos problemas da área específica que cobrem e da profissão.

Não se trata de uma política que objetive resultados concretos a curto prazo, mas sim de uma tentativa de espraiar pela Redação uma atitude de valorização do conhecimento específico e de motivação para o jornalista se aperfeiçoar por conta própria. O programa oferece a chance para o jornalista se encontrar com personalidades que costuma entrevistar para uma troca de idéias e de conhecimentos sem a pressão dos horários. Também oferece a oportunidade de o profissional sanar deficiências de sua formação (curso de português) e de discutir problemas técnicos concretos de sua atividade (seminários de jornalismo).

Há reações contra o programa de seminários. Muitos jornalistas acham ofensivo à sua imagem participar de cursos. Sua atitude é a de quem já sabe tudo e admitir a possibilidade de ter algo para aprender lhes parece humilhante, em especial se se trata de assunto tão primário como o português, por exemplo.

Outros se queixam de que o programa de seminários é uma carga de trabalho adicional e não remunerada. Em vez de perceberem a chance do aperfeiçoamento e de compreenderem que se trata de um investimento que a empresa e ele próprio fazem em seu futuro, preferem enxergar o incômodo de passar algumas horas sentados num auditório a ouvir uma conferência. Mas essa reação não é unânime. Ao contrário, a participação tem sido boa na maioria dos seminários.

O público externo avalia bem a iniciativa, Francisco Weffort, professor da Universidade de São Paulo e um dos convidados para o seminário da editoria de Política de 1987, acha que a atividade jornalística é voltada para grande quantidade de assuntos e deve contar com a colaboração de especialistas de todas as áreas. A divulgação de reportagem sobre o programa provocou dezenas de telefonemas à Redação de pessoas interessadas em participar dos seminários, em especial os de política, economia e cultura, que contarão com a presença de pessoas famosas.

A *Folha* não é pioneira nesse tipo de programação. Além das experiências de Nabantino Ramos na década de 1950 (ver capítulo "A História"), o *Jornal do Brasil* na década de 1970 realizou muitos cursos internos de caráter similar.

Extensão natural dos seminários na direção da especialização e do aperfeiçoamento profissionais são os manuais para coberturas específicas. Qualquer cobertura de evento importante e demorado exige do jornalista que nela vai trabalhar uma soma de conhecimentos que, se consolidados num documento de fácil consulta, serão mais facilmente por ele dominados, em benefício do leitor e de si próprio.

De novo, trata-se de mais uma tarefa para um grupo pequeno de pessoas que deve conceber e elaborar o manual e de mais um instrumento para o jornalista consultar. Também dessa vez, o manual é encarado por alguns jornalistas como um instrumento da desconfiança da direção em seus conhecimentos. Nos três casos de manuais realizados até fevereiro de 1987, esse tipo de reação foi pequeno. Em geral, os manuais foram bem recebidos, com poucas críticas. Em compensação, sua utilização ficou aquém da esperada.

Mas o mais importante é que esses manuais passam para o jornalista uma imagem de Redação bem organizada, preocupada com a qualidade da informação, disposta a oferecer todas as condições possíveis para que o profissional faça o melhor trabalho.

O primeiro manual foi o da Copa do Mundo de Futebol de 1986. Ele definia a política editorial do jornal com relação à cobertura, oferecia um calendário completo e detalhado dos jogos, ficha técnica de cada cidade onde os jogos seriam realizados, ficha técnica de cada país cuja seleção participava do torneio, informações sobre o futebol em cada um desses países, o regulamento da Copa, relação dos juízes e jogadores inscritos, biografia dos jogadores da seleção brasileira, histórico da participação de cada seleção nas copas anteriores, o *ranking* geral das copas e um figurino gráfico para ser usado pelos diagramadores e editores.

Nas eleições para governos estaduais e parlamentos estaduais e federal de 1986, um manual já bem mais sofisticado também foi distribuído para todos os jornalistas envolvidos na sua cobertura, oferecendo: a política editorial, a relação dos cargos em disputa, o calendário eleitoral, um guia de consulta à legislação eleitoral, informações sobre a justiça eleitoral, dados geopolíticos do Brasil e de cada Estado da Federação, resultados das eleições de 1982 e 1985, relação dos partidos políticos com os nomes de seus presidentes, lista de todos os candidatos a cargos majoritários, gráfico de evolução das pesquisas de opinião pública ao longo do ano, relação de endereços e telefones de fontes de informação, mapas de todos os Estados.

Em janeiro de 1987, saiu o *Manual da Constituinte*, melhor que os anteriores, para ser usado o ano inteiro, com todas as informações necessárias sobre o Congresso constituinte, cada constituinte, os temas mais importantes que serão tratados no Congresso constituinte, os constituintes de 1946, as entidades envolvidas no debate constituinte, um resumo das constituições brasileiras, um glossário jurídico-legislativo, uma bibliografia básica sobre direito constitucional e a cronologia da campanha pela Constituinte.

Não deixa de ser paradoxal que uma política editorial tão voltada para a especialização técnica e com inconfundível pendor para o acadêmico-científico tenha sido acusada de ser contra as escolas de jornalismo. Mais paradoxal ainda pelo fato de os dois secretários de Redação e pelo menos dois editores terem passado parte de suas carreiras profissionais como professores de escolas de jornalismo.

O que acabou parecendo uma posição antiescolas da parte do projeto tem duas explicações: uma de ordem política, outra de ordem prática. A prática pode ser resumida rapidamente: os problemas encontrados no processo de captação de recursos humanos para a Redação levaram os dirigentes da Redação a imaginar se não seria mais fácil recrutar valores de bom nível entre egressos de outras escolas que não as de jornalismo, ainda que eles não fossem a maioria.

Uma das causas do alto *turn-over* registrado na Redação é o fato de que o padrão de excelência que ali vem sendo exigido é bastante alto, aparentemente acima da capacidade de um bom número de jornalistas atingi-lo. O fato de algumas pessoas com grande pendor para o jornalismo, bom nível intelectual, boa formação acadêmica não poderem ser aproveitadas para preencher lacunas que os formados em jornalismo se mostravam incapazes de ocupar foi um dos motivos para a tomada de posição editorial contra a obrigatoriedade do diploma.

As razões de ordem política são de duas categorias. Primeiro, é uma questão filosófica. O jornal defende uma posição anticorporativista na organização das relações de trabalho e uma posição de total liberdade de expressão na organização das relações sociais. A obrigatoriedade do diploma, na opinião da direção de Redação, choca-se com essas duas posições.

Segundo, a história do projeto nos seus três primeiros anos está fortemente influenciada no campo das questões profissionais pelos freqüentes confrontos entre a direção de Redação do jornal e a direção do sindicato da categoria em São Paulo, os quais acabaram se polarizando ideologicamente em torno da questão do diploma.

O primeiro atrito entre direção do jornal e direção do sindicato ocorreu em junho de 1984, na demissão dos 27 jornalistas por inadequação ao grau de exigência técnica do projeto. O sindicato protestou, divulgou os nomes dos demitidos, reuniu-os na sede da entidade com o objetivo de organizar alguma reação. Sem êxito.

Em fevereiro de 1985, com o abaixo-assinado de jornalistas da *Folha*, o confronto foi mais sério. O sindicato publicou reportagem de capa em seu jornal *Unidade*, que foi considerada por muitas das pessoas citadas (e que até então funcionavam como uma espécie de "ponte" entre sindicato e jornal) mentirosa, difamatória, tecnicamente comprometedora.

Apesar disso, a diretoria do sindicato foi recebida em abril de 1985 pela direção de Redação para uma tentativa de aproximação que resultou inútil.

Um dos assuntos que se discutiu nesse encontro tenso foi a possibilidade de o sindicato continuar falando livremente, em qualquer horário, aos jornalistas da Redação. Naquele período, a direção da empresa cobrava da Redação melhores resultados nos horários de fechamento, que haviam sido antecipados em 30 minutos em dezembro de 1984 e não estavam sendo cumpridos (a média de atraso no segundo trimestre de 1985 foi de 18 minutos, segundo o acompanhamento do programa de metas trimestrais).

Por isso, a direção de Redação resolveu restringir a determinados horários esses encontros: "Os cronogramas de fechamento da *Folha* são os mais rigorosos da imprensa brasileira. As instruções que recebemos da Empresa determinam o encerramento da edição às 22h30. Mas os atrasos têm sido muito freqüentes, prejudicando a estratégia de distribuição do jornal. Por esse motivo, a Direção de Redação se julga no dever de vetar qualquer interrupção no andamento dos trabalhos, seja no nível da reportagem, seja no nível da edição. Não acha conveniente, porém, que essa determinação, de caráter irrecorrível, impeça um contato entre a diretoria do Sindicato e os jornalistas da *Folha* em seu próprio local de trabalho. Assim, a Direção de Redação oferece ao Sindicato duas opções possíveis: que se reúnam com as equipes após o fechamento [...] sem limite de tempo ou que essa reunião se dê antes dos horários de entrada no trabalho, sempre e em qualquer caso mediante pedido encaminhado à Direção de Redação com 24 horas de antecedência. Caso a opção recaia sobre esta segunda hipótese, haverá o prazo de 20 minutos, conforme sugestão do Sindicato [...]".

O Sindicato considerou a decisão uma restrição à liberdade de organização dos jornalistas e atacou a direção de Redação. Mesmo assim, os encontros continuaram ocorrendo dentro dos padrões estabelecidos.

Em setembro de 1985, a *Folha* publicou reportagens sobre o duplo emprego de jornalistas que trabalhavam ao mesmo tempo para veículos de comunicação e órgãos governamentais. As reportagens caíram como uma bomba sobre a categoria. O jornal divulgou os nomes de todos os jornalistas naquelas condições que conseguiu documentar, inclusive os que trabalhavam para a própria *Folha*. A partir de então, a direção de Redação passou a exigir de quem viesse a ser contratado pelo jornal que mantenha um regime de dedicação exclusiva, exceto no caso de o profissional ter contrato de trabalho como docente em universidade e no caso de colaborações eventuais para outros veículos, desde que devidamente autorizadas com antecedência.

O Sindicato se sentiu incomodado, principalmente porque cartas de leitores publicadas pela *Folha* cobraram dele uma posição mais clara sobre o assunto do duplo emprego. Nemésio Prado escreveu: "A posição de espantoso silêncio assumida pelo Sindicato dos Jornalistas perante a reportagem [...] é absolutamente incoerente com a atitude que vem tomando nos últimos anos de rigorosa aplicação de um ridículo texto legal que reserva a atividade jornalística apenas aos portadores de graduação em curso superior específico [...] O que resta de tudo isso é que o Sindicato dos Jornalistas, silencioso sobre o assunto, torna-se conivente com essa imoralidade [...]". Elvira Lívio escreveu: "Tão indecoroso quanto juntar sinecura oficial à atividade na Redação é fazer do jornalismo um meio de doutrinação político-ideológica dos leitores. O silêncio do Sindicato dos Jornalistas pode ser explicado na contumácia com que seus associados – e os diretores do Sindicato – 'assumem' causas partidárias dentro das Redações, desvirtuando o noticiário para acomodá-lo aos seus interesses políticos ou às suas idiossincrasias ideológicas".

Na verdade, o sindicato não mantivera silêncio sobre o assunto, como viria a reclamar em carta de 16 de outubro de 1985. No dia 25 de setembro, o *Mural* do Sindicato havia publicado uma nota em que o Sindicato fala sobre o tema, mas não se posiciona: "O Sindicato reconhece que o trabalho simultâneo de um jornalista em um meio de comunicação social e no serviço público ou em uma assessoria de imprensa de empresa privada é uma questão polêmica dentro da categoria, não tendo uma posição oficial a respeito [...] Quanto à dedicação exclusiva que muitas empresas pretendem exigir, o Sindicato entende que nada impede o jornalista de concordar com ela, se puder decidir livremente e houver a contrapartida de uma remuneração adicional correspondente à exclusividade [...] Do contrário, as empresas estarão reduzindo o jornalista à condição de escravo [...]".

O lance seguinte, logo após a publicação da reportagem sobre o duplo emprego, coube ao Sindicato, que denunciou à Delegacia Regional do Trabalho o diretor de Redação da *Folha* por exercício ilegal da profissão.

Em reação, Frias Filho, que possuía havia nove anos o registro de jornalista provisionado – como documentou à DRT –, proibiu a entrada do Sindicato na Redação para fazer qualquer comunicado verbal coletivo. "Os diretores do Sindicato estão levando uma política de ataques sistemáticos e caluniosos contra o jornal, contra mim pessoalmente, por essa razão, decidimos nos ater ao que está estabelecido no acordo do último dissídio entre o Sindicato das empresas e o Sindicato da categoria. As comunicações devem ser feitas através de murais e nada mais."

O presidente do Sindicato, Gabriel Romeiro, diria: "Critico a forma insegura com que a *Folha* trata a questão do emprego e o caráter autoritário de dirigir o jornal e de se relacionar com os funcionários". Foi realizado um ato público de protesto em frente ao jornal e redigido um abaixo-assinado de entidades e políticos (muitos dos quais depois se retratariam publicamente ao conhecerem a causa do conflito) contra a decisão da direção de Redação. Mas ela foi mantida até que, em 17 de outubro de 1985, uma carta da diretoria do Sindicato aos jornalistas da *Folha* admitiu que "Octavio Frias de Oliveira Filho é portador do registro de estagiário provisionado nº 128 (Livro 01, fls. 65) requerido à DRT/SP e obtido em 15.06.78. Por força do que dispõe o artigo 17 do Decreto 83.824/79, tem o direito de exercer qualquer função jornalística no Estado de São Paulo, inclusive a que tem atualmente, de diretor de Redação da *Folha de S.Paulo*. Não exerce pois ilegalmente a profissão de jornalista".

Foi na seqüência desse incidente, o mais grave das relações entre *Folha* e Sindicato, que o jornal começou a publicar reportagens sobre a questão da obrigatoriedade do diploma de bacharel em jornalismo para o exercício da profissão. Durante todo o ano de 1986, dezenas de reportagens e artigos foram publicados mostrando os dois lados da questão. A posição em editorial foi contra a obrigatoriedade.

Depois desse confronto mais sério, as relações entre Sindicato e *Folha* foram marcadas por escaramuças freqüentes, a maior parte delas vinculada à questão do diploma, mas também motivada por outras razões: a recomendação da secretaria de Redação em novembro de 1985 para que os jornalistas se abstivessem de usar dísticos ou qualquer outra forma de propaganda eleitoral enquanto estivessem exercendo suas funções profissionais, as reportagens em abril de 1986 sobre a realização de encontro nacional de jornalistas em Brasília sob o patrocínio de organismos oficiais e o editorial "Jornalismo chapa-branca" (em 22 de abril) e, finalmente, em fevereiro de 1987, a denúncia do Sindicato à Delegacia Regional de Trabalho contra 40 jornalistas por exercício ilegal da profissão. A DRT realizou oito autuações das 40 pedidas pelo Sindicato, sendo que seis delas na Redação da *Folha*. Nessa ocasião, o jornal ouviu dezenas de jornalistas e personalidades sobre as autuações. O jornalista Joelmir Beting, vice-presidente do Sindicato, recusou-se a comentar o assunto e, em conseqüência, foi exonerado do Conselho Editorial.

A acusação de que a *Folha* é contra as escolas de jornalismo não se sustenta nos fatos. Se fosse, por que estabeleceria um convênio com o Departamento de Jornalismo e Editoração da Escola de Comunicações e Artes da Universidade de São Paulo por meio do qual patrocina todos os anos, desde 1985, um curso em nível de pós-graduação ministrado na escola? Se fosse, como poderia conviver com o fato de um de seus secretários de Redação, eu, ser professor na mesma escola há 11 anos e continuar mantendo essa posição?

O que existe é um problema político grande nas relações entre a *Folha* sob a gestão Frias Filho e o Sindicato dos Jornalistas sob a gestão Gabriel Romeiro. Um problema contraditório em si, pois um projeto de modernização da atividade jornalística não deveria, para enfrentar as resistências, resultar numa política que tem como conseqüência o esvaziamento da mediação sindical das relações de trabalho.

A história do capitalismo mostra que, à medida que ele se desenvolve, o sindicalismo também se desenvolve como mediador das relações de produção. Mas há episódios em que essa mediação em vez de apontar para a modernidade acaba provocando o atraso, como são os casos do sindicalismo argentino em geral da década de 1950 para cá ou dos sindicatos de jornalistas britânicos que impediram por mais de 25 anos que técnicas modernas de produção de jornais fossem adotadas nas publicações de Londres. Também há exemplos em que, depois de um estágio de desenvolvimento comum, capitalismo e sindicalismo se divorciam, como no caso do Japão, em que as relações de trabalho não são mediadas por qualquer entidade sindical, mas tratadas no interior de cada empresa. Assim também tem ocorrido nas duas últimas décadas nos Estados Unidos, onde os sindicatos perdem força no seu papel de mediador a cada ano.

O LEITOR

Como atingir o leitor é a principal preocupação do jornalista. Ou deveria ser. É antiga e corrente na profissão a crença de que, apesar de ser o leitor quem sustenta o jornal, o jornalista só escreve para si mesmo e seus pares. Na filosofia do "Projeto *Folha*", a preocupação com o leitor passa a ser fundamental. Editores e integrantes da direção de Redação sempre lembram os demais jornalistas da importância que tem o ponto de vista do leitor.

Para conhecer melhor o seu leitor, o jornal vem realizando desde 1982 pesquisas de opinião pública tanto para uso interno como para consumo do próprio leitor através de instituto próprio. Inicialmente chamado de Departamento de Pesquisa e depois de "Pesquisa *Folha*", esse instituto consolidou-se como Datafolha em setembro de 1984.

Desde abril de 1985, quando o sociólogo Antonio Manuel Teixeira Mendes assumiu sua coordenação, o Datafolha cresceu em importância na estrutura do jornal e em fevereiro de 1987 é um dos principais fornecedores de serviços e informação de que a Redação dispõe.

Sempre que há alguma dúvida sobre alguma seção específica, o Datafolha é chamado para uma pesquisa entre os leitores do jornal que fornecerá elementos para uma tomada de decisão mais bem embasada. As pesquisas de opinião são constantemente manchetes do jornal. Durante as eleições de 1985 e 1986, o Datafolha acompanhou com tanta precisão as oscilações da intenção de voto, que passou a ser comum ser citado por todos os veículos de comunicação importantes do país, ao lado dos tradicionais Ibope e Gallup como ponto de referência.

Diversas seções editoriais dependem hoje exclusivamente do Datafolha. Todas as pesquisas de preços (autopeças, motopeças, autos usados e novos, caminhões novos, tratores novos, manutenção de veículos, supermercados – De Olho na Inflação –, produtos da área da informática, imóveis – locação e vendas –, eletrodomésticos, livros), o acompanhamento de salários e de mercado de trabalho, os índices de produtividade na editoria de Esportes, a série Universidade em Exame, a avaliação das salas de espetáculo, as vendas de livros, discos, quadros, vídeos, os filmes mais vistos, as peças mais assistidas, as músicas mais tocadas. Em menos de dois anos, o Datafolha fez 739 pesquisas de opinião pública e entrevistou 470.285 pessoas em oito capitais do país, com alto grau de precisão.

Seu trabalho mais volumoso é o perfil anual do leitor. Sob a responsabilidade do Datafolha, ele foi realizado em 1985 e 1986. Está em andamento a pesquisa de 1987. Antes, o jornal fez perfis do seu leitor em 1982 e 1983.

As conclusões de 1986 mostram que: 52% dos leitores são casados, 50% têm até 35 anos de idade, 26,2% são profissionais liberais (14% são executivos, 13,6% são autônomos, 12,1% funcionários públicos, 11,2% empregadores), 40% ganham mais do que 20 salários mínimos por mês (34% ganham entre dez e 20 salários e 26% ganham até dez salários), 42% são de classe A (37% de classe B, 18% classe C e 3% D), 61% dos leitores são católicos (20% não têm religião e 4% são ateus).

Os jornalistas costumam achar que o leitor consome o jornal confortavelmente sentado, com toda a atenção dedicada ao que está lendo, com muito tempo de sobra. Como diz Ruth Clark: "a maioria dos jornais é lida às carreiras, em ônibus e trens, em lanchonetes [...], enquanto estão ouvindo rádio, vendo televisão, envolvidos em qualquer passatempo, até mesmo enquanto conversam com alguém". O "Perfil do Leitor" da *Folha* mostra que essa impressão é correta: se o leitor diz que, em média, dispõe de 30 minutos a uma hora para a leitura do jornal todos os dias, é razoável presumir-se que esse tempo é ainda menor e que ele é consumido junto com outras atividades, como alerta Clark.

Apesar de todo o esforço na área da precisão da informação e do apartidarismo, 39% dos leitores ainda acham a *Folha* tendenciosa, embora 77% a considerem confiável.

A comparação entre as quatro pesquisas de perfil do leitor da *Folha* que abrangem período anterior à implantação do projeto e todo o período posterior a ele permite interessantes conclusões. É preciso levar em conta que as pesquisas de 1982 e 1983 foram feitas com metodologia diferente da utilizada nas de 1985 e 1986 e que o grau de confiabilidade daquelas é menor do que o destas. Mas, com todas as ressalvas, é importante comparar para se perceberem algumas tendências no leitorado da *Folha*.

O que mais chama a atenção é a melhoria do nível de consumo do leitor da *Folha*. Em 1983, 22% dos leitores pertenciam à classe A; em 1985, a classe A representava 38,4% e em 1986, 42%. Em 1983, 46% dos leitores pertenciam à classe B; em 1985 e em 1986, eles são 37%. Em 1983, 25% dos leitores eram da classe C; em 1985, 20,5%; e em 1986, 18%. Em 1983, 7,1% dos leitores estavam na classe D; em 1985, 3,7%; e em 1986, 3%.

A mesma tendência se observa na renda familiar declarada. Em 1983, só 30,1% dos leitores declaravam ter rendimentos acima de 20 salários mínimos; em 1985 e 1986 essa porcentagem sobe para 38%; em 1983, 22,5% dos leitores estavam na faixa de cinco a dez salários mínimos, porcentagem que cai para 20,5% tanto em 1985 como em 1986.

Esses números indicam que o leitor da *Folha* se sofisticou ao longo da década, impressão reforçada quando se observa o item "nível de instrução". Em 1982, 10,8% dos leitores tinham apenas o nível primário; em 1986, esse índice cai para 3,3%; em 1982, 16,2% dos leitores tinham o antigo ginásio; em 1986, o índice cai para 6,8%. Em compensação, os leitores com estudos em nível de pós-graduação sobem de 3,8% em 1982 para 11,4% em 1986.

É evidente que o tipo de jornal a ser feito para um público com essas características de renda, consumo e instrução é muito diferente do que se fazia em 1982. É também evidente que esse tipo de leitor é muito mais importante para o jornal do ponto de vista de possibilidade de obtenção de publicidade quanto do de influência sobre a opinião pública.

Outra observação interessante é que diminui ao longo dos anos a porcentagem dos leitores que vêem a *Folha* como um jornal de centro e sobe a dos que a acham tanto de centro-direita como de centro-esquerda. Em 1982, 44,2% classificavam a *Folha* como de centro; em 1983, 51,5%; em 1985, 39,1%, e em 1986 31,1%. Já as porcentagens dos que vêem o jornal como de centro-direita são as seguintes: 12,4% (1982), 14,7% (1983), 14,2% (1985) e 16,6% (1986). Os que acham que a *Folha* é de centro-esquerda evoluem assim: 14,6% em 1982, 23% em 1983, 22,6% em 1985 e 25,3% em 1986.

Curiosamente, cai muito a porcentagem dos que acham a *Folha* de esquerda e cai só um pouco a porcentagem dos que acham a *Folha* de direita. Esta é a evolução dos que acham a *Folha* de esquerda: 7,6% em 1982, 2,5% em 1983, 2,4% em 1985 e 3,3% em 1986. Esta é a evolução dos que acham a *Folha* de direita: 10,5% em 1982, 7,4% em 1983, 10,1% em 1985 e 8,9% em 1986.

Finalmente, as porcentagens dos que acham o jornal tanto de extrema-direita como de extrema-esquerda mantiveram-se desprezíveis estatisticamente ao longo dos anos. O conjunto de classificações de centro-esquerda e extrema-esquerda cresceu ao longo dos anos mais do que o conjunto de classificações de extrema-direita a centro-direita, graças principalmente ao grande avanço da classificação centro-esquerda. O conjunto de direita evoluiu assim: 23,9% (1982), 22,7% (1983), 27,4% (1985) e 26,5% (1986); o conjunto de esquerda evoluiu assim: 22,8% (1982), 25,8% (1983), 25,4% (1985) e 28,6% (1986).

Significativamente, à pergunta sobre onde os leitores gostariam que a *Folha* se situasse, há um crescimento maior na mesma área em que os leitores identificam o jornal: no conjunto que vai de centro-esquerda a extrema-esquerda, com maior incidência na categoria centro-esquerda.

As pesquisas demonstram também que os leitores têm se mostrado mais satisfeitos com o jornal nos últimos anos. À pergunta se o jornal melhorou, piorou ou manteve o mesmo nível em relação ao anterior, em 1986 45% responderam que melhorou, contra 40,1% em 1985 e 40,2% em 1983; 39% disseram em 1986 que manteve o mesmo nível, em comparação com 49% em 1985 e 50,2% em 1983; 12% disseram que piorou em 1986 contra 10,0% em 1985 e 0,3% em 1983.

O leitor da *Folha* em 1986 é muito crítico, pelo que se pode depreender das baixas notas que ele deu a todas as instituições sociais sobre as quais ele foi chamado a opinar na pesquisa: a imprensa recebeu nota 5,1, num espectro de 0 a 10, seguida pelos sindicatos (3,8), os empresários (3,7), os executivos (3,5), a Igreja (3,2), o Judiciário (3,1), o Legislativo (2,8), os militares (2,7) e os políticos (2,1). Para a "Nova República", o leitor deu nota 4,8, para as greves 3,5, para a censura ao filme *Ave Maria* de Godard 2,8.

O sucesso da *Folha* no período mais recente pode ser medido pela pesquisa sobre o período de tempo que o leitor assina ou compra regularmente o jornal. Segundo a pesquisa de 1986, 8,3% dos leitores adquiriram o hábito de ler o jornal no ano anterior, o que é uma porcentagem significativa, indicadora da capacidade de formar novos leitores.

A apreciação do jornal feita pelo leitor através da pesquisa é, em geral, bastante positiva. Ele se diz satisfeito com quase tudo exceto a fotografia, único quesito em que apenas a minoria se acha bem servida.

A pesquisa de perfil de leitor é uma das maneiras de medir o grau de satisfação ou insatisfação do leitor com o jornal. Outra é a análise das cartas enviadas à Redação. O leitor que escreve cartas à Redação não é o leitor comum. Mas pode ser considerado representativo. A *Folha* tem recebido nos mil dias de implantação do projeto um número bastante grande de cartas a seu respeito.Algumas delas já foram citadas em capítulos anteriores. Elas dão um bom apanhado da relação de amor/ódio que o projeto gosta de estimular.

Em 14 de março de 1986, um indignado leitor chamado Alvim Arap, de Taubaté (SP), por exemplo, escrevia para reclamar de Paulo Francis, que havia dito em artigo recente que "leitor que escreve carta para jornal não é bom da cabeça".

Os elogios ao apartidarismo da *Folha* são constantes. Escreve Pio Milpacher: "Parabenizo a *Folha* por ser um campo aberto de debates". Escreve Joaquim A. Nunes: "Gostaria de parabenizar a *Folha*. Jornal que acompanho há dez anos, por ter entre os seus articulistas Delfim Netto, Marilena Chaui, Fernando Henrique Cardoso [...] Democracia é isso: pluralidade". Escreve Antonio Carlos Miranda: "A *Folha* tem sido feita por homens equilibrados, por profissionais extraordinários, por reportagens que são publicadas de maneira clara e coerente [...]". Escreve Alfredo Pereira: "Sou leitor da *Folha* por ser este um jornal imparcial. Sua maior preocupação é expor opiniões e assuntos distintos e diversos ao leitor, dando-lhe a oportunidade de opção".

Mas há também os que escrevem para atacar a *Folha* pelo que acreditam ser falso apartidarismo: "Há muito que este jornal está de 'rabo preso' com o leitor burguês, anti-sindicalista, enfim, anti-popular [...]" (Luiz Ravacci Pires); "Depois de alguns anos lendo a *Folha*, cheguei a uma conclusão: as suas páginas não refletem o real, mas o imaginário dos redatores" (Luís Pedrassoli); "Se este jornal pretende ser um veículo de idéias novas, isentas de qualquer reacionarismo e voltadas para a realidade do país, seria interessante que colocassem em seu Conselho Editorial a sra. Marilena Chaui" (Renato Leone).

Os períodos eleitorais são os que mais excitam as opiniões dos leitores. No dia 31 de julho de 1985: "As recentes edições deste jornal demonstram evidente simpatia pela candidatura de Jânio Quadros à Prefeitura de São Paulo" (Eduardo Giannotti) e "Acompanhando o noticiário sobre eleição à Prefeitura de São Paulo, tendo observado que este jornal assume posição parcial e de favorecimento ao senador Fernando Henrique Cardoso. É sabido o acordo feito entre este órgão de comunicação e o PMDB" (Roseane Alves Brito). No dia 5 de setembro de 1986: "A melhor atitude que tomei nestes últimos tempos foi ter cancelado a minha assinatura deste jornal ridículo [...] Demonstrou ser um vendido, um verdadeiro puxa-saco da corja dos malufistas" (Cássia Soares); "Os donos da *Folha* serem ermiristas é compreensível, mas transformar o jornal num veículo de campanha contrária às candidaturas de Quércia e Suplicy já é demais" (Luís Guimarães). No dia 1º de outubro de 1986: "A *Folha* com suas manchetes [...] parece quercista. E olha que o Quércia e o Almino ainda criticam a imprensa de querer desestabilizar o PMDB" (Tarquínio Campos Jr.). No dia 27 de outubro de 1984: "É com pesar que vejo hoje a *Folha* vinculada à propaganda ostensiva do sr. Tancredo Neves" (José Augusto do Nascimento Neto) e no dia 28 de outubro de 1984: "Sugiro esta manchete para o vosso editorial de amanhã: 'A *Folha* malufa' [...] É triste ver a *Folha* hoje, sobretudo depois da campanha pelas Diretas-já" (Salgado Pires Ferrenho).

As questões morais são outra fonte inesgotável de polêmicas entre os leitores e a *Folha*. Após a publicação do poema "Mão no

Pau", de Roberto Schwarz, no *Folhetim* de 1º de dezembro de 1985: "Com muita indignação escrevo para dar conta do meu desapontamento [...] Deprimente e vergonhoso [...]" (Rodolpho Silva Santos); "Apoiamos a publicação do poema [...] liberdade já" (Fernando M. Silva e 172 assinaturas); " [...] venho manifestar meu desagrado pela publicação [...] de uma poesia espúria e contrária à decência" (José Martiniano de Azevedo Netto).

Durante a polêmica sobre a proibição de *Ave Maria* de Godard, em março de 1986: "Eu e grande parte do povo brasileiro ficamos mais uma vez frustrados com as atitudes de nossos chamados representantes. Felizmente, a *Folha* tem defendido a liberdade de expressão" (Rodrigo Toni); "Apresento meu mais veemente protesto à *Folha* [...] pela inserção do artigo 'Censura não', todo ele contra a Igreja Católica [...] e a favor da liberação do filme do ateu Godard" (Francisco Piorino Filho).

Às vezes é um prosaico jogo de futebol que vai provocar controvérsia, como Brasil *vs.* Espanha, na Copa do Mundo do México: "Não posso concordar, estarrecido, com as manchetes, em grande destaque, em primeira página, desse conceituado jornal, ao comentar o resultado do jogo Brasil e Espanha [...] Os srs. precisam ser mais verde-amarelo-azul ao comentarem merecidamente coisas nossas, como esta, de alta magnitude" (J. Castelar Padin); "Vendo a manchete na primeira página [...], senti-me diante de um diário espanhol, em Madrid [...] Será frustração pela vitória ou as reportagens para a derrota já estavam prontas? Afinal, sr. Redator, quem ganhou ontem foi o nosso Brasil ou só o meu?" (Arcangelo S. Filho); "A manchete [...] denota uma visão tendenciosa e distorcida [...] Ou vocês são espanhóis?" (Orestes Fruguinele); "[...] este jornal está de parabéns pela manchete, que é corajosa e expressa a verdade cristalina e inquestionável que todos viram. De duas, uma: ou o sr. Orestes é cego ou gosta de ler mentiras e, neste caso, deve trocar de jornal" (Victor Macedo); "Apresentamos nossos cumprimentos pela brilhante cobertura da copa do mundo de futebol" (Marcos Arbaitman); "Parabéns à *Folha* pela excelente cobertura da copa do mundo de futebol" (Farias Brasil).

Reportagens exclusivas como a da base militar na serra do Cachimbo costumam render boa reação dos leitores: "Admirável exemplo de democracia nos acaba de dar a *Folha* com suas reportagens sobre a serra do Cachimbo" (Emílio Miguel Abellá); "Os jornalistas, ao divulgarem a existência de um campo de provas na serra do Cachimbo, cometeram um ato antipatriótico. Deveriam, primeiro, consultar o governo brasileiro se, como segredo de Estado, poderia ser publicado" (Frederico R. Borges).

O "Painel do Leitor" está coalhado de exemplos de polêmicas sobre os mais diversos assuntos, como os citados. Elas mostram a dificuldade de tomar decisões no jornalismo e a impossibilidade de agradar todos os leitores de uma só vez. Só reforçam a necessidade de manter um jornalismo pluralista e apartidário para que o leitor que se aborrece com a posição do jornal na eleição para prefeito se sinta compensado com a reportagem sobre Cachimbo. O leitor deve se satisfazer em algum momento. O jornal não pode se tornar dogmático numa só linha, sob o custo de sectarizar seu leitorado.

Tanto a pesquisa "Perfil do Leitor" como a seção "Painel do Leitor" são insuficientes para que se tenha uma visão correta de como o público reage ao jornal. Dão bons indícios, oferecem uma visão aproximada, mas não satisfazem. Talvez seja impossível saber exatamente como o público reage.

O perfil é estatisticamente significativo, mas a técnica de que se utiliza é reconhecidamente imperfeita. O entrevistado responde para impressionar o entrevistador. Diz que lê os editoriais porque sabe que isso confere prestígio a si próprio; diz que vai a teatro porque sabe que isso denota alta cultura. Os índices do "Perfil do Leitor" mostram altas porcentagens de leitura de editoriais e de leitores que dizem ir freqüentemente a peças de teatro. Mas sabe-se que é improvável que na realidade isso ocorra. As cartas dos leitores são iniciativas isoladas de pessoas que devem representar parcela significativa do leitorado, mas não se sabe exatamente de que tipo.

Assim, talvez o melhor instrumento de mensuração ainda seja o de venda avulsa e de assinatura. Ninguém gasta dinheiro no que não gosta. Se as vendas crescem, é sinal de que o jornal está tendo boa receptividade entre o público. Se caem, alguma coisa está indo mal. Pode não ser a melhor maneira de medir a reação do leitor. Mas, com certeza, não é a pior.

CONCLUSÕES

Ao mesmo tempo que colocou em prática técnicas modernas de gerenciamento empresarial em sua Redação, a *Folha* desenvolveu um projeto ideológico de jornalismo que justifica e legitima, pelo menos aos olhos de quem a implementa, a política de organização interna das relações de produção de informações.

Não que a ideologia jornalística do projeto exista para dar embasamento teórico às modificações introduzidas nas relações de trabalho na Redação. Mas é que as duas coisas andam juntas, sem possibilidade de separar-se, uma exercendo influência permanente e decisiva sobre a outra, uma contribuindo para que a outra se estabeleça e fortifique.

O grupo de jornalistas que assumiu a direção da *Folha* sob o comando de Otavio Frias Filho em maio de 1984 não se contenta em fazer jornalismo. Tem se esforçado para formular também uma ideologia de jornalismo. Ideologia, no seu "significado fraco" como define Mario Stoppino, para diferenciar do "significado forte" que o conceito tem na escola marxista.[110]

No "significado forte", ideologia é entendida como "falsa consciência"; no "significado fraco", designa sistema de "idéias conexas com a ação" que compreendem tipicamente "um programa e uma estratégia para a sua atuação" e destinam-se a "mudar ou defender a ordem política existente" na definição de Carl Friedrich[111] ou "sistema de crenças explícitas, integradas e coerentes, que justificam o exercício do poder, explicam e julgam os acontecimentos históricos, identificam o que é bom e o que é mau [...]",[112] segundo Herbert McClosky.

110 Mario Stoppino, "Ideologia", em: N. Bobbio, N. Matteucci e G. Pasquino (orgs.), *Dicionário de Política* (Brasília: Editora Universidade de Brasília, 1986), p. 585.
111 Carl Friedrich, *Man and His Government* (New York: Free Press, 1963), p. 89.

É exatamente disso que se trata no caso do "Projeto *Folha*". As pessoas que passaram a exercer o poder na Redação do jornal a partir de maio de 1984 foram formulando ao longo dos meses um sistema de valores para legitimar o seu exercício de poder e, ao mesmo tempo, traçar roteiros de ação para seu mandato.

Jovens, inexperientes em funções de comando, politizados, esses jornalistas não dispunham de outras fontes de legitimação (como o carisma pessoal ou a fama obtida no passado) que na tradição da imprensa brasileira justificam o poder de chefes de Redação sobre o conjunto dos jornalistas de um veículo.

Dispostos a mudar uma política existente, tendo como inimigos ativos os que a defendiam, precisavam explicitar um novo corpo de valores capaz de convencer a si e a outros da conveniência de aderir a esses novos princípios.

Provavelmente esse processo se deu de forma inconsciente e assistemática durante a maior parte do tempo para a maioria dos personagens envolvidos. Apenas em lapsos de consciência é que a intencionalidade dessa explicação pode ter ficado clara para eles.

No restante do tempo, tratou-se de responder a necessidades materiais e imediatas, de ordem técnica (como tratar a informação de que Tancredo Neves não tivera diverticulite) ou tática (como enfrentar a situação criada com a entrega de um abaixo-assinado contra a direção), em pouco tempo e sob pressão.

A disposição de refletir sobre as decisões e, sempre que possível, escrever sobre elas, típica de intelectuais preocupados com a própria prática, facilitou a organização das idéias na forma de um sistema de afirmações valorativas que acabou por se consubstanciar num projeto de ação e idéias que, aos poucos, ganhou desenvoltura e maturidade, a ponto de influenciar pessoas e veículos de comunicação mesmo fora da Redação do jornal.

Ao longo deste trabalho, muitos dos valores que compõem o projeto ideológico de jornalismo da *Folha* vêm sendo descritos. Mas, basicamente, eles podem ser agrupados em três gêneros, cada um dos quais com uma idéia central dominante. O primeiro, que é o objeto específico deste livro, no campo da organização das

112 Herbert McClosky, "Consensus and Ideology in American Politics", em: *American Political Science Review* (nº 58, 1964), p. 362.

relações internas de trabalho e produção, com a idéia central dominante de que organização e método ajudam a melhorar a qualidade do produto final jornalístico. A respeito desse gênero, estas conclusões serão detalhadas adiante.

O segundo gênero situa-se no campo das técnicas jornalísticas e a idéia central dominante é da "crítica da crítica da objetividade", já discutida nos capítulos "O Projeto" e "O *Manual*", mas que pode ser agora rapidamente retomada.

Otavio Frias Filho, em artigo publicado em julho de 1985, faz um resumo dessa idéia. Diz ele que "houve uma época em que se acreditava na objetividade do jornalismo [...] Bastava que o jornal e o jornalista tivessem 'boas intenções' – era o que se pensava – para que o registro dos fatos fosse uma imagem perfeita do seu próprio conteúdo. Então veio a crítica da objetividade clássica. Há muitas maneiras de ver um mesmo fato e o jornalista tem de optar por uma delas. Numa sociedade dividida por um conflito fundamental, essas maneiras se resumem a apenas duas e a imprensa veicula sempre uma delas, denominada dominante".

O "Projeto *Folha*" vem para fazer a crítica da crítica da objetividade. "Isso tem significado três coisas. Primeiro, recuperar a dimensão factual do mundo que o jornal registra, factual no sentido de ser verificável fora da linguagem. Segundo, estabelecer um método, que pode ser 'bom' ou 'mau', tanto faz, mas que por ter uma aplicação rigorosa e impessoal, fixa um mesmo olhar e permite assim que os contornos da realidade e seus clientes, disfarçados pela nuvem da ideologia, apareçam para um leitor atento. Terceiro, utilizar a técnica do confronto ali onde não há experiência factual, no mundo das idéias e das versões, onde cada versão critica uma outra de forma que elas se combatem até que reste, algum dia, um esqueleto de verdade. Como 'o presente contém todo o passado', essa atitude não é somente um ataque ao subjetivismo cômodo, porque simplesmente renunciava ao enigma da verdade, dos anos 60-70. Ela alcança também o jornalismo da idade de ouro, através de uma crítica que assumiu a forma de paródia e de homenagem."

Essa paródia-homenagem da ideologia clássica e ingênua da objetividade tem exigido para ser implementada a adoção de parâmetros rigorosos e diferenciados de comparação técnica.

Para a *Folha*, ao menos nos meses finais de 1986 até fevereiro de 1987, o ponto de referência jornalístico tinha deixado de ser a concorrência imediata, os jornais diários, para ser a revista *Veja*, considerada como modelo dessa tendência de recuperação do factual e estabelecimento de um método rígido de apreensão dos fatos. Esse ponto de referência é tomado como ideal, não real. Serve mais para "puxar" a qualidade técnica do jornal para a frente, especialmente em projetos de cadernos especiais em que o tempo de produção é maior e permite uma dosagem mais elevada de perfeccionismo na confecção do produto. É uma convicção da direção do jornal que esses avanços forçados em ocasiões especiais elevam o patamar da qualidade do produto diário como um todo.

Mas a fixação de *Veja* como ponto de referência técnica traz problemas políticos internos, pois muitos jornalistas acham que a direção às vezes tende a tomá-lo como real, não ideal, e entendem ser impossível para um jornal ter padrão de qualidade em suas edições diárias similar ao que pode ser obtido por uma revista semanal.

O terceiro gênero em que estão sendo agrupados os valores ideológicos do "Projeto *Folha*" está no campo do papel do jornalismo na sociedade. O resumo do debate entre Otavio Frias Filho e José Arthur Giannotti, no capítulo "O Projeto", oferece uma boa noção da idéia central que domina esse gênero. O jornal nesse aspecto retoma os ideais libertários dos revolucionários norte-americanos que redigiram a Constituição dos Estados Unidos em 1787 e afirmaram na Primeira Emenda que encabeça a "Declaração de Direitos" que "o Congresso não fará lei [...] restringindo a liberdade de palavra ou de imprensa".

A polêmica Frias Filho *vs.* Giannotti lembra em muitos aspectos a discussão que se vem travando nos Estados Unidos entre especialistas em jornalismo pelo menos desde 1947, quando a Comissão Hutchins (liderada pelo então reitor da Universidade de Chicago, Robert Hutchins) publicou um volume com o resumo de pesquisa a ela encomendada por Henry Luce, o legendário idealizador da revista *Time*, sobre o "estado da imprensa" norte-americana, intitulado A Free and Responsible Press.

A Comissão Hutchins fez pesadas críticas contra a atuação do jornalismo norte-americano e foi atacada por quase todos os veículos de comunicação e jornalistas de renome do país (a começar pelo próprio Luce, que condenou "a impressionante ausência até mesmo de lógica colegial" no trabalho).

Os jornalistas norte-americanos viram nas críticas de Hutchins uma brecha para regulamentação governamental da imprensa. Com raras exceções, reavivaram as teorias da liberdade de expressão, mas não impediram que se formasse um novo corpo teórico a partir dos relatórios da Comissão Hutchins. Ele viria a ser conhecido como "teoria da responsabilidade social da imprensa" e, a *grosso modo*, se baseia em princípios essenciais similares aos utilizados por Giannotti em seu duelo com Frias Filho (a liberdade de imprensa não pode ser absoluta, tem de estar restrita a alguns limites, embora estes não precisem ser fixados pelo governo, mas pela própria sociedade por meio de valores largamente compartilhados pelos cidadãos).

O jornalista Robert Greene, em posição assemelhada à de Frias Filho no embate contra Giannotti, argumenta: "Seja qual for a motivação dos nossos oponentes, temos de manter como sagrado o princípio de que a liberdade de imprensa é absoluta [...] Os debates que ocorreram quando a 'Declaração de Direitos' foi redigida deixaram claro que a liberdade de imprensa nos foi dada como um instrumento social para manter e melhorar a qualidade de nossa democracia. Se o povo pode governar bem, ele deve ter conhecimento dos fatos. E nossa tarefa é desnudar a verdade e levá-la às pessoas".

Há uma diferença fundamental entre o tom da polêmica norte-americana, que já dura décadas e envolve dezenas de intelectuais, e a brasileira, que é recente e está restrita a poucos interessados no jornalismo. Enquanto no Brasil a motivação para se pedir limites à ação da imprensa se dá quase sempre por razões de ordem política (no caso de Giannotti *vs.* Frias Filho, a vitória de Jânio Quadros sobre Fernando Henrique Cardoso na disputa pela Prefeitura de São Paulo com o suposto auxílio das conseqüências de uma prática jornalística libertária), nos Estados Unidos as causas dos ataques à teoria da liberdade absoluta são a crença de que ela pode pôr em risco a segurança nacional, ameaçar a garantia constitucional de julgamento justo, invadir a privacidade dos cidadãos, colocar em perigo a moral pública ou impedir mudanças sociais.

Quanto aos valores ideológicos do primeiro gênero definido antes (no campo da organização interna das relações de trabalho e produção), este é o momento de conferir algumas premissas sobre as quais eles se assentam.

A primeira é de que a adoção de técnicas e métodos de racionalização e organização do trabalho é compatível com a atividade jornalística. A evidência da análise dos mil dias de implantação do projeto permite concluir que não há incompatibilidade vital entre organização e racionalidade na estrutura administrativa da Redação e a atividade de fazer jornal todos os dias.

Os jornalistas da *Folha*, apesar dos contratempos e dificuldades, têm conseguido se desincumbir das duas tarefas: produzir jornal e administrar em moldes mais racionais do que os da média do jornalismo brasileiro a Redação. Se houvesse uma incompatibilidade essencial entre as duas atividades, uma delas teria sido deixada de lado ao longo desses quase três anos. Ambas continuam sendo desenvolvidas e o período de tempo decorrido já é suficiente para que se deduza que nada impede que assim prossiga durante muito mais tempo.

A segunda premissa é de que tais técnicas e métodos ajudam a melhorar o produto jornalístico final na perspectiva de serviço prestado ao leitor e grau de satisfação do público. É mais difícil concluir da evidência acumulada se essa afirmação é ou não verdadeira.

A satisfação do leitor ao longo deste período de mil dias parece indiscutível, como se procurou demonstrar em "O Leitor". Os números de circulação paga indicam que o público está satisfeito: entre janeiro e outubro de 1986, a *Folha* vendeu 90.521.949 exemplares contra 88.634.754 de *O Globo*, 63.101.932 de *O Estado de S. Paulo* e 50. 420.822 do *Jornal do Brasil*. O público pode não estar satisfeito com a *Folha*. Mas pelo menos parece estar menos insatisfeito com ela do que com os concorrentes. Resta saber se os métodos e técnicas de organização da Redação ajudam ou dificultam a obtenção desses números, se o aparente sucesso se dá por causa ou apesar das mudanças nas relações de trabalho.

Alguns elementos estão acima de discussão: o jornal chega mais cedo às bancas e às casas dos assinantes por causa dos métodos de organização; o jornal apresenta menos erros de digitação e português em grande parte devido aos mecanismos de controle; o planejamento não impediu que o jornal fizesse coberturas consideradas boas dentro de padrões rigorosos de qualidade jornalística em acontecimentos absolutamente imprevisíveis como o debate frustrado entre os candidatos à Prefeitura de São Paulo em novembro de 1985 e a súbita doença de Tancredo Neves em 15 de março de 1985. Outras conclusões nesse terreno são imponderáveis porque os critérios de verificação são fluidos e as variáveis existentes são múltiplas e incontroláveis. Mas é razoável supor que os métodos de administração ao menos não têm impedido que o produto final tenha suficiente nível de qualidade para manter o público que já conquistou e ganhar novos leitores em proporções e velocidade nada desprezíveis (50% a mais de cópias vendidas em menos de três anos).

A terceira premissa é de que para que essas técnicas e métodos possam ser bem-sucedidos, é necessário que toda a empresa jornalística trabalhe com elas, não apenas a Redação, como tem acontecido na *Folha* entre maio de 1984 e fevereiro de 1987, com resultados prejudiciais ao projeto jornalístico que se pretende implantar. É outra afirmação a respeito da qual a evidência acumulada é frágil para permitir conclusões definitivas. Primeiro, porque não há termo de comparação. Só será possível comparar a velocidade e a eficácia da implantação do projeto sob as condições desse período com as de outro período em que toda a empresa tiver se modernizado. A compilação de alguns exemplos de interferência perniciosa da infra-estrutura deficiente sobre o rendimento jornalístico, no entanto, permite supor que as coisas seriam mais fáceis se as condições fossem diversas. Além disso, as variáveis são múltiplas e incontroláveis, o que impede conclusões definitivas até aqui.

A quarta premissa é de que a alta rotatividade dos jornalistas é um dos maiores obstáculos para o sucesso dessas técnicas e métodos. A evidência acumulada ao longo do trabalho indica que ela é correta. É possível que não seja viável implementar uma reforma do gênero sem a ocorrência de altas taxas de *turn-over*. Processo similar ocorreu na TV Cultura, em São Paulo, entre junho de 1986 e fevereiro de 1987, com *turn-over* ligeiramente mais alto do que o registrado na *Folha* entre maio de 1984 e fevereiro de 1987.

De qualquer modo, se as equipes fossem mais estáveis, é razoável supor que a transmissão de informações fosse mais bem-sucedida, que os hábitos necessários para a implementação do projeto estivessem mais arraigados, que a coesão ideológica em torno dos valores do projeto fosse mais intensa e, por extensão, que os resultados jornalísticos do projeto fossem mais satisfatórios e alcançados em prazo de tempo mais curto do que o exigido sob as condições de alta rotatividade. É também provável que, embora possivelmente inevitável, o *turn-over* não precisasse ter sido tão elevado se as mudanças não tivessem ocorrido sob um clima de pressa e pressão de intensidade tão aguda quanto a registrada ao longo desses mil dias na Redação da *Folha*. Por outro lado, também é provável que se a intensidade fosse menos aguda, os resultados alcançados não ocorreriam na mesma velocidade com que acabaram por ocorrer.

A quinta premissa é de que o excesso de voluntarismo da equipe dirigente de uma Redação que implanta tais técnicas e métodos prejudica e retarda os efeitos benéficos de sua adoção. É outra afirmação sobre a qual a evidência juntada neste trabalho não autoriza conclusão. Novamente, não há termo de comparação. Todo o processo estudado ocorreu nas condições de alta concentração de tarefas na equipe dirigente e não há exemplos similares em outras Redações para serem analisados como fator de controle. É seguro que essa alta concentração aumenta a vulnerabilidade do projeto, que fica em grande parte na dependência de um número reduzido de pessoas. Mas os debates sobre a conveniência estratégica de aumentar "o grupo que faz a ponte", reproduzidos em "O Projeto" e "O Profissional", são inconclusivos.

Em síntese, o que se pode concluir é que a *Folha* no período estudado é um sucesso incontestável de mercado. Até que ponto esse fato pode ser interpretado como sintoma de bom jornalismo ou não depende da interpretação da realidade que cada pessoa faz. Também se pode concluir que o jornal ampliou sua influência política sobre a sociedade no período. Se isso é prejudicial ou benéfico para a sociedade brasileira, também depende da interpretação de cada pessoa. Qual o grau de participação das técnicas e métodos de organização da Redação nesse sucesso econômico e político é difícil aferir. Mas não é absurdo supor que elas tenham contribuído positivamente para esse êxito. Elas fazem parte indissolúvel do "Projeto *Folha*", responsável final e incontestável pelo aumento de vendas e de prestígio obtidos pelo jornal no período.

BIBLIOGRAFIA

LIVROS

Ruth Adler. *A Day in the Life of The New York Times.* New York: Lippincott, 1971.

Luiz Amaral. *Técnica de Jornal e Periódico.* Rio de Janeiro: Tempo Brasileiro, 1978.

Associated Press. *Front Page Major Events of the 20th Century.* New York: Gallery, 1985.

Rita Atwood & Emile McAnany (eds.). *Communication & Latin American Society. Trends in Critical Research, 1960-1985.* Madison: The University of Wisconsin Press, 1986.

Stefan Baciu. *Lavradio, 98. Histórias de um Jornal de Oposição: A* Tribuna de Imprensa *ao Tempo de Carlos Lacerda.* Rio de Janeiro: Nova Fronteira, 1982.

Líbero Badaró. *Liberdade de Imprensa.* São Paulo: Parma, 1981.

Juarez Bahia. *Jornal, História e Técnica.* São Paulo: Ibrasa, 1972.

Ben Bagdikian. *The Information Machines. Their Impact on Men and the Media.* New York: Harper, 1971.

____________. *The Media Monopoly.* Boston: Beacon, 1983.

William Barcellos. *A Teoria de Sistemas na Administração Moderna.* Rio de Janeiro: Impacto, 1977.

Edward Barret. *Jornalistas em Ação.* Rio de Janeiro: Agir, 1965.

Samuel Beckett. *The Expelled.* Harmondsworth: Penguin, 1977.

Luis Ramiro Beltrán & Elizabeth Fox de Cardona. *Comunicación Dominada. Estados Unidos en los Medios de América Latina.* México: Ilet, 1980.

Luis Beltrão. *A Imprensa Informativa. Técnica da Notícia e da Reportagem no Jornal Diário.* São Paulo: Folco Masucci, 1969.

Bernard Berelson & Morris Janowitz (eds.). *Reader in Public Opinion and Communication.* New York: The Free Press, 1966.

Arthur Asa Berger. *Media Analysis Techniques*. Beverly Hills: Sage, 1982.

Alain Birou. *Dicionário das Ciências Sociais*. Lisboa: Dom Quixote, 1978.

Norberto Bobbio; Nicola Matteucci & Gianfranco Pasquino. *Dicionário de Política*. Brasília: Editora Universidade de Brasília, 1986.

G. Bohère. *Profession: Periodista*. Genebra: OIT, 1985.

Barre Boyd & Peter Braham (eds.). *Media, Knowledge and Power*. London: Croom Helm, 1987.

Peter Braestrup. *Big Story. How the American Press and Television Reported and Interpreted the Crisis of Tet 1968 in Vietnam and Washington*. New York: Anchor Books, 1978.

Luka Brajnovic. *Deontologia Periodistica*. Pamplona: Ediciones Universidad de Navarra, 1978.

Aurélio Buarque de Holanda Ferreira. *Novo Dicionário da Língua Portuguesa*. Rio de Janeiro: Nova Fronteira, 1975.

Nicholas Capaldi (org.). *Da Liberdade de Expressão. Uma Antologia de Stuart Mill a Marcuse*. Rio de Janeiro: Fundação Getúlio Vargas, 1974.

Sérgio Caparelli. *Comunicação de Massa Sem Massa*. São Paulo: Cortez, 1980.

José Casasus. *Ideologia y Analisis de Medios de Comunicación*. Barcelona: Dopesa, 1972.

Jean Cazeneuve. *Guia Alfabético das Comunicações de Massa*. Lisboa: Edições 70, 1978.

Centre for Contemporary Cultural Studies. *Da Ideologia*. Rio de Janeiro: Zahar Editor, 1980.

Centro Acadêmico Lupe Cotrim. *Imprensa e Marxismo*. São Paulo: Calc, s/d.

Graham Cleverly. *The Fleet Street Disaster: British National Newspapers as a Case Studyin Mismanagement*. London: Constable, 1976.

Stanley Cohen & Jock Young (eds.). *The Manafacture of News. Deviance Social Problems & the Mass Media*. London: Constable, 1979.

Gabriel Cohn (orgs.). *Comunicação e Indústria Cultural*. São Paulo: Nacional, 1975.

Richard Collins *et al*. *Media, Culture & Society*. London: Sage, 1986.

Edward Corwin. *A Constituição Norte-Americana e Seu Significado Atual.* Rio de Janeiro: Zahar Editor, 1986.

Antônio Geraldo da Cunha. *Dicionário Etimológico Nova Fronteira da Língua Portuguesa.* Rio de Janeiro: Nova Fronteira, 1982.

Diário de Notícias. *Primeira Página 1864-1984.* Lisboa: Editorial Notícias, 1984.

Diários Associados. *Normas de Redação.* São Paulo: Diários Associados, 1971.

Alberto Dines. *O Papel do Jornal.* Rio de Janeiro: Artenova, 1974.

Paulo Duarte. *História da Imprensa em São Paulo.* São Paulo: ECA/USP, 1972.

Edward Jay Epstein. *Between Fact and Fiction: The Problem of Journalism.* New York: Vintage Books, 1975.

Harold Evans. *Editing and Desing. News Headlines.* London: Heineman, 1974.

____________. *Front Page History. Events of Our Century That Shook the World.* Quiller Press, 1984.

Stuart Ewen. *Captains of Consciousness.* New York: McGraw-Hill, 1977.

José Eduardo Faria. *Política e Jornalismo: Em Busca da Liberdade.* São Paulo: Perspectiva, 1979.

Otavio Frias Filho (org.). *Seminário de Jornalismo.* São Paulo: *Folha de S.Paulo,* 1986.

Georges Friedmann. *O Trabalho em Migalhas.* São Paulo: Perspectiva, 1972.

Folha de S.Paulo. Normas Gerais de Ortografia, Vocabulário, Redação. São Paulo: *Folha de S.Paulo,* s/d.

____________. *Manual Geral de Redação.* São Paulo: *Folha de S.Paulo,* 1984.

____________. *Primeira Página 1925-1985.* São Paulo: *Folha de S.Paulo,* 1985.

____________. *Manual Geral da Redação 2ª Edição.* São Paulo: *Folha de S.Paulo,* 1987.

Carl Friedrich. *Man and His Government.* New York: The Free Press, 1963.

Philippe Gaillard. *O Jornalismo.* Lisboa: Europa-América, 1974.

Robert Garst & Theodore Bernstein. *Headlines and Deadlines. A Manual for Copy Editors.* New York: Columbia University Press, 1963.

Adelmo Genro Filho; Marcos Rolim & Sérgio Weigert. *Hora do Povo. Uma Vertente Para o Fascismo.* São Paulo: Brasil Debates, 1981.

Giovanni Giovannini (org.). *Mass Media Anni 90. La Societá dell'informazione.* Torino: Guttemberg 2000, 1984.

Tom Goldstein. *The News at Any Cost. How Journalists Compromise Their Ethics to Shape the News.* New York: Touchstone, 1985.

Robert Goldwin (ed.). *A Constituição Norte-Americana.* Rio de Janeiro: Forense, 1986.

Dina Goren. *Secrecy and the Right to Know.* Tel Aviv: Turtledove, 1979.

Jurgen Habermas. *Mudança Estrutural da Esfera Pública.* Rio de Janeiro: Tempo Brasileiro, 1984.

Alastair Hetherington. *News, Newspapers and Television.* London: Macmillan, 1985.

John Hohemberg. *O Jornalista Profissional.* Rio de Janeiro: Interamericana, 1981.

Antônio Houaiss. *Webster's Dicionário Inglês-Português.* Rio de Janeiro: Record, 1982.

Edward Hudon. *Imprensa e Liberdade.* Rio de Janeiro: Lidador, 1965.

John Hulteng. *The Messenger's Motives. Ethical Problems of the News Media.* Englewood Cliffs: Prentice-Hall, 1976.

Lee Iacocca & William Novak. *Iacocca: Uma Autobiografia.* São Paulo: Cultura, 1985.

Danton Jobim. *Espírito do Jornalismo.* Rio de Janeiro: Livraria São José, 1960.

Jornal do Brasil. Normas de Redação. Rio de Janeiro: Jornal do Brasil, 1973.

Chain Samuel Katz; Francisco Antonio Doria & Luis Costa Lima. *Dicionário Básico de Comunicação.* Rio de Janeiro: Paz e Terra, 1975.

Phillip Knightley. *The First Casualty.* New York: HBJ, 1975.

Nilson Lage. *Ideologia e Técnica da Notícia.* Petrópolis: Vozes, 1979.

Yves Lavoinne. *A Imprensa.* Lisboa: Vega, 1986.

David Leroy & Cristopher Sterling (eds.). *Mass News. Practices, Controversis and Alternatives.* Englewood Cliffs: Prentice-Hall, 1973.

José Jorge Letria & José Goulão. *Noções de Jornalismo.* Lisboa: Horizonte, 1982.

Barbosa Lima Sobrinho. *O Problema da Imprensa.* Rio de Janeiro: Alvaro Pinto Editor, 1923.

Carlos Eduardo Lins da Silva. *Muito Além do Jardim Botânico.* São Paulo: Summus, 1984.

Curtis MacDougall. *Newsroom Problems and Policies.* New York: Dover, 1963.

Robert Mager. *Preparing Instructional Objectives.* Belmont: Fearon, 1962.

José Marques de Melo. *Sociologia da Imprensa Brasileira.* Petrópolis: Vozes, 1973.

____________ (org.). *Comunicação/Incomunicação no Brasil.* São Paulo: Loyola, 1976.

____________. *Subdesenvolvimento, Urbanização e Comunicação.* Petrópolis: Vozes, 1976.

____________ (org.). *Imprensa e Desenvolvimento.* São Paulo: ECA/USP, 1984.

____________ & Waldimas Galvão (org.). *Jornalismo no Brasil Contemporâneo.* São Paulo: ECA/USP, 1984.

Izabel Andrade Marson. *Movimento Praieiro. Imprensa, Ideologia e Poder Político.* São Paulo: Moderna, 1981.

Franklin Matos & Michel Lahud. *Matei Minha Mulher (O Caso Althusser).* São Paulo: Kairós, 1981.

Armand Mattelart. *La Comunicación Masiva en el Proceso de Liberación.* Mexico: Siglo Veintiuno, 1978.

____________ & Seth Siegelaub (org.). *Communication and Class Struggle.* New York: IG/IMMRC, 1979.

Cremilda de Araújo Medina. *Notícia, um Produto à Venda. Jornalismo na Sociedade Urbana e Industrial.* São Paulo: Alfa-Ômega, 1978.

____________. *Profissão Jornalista: Responsabilidade Social.* Rio de Janeiro: Forense, 1982.

John Merrill & Ralph Barney (eds.). *Ethics and the Press. Readings in Mass Media Morality.* New York: Hastin House, 1975.

____________. *Existential Journalism.* New York: Hasting House, 1977.

Philip Meyer. *Precision Journalism.* Bloomington: Indiana University Press, 1973.

Eduardo Novoa Monreal. *Derecho a la Vida Privada y Libertad de Información. Un Conflicto de Derechos.* México: Siglo Veintiuno, 1979.

Carlos Guilherme Mota & Maria Helena Capelato. *História da* Folha de S.Paulo *(1921-1981).* São Paulo: Impres, 1981.

José Nabantino Ramos. *Jornalismo. Dicionário Enciclopédico.* São Paulo: Ibrasa, 1970.

Maria Beatriz Nizza da Silva. *A Primeira Gazeta da Bahia: Idade d'Ouro no Brasil.* São Paulo: Cultrix, 1978.

O Estado de S. Paulo. Manual de Normas de Redação. São Paulo: *O Estado de S. Paulo*, s/d.

O Globo. Manual de Redação. Rio de Janeiro: *O Globo*, 1981.

Marc Paillet. *Jornalismo. O Quarto Poder.* São Paulo: Brasiliense, 1986.

Maria Elisa Porchat. *Manual de Radiojornalismo (Jovem Pan).* São Paulo: Brasiliense, 1986.

Diego Portales. *Poder Economico y Libertad de Expresión. La Industria de la Comunicación Chilena en la Democracia y el Autoritarismo.* México: Ilet, 1981.

Juan Jose Garcia Posada. *Confirmado. Opciones para una Prensa en Emergencia.* Medellin: Universidad Pontificia Bolivariana, 1986.

Lucien Pye. *Evolución Politica y Comunicación de Masas.* Buenos Aires: Troguel, 1969.

William Rivers & Wilbur Schramm. *Responsabilidade na Comunicação de Massa.* Rio de Janeiro: Bloch, 1970.

Clóvis Rossi. *O Que É Jornalismo.* São Paulo: Brasiliense, 1980.

Robert Schmuhl (ed.). *The Responsabilities of Journalism.* Notre Dame: University of Notre Dame Press, 1984.

Roger-Gérad Schwartzenberg. *O Estado Espetáculo.* Rio de Janeiro: Difel, 1978.

Fernando Segismundo. *Imprensa Brasileira. Vultos e Problemas.* Rio de Janeiro: Alba, 1962.

Antonio Serra. *O Desvio Nosso de Cada Dia. A Representação do Cotidiano num Jornal Popular.* Rio de Janeiro: Achiamé, 1980.

Jean-Louis Servan-Schreiber. *O Poder da Informação*. Lisboa: Europa América, 1972.

Edwin Shuman. *Practical Journalism*. New York: Appleton, 1919.

Victor Silva Lopes. *Iniciação ao Jornalismo*. Lisboa: Centro do Livro Brasileiro, 1985.

Sindicato dos Jornalistas Profissionais no Estado de São Paulo. *O Que é Isso, Computador?* São Paulo: SJPESP, 1982.

Anthony Smith. *Goodbye Gutenberg. La Revolución del Periodismo Eletronico*. Barcelona: Gustavo Gili, 1983.

Nelson Werneck Sodré. *História da Imprensa no Brasil*. São Paulo: Graal, 1977.

José de Souza Martins. *Sobre o Modo Capitalista de Pensar*. São Paulo: Hucitec, 1978.

Guillermo Sunkel. *El Mercurio: 10 Años de Educación Politico-Ideologica 1969-1979*. Santiago: Ilet, 1983.

Alan Swingewood. *O Mito da Cultura de Massa*. Rio de Janeiro: Interciência, 1978.

Camilo Taufic. *Periodismo y Lucha de Clases*. Madrid: Akal, 1976.

Gay Talese. *The Kingdom and the Power*. New York: Dell, 1981.

The Economist. Pocket Style Book. London: The Economist, 1986.

The New York Times. Front Page 1920-1975. New York: *The New York Times*, 1975.

____________. *Manual of Style and Usage*. New York: *The New York Times*, 1976.

The Press Council. The Press and the People. London: *The Press Council*, 1984.

Michel Thiollent. *Crítica Metodológica, Investigação Social e Enquete Operária*. São Paulo: Polis, 1980.

____________. *Opinião Pública e Debates Políticos*. São Paulo: Polis 1986.

Nadine Toussaint. *A Economia da Informação*. Rio de Janeiro: Zahar Editor, 1979.

Iván Tubau. *Teoria y Practica del Periodismo Cultural*. Barcelona: ATE, 1982.

Miguel Urabayen. *Vida Privada e Información. Un Conflicto Permanente*. Pamplona: Ediciones Universidad de Navarra, 1977.

Gunter Walraff. *Il Grande Buggiardo. Como La Stampa Manipola L'Informazione*. Milano: Feltrinelli, 1978.

Alan Wells (org.). *Mass Media & Society*. Palo Alto: Mayfield, 1972.
Jorge Werthein (org.). *Meios de Comunicação: Realidade e Mito*. São Paulo: Nacional, 1979.
Bruce Westley. *News Editing*. Cambridge: Houghton Mifflin, 1953.
Raymond Williams. *Marxismo e Literatura*. Rio de Janeiro: Zahar Editor, 1979.
Tom Wolfe. *El Nuevo Periodismo*. Barcelona: Anagrama, 1971.
Madeleine Worontzoff. *La Concepción de la Prensa en Lenin*. Barcelona: Fontamara, 1979.

TESES, DISSERTAÇÕES E MONOGRAFIAS

Anamaria Fadul. *O Futuro no Presente. Perspectivas Para uma Teoria dos Meios de Comunicação de Massa*. Tese de doutoramento. São Paulo: USP/Faculdade de Filosofia, Ciências e Letras, 1980.
____________. *Os Meios de Comunicação de Massa: Um Desafio Para a Igreja (*O São Paulo – *1979/1985)*. Tese de Livre-docência. São Paulo: USP/Escola de Comunicações e Artes, 1986.
Maria Margarita Vélez Londoño. *As Folhas do Diário (Um Estudo dos Gêneros Jornalísticos e das Mudanças na* Folha de S.Paulo*)*. Dissertação de mestrado. São Paulo: USP/Escola de Comunicações e Artes, 1985.
João Aloísio Lopes. *Folha de Valores*. Monografia de final de disciplina em programa de doutoramento. São Paulo: USP/Escola de Comunicações e Artes, 1986.
Merival Julio Lopes. *A Influência Estrangeira no Jornalismo Brasileiro*. Tese de livre-docência. Niterói: UFF/Departamento de Comunicação e Arte, 1979.
Carlos Alberto Manente. *O Governo Montoro, Entre o Verbo e a Verba*. Dissertação de mestrado. São Paulo: USP/Escola de Comunicações e Artes, 1986.
Léo Flores Vieira Nunes. *A* Folha de S.Paulo *e a Campanha das Diretas*. Monografia de conclusão de bacharelado. Porto Alegre: PUC-RS/Faculdade dos Meios de Comunicação Social, 1985.

ARTIGOS EM LIVROS

Elie Abel. "Hutchins Revisited: Thirty-Five Years of Social Responsability Theory". In: *The Responsabilites of Journalism*. Robert Schmuhl (ed.), op. cit., 39-48.

Ben Bagdikian. "First Amendment Revisionism". In: *Mass Media & Society*. Alan Wells (ed.), op. cit., p. 311-7.

Bernard Berelson. "Democratic Theory and Public Opinion". In: *Reader in Public Opinion*. Bernard Berelson and Morris Janowitz (ed.), op. cit., p. 489-504.

Herbert Blumer. "The Mass, the Public and Opinion". Id., p. 43-50.

Jean-Michel Caroit. "The Computarization of a News Agency: The Example of AFP". In: *Communication and Class Struggle*. Armand Mattelart and Seth Siegelaub (orgs.), op. cit., p. 326-9.

Caio Túlio Costa. "Informatização e Edição". In: *Seminário de Jornalismo*. Otavio Frias Filho (org.), op. cit., p. 23-30.

Gilberto Dimenstein. "As Armadilhas do Poder". Id., p. 57-64.

Francisco Antonio Doria. "Entropia". In: *Dicionário Básico de Comunicação*. Chaim Samuel Katz; Francisco Antonio Doria & Luiz Costa Lima, op. cit., p. 156-60.

Thomas Griffiths. "A Few Frank Words About Bias". In: *Ethics and the Press*. John Merrill and Ralph Barney (eds.), op. cit., p. 212-7.

Lee Hills. "The Reader: Journalism's Forgotten Man". Id., p. 158-62.

J. K. Hvistendahl. "An Ethical Dilemma: Responsibility for 'Self-Generating' News". Id., p. 186-91.

Alex Inkeles & Raymond Bauer. "Keeping Up with the News". In: *Reader Public Opinion*, op. cit., p. 556-87.

Carlos Eduardo Lins da Silva. "Romantismo e Industrialização". In: *Seminário de Jornalismo*, op. cit., p. 31-6.

____________. "Transnational Communication and Brazilian Culture". In: *Communication Latin American Society.* Rita Atwood & Emile McAnany (eds)., op. cit., p. 89-111.

Walter Lippman. "Stereotypes". In: *Reader in Public Opinion*, op. cit., p. 67-75.

A. Lawrence Lowell. "Public Opinion". Id., p. 20-6.

Donald McDonald. "Is Objectivity Possible?". In: *Ethics and the Press*, op. cit., p. 69-88.

Abraham Moles. "La Pensée Technique". In: *La Philosophie*. Paris: Denvel, 1968, p. 450-501.

Dácio Nitrini. "A Cobertura do Caso Tancredo". In: *Seminário de Jornalismo*, op. cit., p. 51-66.

Robert Novak. "The New Journalism". In: *Mass Media & Society*, op. cit., p. 236-43.

Renata Rangel. "Mais 'Catchup' para o Leitor". In: *Seminário de Jornalismo*, op. cit., p. 91-6.

José Hamilton Ribeiro. "Devemos Cair Matando?". In: *Que É Isso, Computador?*. Sindicato dos Jornalistas Profissionais no Estado de São Paulo, op. cit., p. 10-6.

Ingrid Sarti. "Comunicação e Dependência Cultural: Um Equívoco". In: *Meios de Comunicação: Realidade e Mito*. Jorge Werthein (org.), op. cit., p. 231-51.

Nicolau Sevcenko. "O Rosto do Mundo". In: *Primeira Página*, op. cit., p. 13-5.

André Singer. "O Fato Contra a Monotonia". In: *Seminário de Jornalismo*, op. cit., p. 11-6.

Marco Stoppino. "Ideologia". In: *Dicionário de Política*. Norberto Bobbio; Nicola Matteucci & Giafranco Pasquino (orgs.), op. cit., p. 585-97.

Matinas Suzuki Jr. "A Maquiagem do Mundo". In: *Primeira Página*, op. cit., p. 9-11.

___________. "Anotações Sobre Jornalismo Cultural". In: *Seminário de Jornalismo*, op. cit., p. 79-84.

ARTIGOS EM REVISTAS ESPECIALIZADAS

Luiz Carlos Bonfim. "Linguagem de Imprensa: Técnica ou Arte?". In: *Cadernos de Jornalismo e Comunicação do Jornal do Brasil*, 13, 1968, p. 38-43.

Ruth Clark. "How to Reach the Reader". In: *Editor & Publisher*, 72, 1983, p. 35-40.

Alberto Dines. "No Jogo da Verdade Não Se Escondem Cartas. Ou Fontes". In: *Críticas da Informação*, 1, 1983, p. 6-7.

___________. "Hay Gobierno? Soy Contra". In: *Crítica da Informação*, 2, 1983, p. 8-9.

___________. "Midas e os Dinossauros". In: *Crítica da Informação*, 3, 1982, p. 8-9.

Marcos Faerman. "O Crime no Novo Jornalismo". Id., p. 36-42.

J. S. Faro. "Imprensa Brasileira Continua Fiel a Seus Traços Culturais". In: *Cadernos de Comunicação Proal*, 2, 1977, p. 72-85.

Regina Festa. "Las Computadoras Revolucionan la *Folha de S.Paulo* y el Periodismo Brasilero". In: *Sela*, 12, 1985, p. 90-8.

Carlos Eduardo Lins da Silva. "Indústria Cultural e Cultura Brasileira: Pela Utilização do Conceito de Hegemonia Cultural". In: *Encontros com a Civilização Brasileira,* 25, 1980, p. 167-94.

____________. "América Latina: Estado, Sociedade Civil, Meios de Comunicação de Massa". In: *Cadernos Intercom,* 3, 1982, p. 5-32.

____________. "Revistas Semanais de Informação Consolidam Sua Posição no Mercado". In: *Crítica da Informação,* 1, 1983, p. 26-30.

Marcia Manga & Roberto Gabriel. "Os Novos Gladiadores Já Estão na Arena". In: *Revista de Comunicação,* 6, 1986, p. 4-7.

José Marques de Melo. "Leitura de Jornal: Privilégio da Elite Brasileira". In: *Crítica da Informação,* 1, 1983, p. 6-7.

José Nun. "Superpoblación Relativa, Ejército Industrial de Reserva y Masa Marginal". In: *Revista Latinoamericana de Sociologia,* 2, 1969, p. 178-235.

Benedito Nunes. "Novas Tecnologias da Comunicação e a Cultura". In: *Fundação JP,* 14/15, 1984-5, p. 43-53.

George Reedy. "The Press and the President: There They Go Again". In: *Columbia Journalism Review,* vol. 32, n° 1, 1983, p. 35-7.

Meurill Samuelson. "Job Turnover in the Newsroom". In: *New Research for Better Newspapers,* 1, 1962, p. 110-3.

Mario Vitor Santos. "A Revolução Informática". In: *Crítica da Informação,* 6, 1984, p. 38-41.

Karen Schneider & Marc Gunther. "Those Newsroom Ethics Codes". In: *Columbia Journalism Review,* vol. 24, n° 2, 1985, p. 55-7.

Dallas Smythe. "Tecnologia de las Comunicaciones y Tercer Mundo". In: *Chasqui,* 6, 1983, p. 22-7.

Cassandra Tate. "What Do Ombudsmen Do?". In: *Columbia Journalism Review,* vol. 23, n° 1, 1984, p. 37-41.

Steve Weiberg. "Pluged-in. Journalism". In: *Columbia Journalism Review,* vol. 21, n° 4, 1982, p. 34-7.

ARTIGOS EM REVISTAS DE INFORMAÇÃO GERAL

Roberto Garcia. "Liberal Não, Independente". In: *Veja,* 3 abr. 1985, p. 3-6.

Elio Gaspari. "Empastelamento". In: *Veja,* 16 dez. 1981, p. 120-2.

Robert Greene. "A Rather Simple Doctrine: Freedom of the Press in America". In: *Neman Reports*, vol. 33, nº 3, 1979, p. 20-3.

Michael Nelson. "Jornalismo Opinativo: Uma Nova Síntese". In: *Diálogo*, vol. 18, nº 3, 1985, p. 26-9.

Roberto Pompeu de Toledo. "Um Sabor Que Se Renova Todos os Dias". In: *Veja São Paulo*, 16 set. 1985, p. 26-33.

Jeffrey Trachtemberg. "Nobody Reads the White Space". In: *Forbes*, 21 maio 1984, p. 110-2.

ARTIGOS EM JORNAIS

Rosely Forganes. "O Libé, do Caos ao Sucesso". In: *Folha de S.Paulo*, 22 jun. 1986, p. 116.

Paulo Francis. "*Manual* Longo em Teoria e Curto na Prática". In: *Folha de S.Paulo*, 29 set. 1984, p. 25.

Otavio Frias Filho. "Vampiros de Papel". In: *Folhetim* 394, suplemento da *Folha de S.Paulo*, 5 ago. 1984, p. 3-4.

____________. "Em Favor do Método". In: *Folha de S.Paulo*, 29 set. 1984, p. 25.

____________. "A Crítica da Objetividade". In: *Folha de S.Paulo*, 22 jul. 1985, p. 41.

____________. "Precisa-se de Jânios", In: *Folha de S.Paulo*, 22 nov. 1985, p 6.

____________. "A Política Antropofágica". In: *Folha de S.Paulo*, 3 dez. 1985, p. 3.

____________. "Ossos do Ofício" In: *Folha de S.Paulo*, 19 dez. 1985, p. 3.

José Arthur Giannotti. "A Imprensa Antropofágica". In: *Folha de S.Paulo*, 28 nov. 1985, p. 3.

____________. "Antropofagia Renitente". In: *Folha de S.Paulo*, 8 dez. 1985, p. 3.

____________. "Ofício de Coveiro". In: *Folha de S.Paulo*, 19 dez. 1985, p. 3.

Carlos Eduardo Lins da Silva. "No Meio do Caminho". In: *Folhetim*, 394, suplemento da *Folha de S.Paulo*, 5 ago. 1984, p. 5.

____________. "Qualidade de Jornal Independe de Reserva". In: *Folha de S.Paulo*, 20 fev. 1986, p. 6.

____________. "Explosão de Vendas Indica Tendência da Mídia Impressa". In: *Folha de S.Paulo*, 6 mar. 1986, p. 7.

____________. "Falsas Questões". In: *Folha de S.Paulo,* 11 abr. 1986, p. 3.

____________. "Acompanhamento Estatístico da Folha Diminui Surpresas". In: *Folha de S.Paulo,* 8 jun. 1986, p. 39.

José Marques de Melo. "Um Auto-retrato Fragmentado Que Perdeu a Nitidez". In: *Folha de S.Paulo,* 29 set. 1984, p. 24.

Rodney Mello. "EUA, Onde os Jornais São Notícia". In: *O Estado de S. Paulo,* 8 jun. 1986, p. 256.

Ismael Pfeifer. "Os Ibéricos, Livres e Mal-Informados". In: *O Estado de S. Paulo,* 22 jun. 1986, p. 222.

Décio Pignatari. "Programa Correto, Mas com Excesso de Verbalização". In: *Folha de S.Paulo,* 29 set. 1984, p. 24.

A. M. Rosenthal. "Learning On the Job". In: *The New York Times Magazine,* suplemento de *The New York Times,* 14 dez. 1986, p. 41-92.

José Carlos Santana. "A Nova Imprensa na Velha Inglaterra". In: *O Estado de S. Paulo,* 15 jun. 1986, p. 248.

Fritz Utzeri. "O Moderno *Le Monde*". In: *Jornal do Brasil,* 8 jun. 1986, p. 6.

REPORTAGENS EM JORNAIS

"Folha Cria Plano Anual de Seminários". In: *Folha de S.Paulo,* 10 mar. 1987, p. A-16.

"Folha Proíbe Sindicalistas". In: *O Estado de S. Paulo,* 2 out. 1985, p. 30.

Carlos Eduardo Lins da Silva. "Cardoso Agora Quer PMDB com Aliança à Esquerda". In: *Folha de S.Paulo,* 22 dez. 1985, p. 8.

"O Caso *Folha*". In: *Unidade,* 74, fev. 1985, p. 4-7.

PESQUISAS DE OPINIÃO PÚBLICA

Datafolha. "Pesquisa Sobre Acompanhamento e Avaliação da Cobertura da Imprensa na 10ª Mostra Internacional de Cinema", 2 nov. 1986.

____________. "Histórias em Quadrinhos da Folha Ilustrada", 21 fev. 1986.

____________. "Perfil da *Folha de S.Paulo* e de Seu Leitor 1986", 9 maio 1986.

____________. Perfil do Leitor da *Folha de S.Paulo* 1985", 5 maio 1985.

Departamento de Pesquisa da *Folha de S.Paulo*. "Perfil do Leitor da *Folha*/82", s/d.

____________. "Perfil do Leitor da *Folha*/83", 20 dez. 1983.

DOCUMENTOS DA *FOLHA DE S.PAULO*

Conselho Editorial. "A *Folha* e Alguns Passos Que É Preciso Dar", 1981.

____________. "A *Folha* em Busca do Apartidarismo, Reflexo do Profissionalismo", 1982.

____________. "A *Folha* Depois da Campanha das Diretas-já", 1984.

____________. "Projeto Editorial 1985-1986", 1985.

____________. "Projeto Editorial 1986-1987", 1986.

Marcelo Coelho. "Notas Sobre a Editoria de Exterior", nov. 1985.

____________. "Avaliação do Desempenho da Folha Ilustrada", mar./abr. 1986.

Caio Túlio Costa. "Ilustrada", 9 abr. 1985.

____________. "Editora de Política da *Folha*. Pontos Para Reflexão", 2 jul. 1985.

Departamento de Assinaturas. "Relatório", 19 fev. 1987.

____________. "Relatório", 12 mar. 1987.

Direção Comercial. "Relatório", jan. 1987.

Direção de Redação. "Circular", 12 jun. 1984.

____________. "Relatório Semestral", nov. 1984.

____________. "Relatório", 16 jul. 1986.

____________. "Relatório", 5 fev. 1987.

Diretoria Industrial. "Relatório", 9 nov. 1985.

Otavio Frias Filho. "Debate Folha/Globo Entre Candidatos a Prefeito de São Paulo", 11 nov. 1985.

____________. Notas Sobre Editoriais, 21 abr. 1986.

____________. "Sobre Ilustrada", 27 abr. 1986.

Gerência Administrativa da Redação. "Relatório", 10 mar. 1987.

____________. "Relatório", 27 fev. 1987.

____________. "Relatório", 31 mar. 1987.

Jornalistas da *Folha*. Abaixo-assinado, fev. 1985.

Carlos Eduardo Lins da Silva. "Texto Introdutório às Discussões da 122ª Reunião do Conselho Editorial", 1986.

____________. "Esportes", nov. 1986.

Reunião-almoço entre Direção da Empresa, Direção de Redação, Editores e Repórteres Especiais. Transcrição de fita, 7 fev. 1985.

Secretaria de Redação. "Relatório de Desempenho", fev. 1987.

____________. "Relatório de Plano de Metas Trimestrais", 1° trim. 1985–4° trim. 1986.

____________. "Circular", 3 nov. 1986.

DEPOIMENTOS

Caio Túlio Costa, 17 fev. 1987.
Octavio Frias de Oliveira, 12 fev. 1987.
Otavio Frias Filho, 26 fev. 1987.
Roberto de Oliveira, 20 mar. 1987.

SOBRE O AUTOR

O jornalista Carlos Eduardo Lins da Silva é livre-docente e doutor em comunicação pela Universidade de São Paulo e mestre em comunicação pela Universidade Estadual de Michigan.

Na *Folha*, foi repórter, editor de "Cidades", secretário de Redação, diretor-adjunto de Redação, diretor da Agência Folhas, correspondente em Washington e repórter especial em Brasília. No *Valor Econômico*, foi diretor-adjunto de Redação.

É autor de diversos livros, entre eles *O Adiantado da Hora* (Summus, 1991), *Muito Além do Jardim Botânico* (Summus, 1985) e *Marketing Eleitoral* (série "Folha Explica", Publifolha, 2002).

Foi professor nas universidades de São Paulo, Federal do Rio Grande do Norte, Católica de Santos, Metodista de São Bernardo do Campo, Texas, Georgetown e Estadual de Michigan.

Com este livro, a Publifolha comemora a marca de 500 títulos publicados.
Impresso em setembro de 2005 pela Gráfica Alaúde sobre papel chamois fine dunas 80g/m², com fotolitos fornecidos pela Publifolha.